公共管理系列教材

**CHENGSHI
WEIJI GUANLI**

城市危机管理

杨兴坤 编著

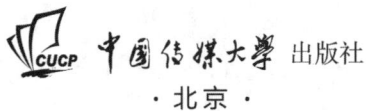

中国传媒大学出版社
·北京·

序 言

人类社会迈入21世纪，环境变得更加动荡与复杂，人类所面对的危机也日渐增多。从印尼海啸到中国冰雪灾害，从新奥尔良飓风到"5·12"汶川地震，从"9·11"事件到国内频发的矿难事故，从非典危机到新冠疫情，似乎都表明人类正处在一个危机四伏的时代，这也对政府危机管理能力提出了更高的要求。

在人类漫漫的历史长河中，危机、事故几乎与人类相伴相生。随着人类社会的发展和现代化的推进，人类享受到了前所未有的文明成果，危机管理能力也得到了显著的提升；但与此同时，人们却更加强烈甚至前所未有地感受到了各种危机和事故的影响，生命和财产存在各种潜在的风险，遭受着各种威胁和损害。其原因是错综复杂的，有政治的，也有经济的；有社会的，也有自然的；有外界环境的因素，也有内部人为的原因。但无论如何，危机都已然成为当今人类社会共同面临的重大挑战和威胁，加强危机管理，应对风险挑战是世界范围内各国政府、企业和社会公众越来越重视和关注的理性选择。

2014年3月中共中央国务院印发了《国家新型城镇化规划（2014—2020年）》，2016年2月国务院印发了《关于深入推进新型城镇化的若干意见》。2015年下半年中央全面深化改革领导小组、中央财经领导小组先后开会讨论了城市管理问题，并专门召开了中央城市工作会议。我国城市化进程逐步推进，对城市管理专业人才的需求逐渐增加，为了回应社会现实需要，我校于2016年开设了城市管理专业。从那时起，我便开始结合自己的研究，教授城市危机管理课程。结合这几年的教学，撰写一本比较实用的教材，一直是我的心愿。

本书的主要内容包括基础理论知识、城市危机分类管理、城市危机前沿热点。基础理论知识为第一至第四章，包括基本概念、公共危机管理体系历史与发展、城市危机管理体制、危机管理流程。城市危机分类管理为第五至第八章，包括自然灾害、事故灾难、公共卫生事件与社会安全事件危机管理。城市危机前沿热点为第九章和第十章，包括网络舆情危机管理、城市危机治理、风险管理、跨区域危机管理。我们在介绍时侧重于应急处置与救援等突发事件爆发后的现场管理，但这并不意味着危机和突发事件的预防不重要。我们的考虑是希望对学生毕业后的实际工作更有指导性和实际操作性，另外一些预防工作如气象灾害、地震灾害都有比较专业的部门在开展，与学生毕业后的实际工作有一定距离。

本书的定位是：为城市管理、应急管理、行政管理、公共事业管理等专业的学生以及从事政府管理实务的公务人员提供有关城市危机管理预防与准备、监测与预警、处置与救援、恢复与重建等方面理论与操作实务的知识。适用面比较广：

一是适合政府等公共部门，尤其是应急管理部门、公安部门、卫生健康部门、宣传部门等危机管理职能部门，不仅为他们提供危机管理方面的基础知识，还为他们的具体工作提供指导和参考建议。

二是适合科学研究之需要，既丰富了公共危机管理、社会管理等方面的理论研究，又提供了有关应急处置与救援方面的相关知识。可供城市管理、应急管理、行政管理、公共事业管理专业的研究生（博士生、硕士生、MPA学生）、本科生阅读，对相关研究者进一步深入研究具有一定的参考意义，也可以供基层社会管理者、社会工作者、社区工作者作为工作性参考读物。

三是适合事业单位和企业领导人、一般社会公众。尤其是危机事件、突发事件的涉事单位或企业，可以作为常识性读本或工作手册参考之用，书中的案例分析可以作为以后在危机事件或突发事件中参考之用。一般社会公众可以了解危机管理方面的常识性知识，当自己面对突发事件的时候，可以做出更为正确、合理的反应，书中也有个人涉及突发事件的案例分析。而对于一般社会公众，从中可以了解当我们遇到突发事件的时候，作为一个负责任的公民，公众应如何应对。同时，公众可以了解应如何有序地参与危机管理，以营造健康有序、和谐安宁的公共秩序。

本书获得了2020年北京建筑大学校级教材建设项目《城市危机管理研究》（项目编号：C2009）和2020年北京建筑大学课程建设重点培育项目的支持，是课题研究成果。

杨兴坤
2020年8月于北京

目 录

第一章 危机、危机管理与城市危机管理 1
- 第一节 危机与危机管理 1
- 第二节 公共危机管理与城市危机管理 3
- 第三节 城市危机的特点 5
- 第四节 城市危机的分类 10
  - 本章课程思政设计 17

第二章 我国公共危机管理体系的历史沿革与发展 18
- 第一节 新中国成立初期至改革开放前：公共危机管理体系初创期 18
- 第二节 改革开放后至2003年非典危机：公共危机管理体系恢复发展期 20
- 第三节 2003年非典危机至2018年前：公共危机管理"一案三制"建设期 20
- 第四节 2018年机构改革后：公共危机管理体系全面整合发展期 24
  - 本章课程思政设计 24

第三章 我国城市危机管理体制 26
- 第一节 我国城市危机管理体制 26
- 第二节 我国城市危机管理体制的问题与困境 29
- 第三节 完善城市危机管理体制的策略建议 32
  - 本章课程思政设计 37

第四章 城市危机管理流程 40
- 第一节 危机预防与应急准备 40
- 第二节 危机监测与预警 45

第三节　危机应急处置与救援 ………………………………………… 46
　　第四节　危机善后恢复与重建 ………………………………………… 55
　　　　本章课程思政设计 ……………………………………………………… 59

第五章　自然灾害危机管理 ……………………………………………… 61
　　第一节　自然灾害概述 ………………………………………………… 61
　　第二节　自然灾害的特点 ……………………………………………… 66
　　第三节　自然灾害应急处置与救援 …………………………………… 67
　　第四节　案例分析：舟曲特大泥石流灾害应急处置与救援 ………… 71
　　第五节　日本预防和应对地震的经验与启示 ………………………… 75
　　　　本章课程思政设计 ……………………………………………………… 82

第六章　事故灾难危机管理 ……………………………………………… 84
　　第一节　事故灾难概述 ………………………………………………… 84
　　第二节　事故灾难预防与治理 ………………………………………… 87
　　第三节　事故灾难应急处置与救援 …………………………………… 90
　　第四节　案例分析：重庆市开县"12·23"井喷事故应急处置与救援 …… 91
　　　　本章课程思政设计 ……………………………………………………… 103

第七章　突发公共卫生事件危机管理 …………………………………… 105
　　第一节　突发公共卫生事件概述 ……………………………………… 105
　　第二节　突发公共卫生事件医学管理措施 …………………………… 108
　　第三节　突发公共卫生事件应急处置与救援 ………………………… 111
　　第四节　案例分析：2013年惠州市人感染H7N9型禽流感应急处置与救援 … 115
　　　　本章课程思政设计 ……………………………………………………… 118

第八章　社会安全事件危机管理 ………………………………………… 119
　　第一节　社会安全事件概述 …………………………………………… 119
　　第二节　社会安全事件管理 …………………………………………… 123
　　第三节　社会安全事件的应急处置与救援 …………………………… 126

  第四节 案例分析：南京市江宁区汤山镇特大投毒案应急处置与救援 ……… 131
    本章课程思政设计 …………………………………………………………… 139

第九章 网络舆情危机管理 ………………………………………………… 141
  第一节 网络舆情危机引发因素 …………………………………………… 141
  第二节 网络舆情危机管理误区 …………………………………………… 145
  第三节 网络舆情危机管理原则 …………………………………………… 150
  第四节 网络舆情危机管理技巧与艺术 ………………………………… 161
  第五节 网络舆情危机管理策略与方法 ………………………………… 167
    本章课程思政设计 …………………………………………………………… 202

第十章 城市危机管理前沿研究 …………………………………………… 204
  第一节 城市危机治理 …………………………………………………… 204
  第二节 风险管理 ………………………………………………………… 207
  第三节 跨区域危机管理 ………………………………………………… 209
  第四节 突发公共卫生事件合作治理机制与策略：以新冠疫情为例 ………… 211
    本章课程思政设计 …………………………………………………………… 217

参考文献 ………………………………………………………………………… 219

后 记 ………………………………………………………………………… 221

第一章
危机、危机管理与城市危机管理

☞ 本章主要内容

本章主要介绍危机、危机管理和城市危机管理的内涵,以及城市危机的主要特点,对城市危机进行分类。

第一节 危机与危机管理

一、危机

危机一词,在现代汉语词典里主要有两层含义,一是指危险的祸根,如危机四伏;一是指严重困难的关头,如经济危机。危机一词,在英文中为 Crisis(复数为 Crises),偶尔也译为 Crash,主要意思是危急关头、危难时刻。可以看出,中文和英文的危机都强调危险、危急、危难含义。

在人类漫漫的历史长河中,危机几乎与人类相伴相生。随着人类社会的发展和现代化的推进,人类享受到了前所未有的文明成果,危机管理的能力也得到了显著的提升;但与此同时,人们却更加强烈甚至前所未有地感受到了各种危机的影响,生命和财产存在各种潜在的风险,遭受着各种威胁和损害。其原因是错综复杂的,有政治的,也有经济的;有社会的,也有自然的;有外界环境的因素,也有内部人为的原因。但无论如何,危机都已然成为当今人类社会共同面临的重大挑战和威胁,加强危机管理是世界范围内各国政府、企业和社会公众越来越重视和关注的理性选择。危机的本质是风险，危机是风险发展到最后阶段的极端形式，不同的风险引发不同的危机，有质量危机、财务危机、信任危机、金融危机、政治危机、民族危机、生命危机、形象危机、地产危机，等等。我们主要是研究危及社会公众生命和财产安全的危机。

危机无处不在，无时不有。一般来说，危机具有突发性、不确定性、扩散性、危害性等特点。最常见且对人类影响巨大的危机类型包括自然灾害、事故灾难、公共卫生危机、冲突危机、金融危机，等等。危机对人类的影响主要表现在政治、经济、社会等各个方面，显然，危机的负面影响远远大于正面影响。

在公共危机管理领域，诸多学者对危机的定义都各不相同。我们认为，危机是一种突发事件或紧急状态，它的出现和爆发严重影响社会和经济的正常运行，对生命、财产、环境等造成的威胁、损害超出了政府和社会正常状态下的管理能力，要求政府采取特殊的应对措施和策略。

在前资本主义社会，人类对危机的应对能力很弱，往往对各种危机一无所知，只有当危机爆发时，才仓皇逃命或被动应对。随着社会的发展和科技的进步，人类应对危机的能力不断增强。尤其是进入现代社会后，人类开始自觉地、有意识地对危机进行管理，主动预防危机，积极回应危机。危机管理也逐渐在企业、政府和社会各个领域得到了快速发展。

二、危机管理

简言之，危机管理（Crisis Management）是企业、政府部门或其他组织为应对各种危机与风险状态所进行的决策、指挥、组织、控制、协调等活动的过程，其目的在于化解处理、消除或降低危机所带来的威胁和损失。这一内涵界定，并没有区分企业危机管理和政府等公共组织的公共危机管理，但企业危机管理与公共危机管理在管理主体、管理客体、管理目标、管理手段等方面都存在明显区别。

危机管理一词，最早见于国际政治和经济学等领域，主要以针对国家安全和国际争端以及具有周期性的经济危机为主。近年来，随着管理学的快速发展，危机管理概念的应用，已遍及公司、企业等私人组织以及政府等公共组织机构，几乎所有类型的组织管理上了。

目前危机管理一词，主要指组织在危机发生前后，调集资源、致力于恢复组织的正常状态，确保组织健康、稳定及良性运行，快速恢复正常运行和有效经营活动所采取的对策、措施及行动。概而言之，危机管理包括了风险的防范、危机的预防、危机的控制、危机的应对与应急处置，以及危机爆发后的善后恢复与处理等诸多方面的内容。

第二节　公共危机管理与城市危机管理

一、公共危机管理

关于公共危机管理的研究，2003年非典危机后，学术界研究较多，但对公共危机管理的内涵并没有较为统一的界定。张成福教授做了如下界定，他认为："所谓的危机管理是一种有组织、有计划、持续动态的管理过程，政府针对潜在的或者当前的危机，在危机发展的不同阶段采取一系列的控制行动，以期有效地预防、处理和消弭危机。"[①]

综合目前学界的观点，我们倾向于这样来界定公共危机管理：所谓公共危机管理，也称政府危机管理，公共危机管理是指以政府为核心的公共组织在现代风险管理以及危机管理理念的指导下，依法制定应对公共危机事件的法律法规和应急预案，与社会其他组织和公众协调互动、全面合作，对可能发生的公共危机事件实施有效预测、预警、预报、防范、监控、监测、应对与处置，并通过整合社会资源对已经发生的公共危机事件进行应急处置，化解和消弭危机，并进行危机善后处置与恢复，保障社会经济运行，恢复和重建公共秩序的全过程管理。这一界定主要想强调或表达以下几层含义。

第一，公共危机管理的主体是以政府为主的公共组织。强调管理主体的多元化，是公共事务管理的基本特征。公共危机管理需要政府、企业、社会、非政府组织、志愿者组织、基层自治组织、公民个人等多主体共同参与、共同合作，才能有效地应对和处理危机。以洪灾为例，除了应急管理部门、水利部门、电力部门、气象部门、公共交通部门、铁路和路政部门、民政部门、医疗卫生部门、工信部门等政府部门外，需要更多的企业、志愿者组织（如蓝天救援队）、居委会和村委会等基层自治组织参与，更重要的是需要个人积极自救和互助。总之，公共危机管理要在政府主导下，动员和整合社会各方面力量共同参与，合作共治。

---

① 张成福. 公共危机管理：全面整合的模式与中国的战略选择[J]. 中国行政管理，2003（7）：6-11.

第二，公共危机管理以风险管理和危机管理理念为指导。危机管理重点在防范和预防，而不是危机爆发后的疲于奔命的救火式管理。简言之，风险是潜在的危机，危机管理和风险管理都强调防范危机和风险，化危为机。同时，公共管理的一些基本原则，都适用于公共危机管理，如人民至上、生命第一、以人为本、依法管理、公开透明、主动应对、统一领导、分工协作，等等。

第三，公共危机管理的客体是公共事务。更明确地说，是危机状态或危险状态下的公共事务管理。根据2007年颁布实施的《中华人民共和国突发事件应对法》，就我国而言主要指自然灾害、事故灾难、公共卫生事件和社会安全事件引发的危机状态或危险状态下的公共事务管理。除此之外，因战争、动乱、政治集会、民族冲突、宗教冲突、重大治安刑事案件、集体上访、集体罢工、游行示威、群体斗殴事件、恶性社会事件等引发的危机状态，都需要进行公共危机管理。

第四，公共危机管理是危机的全过程管理。简单来说，公共危机管理包括危机前、危机中、危机后三个阶段的管理。根据《中华人民共和国突发事件应对法》，公共危机管理主要划分为预防与应急准备、监测与预警、应急处置与救援、事后恢复与重建等四个阶段。我们在研究中还可以将公共危机管理划分为更加详细的工作环节或危机管理流程，如预测、预警、预报、防范、监控、监测、应对与处置、善后恢复等。

第五，公共危机管理的目的是恢复危机前的正常状态。公共危机管理是为了社会大众的公共利益，由公共部门动用和整合公共资源，消除潜在的风险和危险，化解危机，应对和处置已经发生的公共危机，使社会经济正常运行，恢复正常的公共秩序和生活秩序，使被危机破坏的秩序恢复到危机前状态。面对重大公共危机，这种恢复重建工作可能是极其漫长和艰难的，如"5·12"汶川地震的恢复重建工作持续了十余年。同时，从某种意义上说，某些方面要恢复到危机前的正常状态，是不可能的，尤其是危机对人们心灵造成的创伤，而心理的干预也是公共危机管理工作的重要内容之一。

第六，公共危机管理是用常态化的管理应对非常状态。公共危机是一种非常态的状态，公共危机管理是一种非常规的管理。应对非常态的状态，需要非常规的管理手段和方法。但是为了降低和减少人民的生命和财产损失，有效防范风险、应对危机，又需要做好日常的管理工作，包括完善法律法规，制定应急预案。从近年来的管理实践来看，如果这些常态化的管理工作没做好，几乎不可能做好公共危机管理工作。因此，自2003年非典危机爆发以来的十余年时间里，我国就完善公共危机管理的"一案三制"（预案、法制、体制、机制）做了大量的工作和不懈的努力，从新冠疫情的应对和管理来看，我国公共危机管理的常态化管理成效显著，经受住了考验。从世界范围来看，世界各国也都在不断完善本国的公共危机管理法制和公共危机管理组织机构，如美国在"9·11"事件后，整合22个部门的职能成立国土安全部。

总之，公共危机管理的内涵明确了公共危机谁来管、管什么、怎么管、为什么管等公共危机管理涉及的主要问题。

二、城市危机管理

城市危机也是一种公共危机，只是危机主要发生在城市，因此，城市危机管理也称为城市公共危机管理，其内涵与公共危机管理并没有太大区别，公共危机管理外延大于城市危机管理，还包括对发生在农村地区的公共危机的管理。

简言之，城市是以非农业活动和非农业人口为主的人类聚居地。城市人口较多，密集居住，城市有居民区、街道、医院、学校、公共绿地、写字楼、商业楼、广场、公园等大量公共设施。加之，遍布城市的"生命线"——交通、通信、供水、排水、供电、供气、供热、燃气、输油、卫生（如污水处理系统、环卫设施、医疗救护系统）等工程系统，一旦爆发公共危机，对城市造成的破坏和对人民的生命财产造成的损失，比农村地区发生的公共危机造成的破坏和损失更大。因此，学术界对城市公共危机管理研究更多，研究中并没有严格区分城市公共危机与农村地区公共危机，多是以公共危机管理指代城市危机管理，学术界往往在大致相同的意义上使用危机管理、公共危机管理、突发事件管理、应急管理等概念。本教材也不做严格的区分，大多数情况下，城市危机管理和公共危机管理都具有基本相同内涵。

随着我国城市化进程的快速推进，大量的人口和资源快速向城市聚集，近年来，我国城市危机的发生越来越频繁，损失和危害也越来越大，因此，城市危机管理，也越来越受到城市职能部门的重视。

第三节　城市危机的特点

简单来说，城市公共危机突发性强、影响范围广、危害性大。具体来说，城市公共危机具有以下特点。

一、城市危机具有突发性

公共危机往往是在人们意想不到、没有准备的情况下突然发生的，危机发生之前，很少有人意识到会发生危机，这个特点往往也被称为危机的不可预知性或不确定性。例如，2021年7月郑州及河南省大部分地区发生的千年一遇的特大暴雨洪灾，尽管气象部门提前做了预报，发布了暴雨红色预警信号，但是大部分人都没有预料到暴雨强度会如此巨大，以至于很多人来不及撤离，被困洪水中。同样，由于突降暴雨、山洪、泥石流暴发，很多山区村民来不及反应，连人和房屋便被掩埋。

二、城市危机具有频发性

某些城市公共危机和突发事件，往往频繁发生，具有一定的季节性和周期性。例如地震、火山，在某些地震带，每隔一段时间，往往都会发生地震。夏季常常发生暴雨洪灾，冬天往往发生暴风雪灾。因此，为了应对这些季节性的危机和自然灾害，我国多地都设立了防汛抗旱指挥部。从非典到新冠疫情，对人类来说，传染病疫情似乎也具有一定的周期性。我们也看到，我国每年都会发生各种大大小小的事故灾难，这些都说明城市公共危机具有频发性。

三、城市危机具有连锁性

连锁反应是指若干个相关的事物，只要一个发生变化，就会引起一连串相关事物发生相应的变化。管理学也将其称为蝴蝶效应，指在一个动力系统中，初始条件下微小的变化带动整个系统长期的、巨大的连锁反应。蝴蝶效应是气象学家洛伦兹1963年提出来的。其大意为：一只在南美洲亚马孙河流域热带雨林中的蝴蝶，偶尔扇动几下翅膀，可能两周后在美国得克萨斯州引发一场龙卷风。

随着经济全球化，一旦发生金融危机，往往引发连锁反应：金融危机——银行破产——企业融资困难——企业破产——大量失业——消费能力下降——出口不振——行业衰退——产品滞销——工程停工，等等，金融危机发生后常常波及全世界，成为全球的灾难。2008年我国发生的雨雪冰冻灾害也具有明显的连锁性：雨雪冰冻——高压线断裂——道路铁路积雪——电力中断——火车停运——火力发电煤炭短缺——旅客滞留——食物和水缺乏……以至于形成恶性循环。2021年7月河南特大暴雨，就是连锁反应引发的一系列危机：特大暴雨——道路积水——洪水倒灌——隧道积水——基础设施损毁——电力中断——道路中断——火车停运——救援困难（大型救援设备难以运达）——农田被淹——房屋倒塌——人员被困或被淹——食物和水缺乏……危机的这种连锁反应，使人类在救援方面显得无能为力。当下，还在肆虐的新冠疫情，无不显示了危机的连锁性。

四、城市危机原因复杂性

城市公共危机的原因极其复杂，是多种因素综合作用导致的。暴发自2019年年底的新冠疫情公共卫生危机，全世界顶级的科学家都在参与溯源，但原因至今仍然没有查明，这也给了西方某些国家和政客将疫情政治化、抹黑中国的机会。根据相关报道和专家的解释，2021年7月河南特大暴雨与台风"烟花"有关，主要原因在于四个方面：一是大气环流形势稳定，二是水汽条件充沛，三是地形降水效应显著，四是对流"列车效应"明显（在稳定天气形势下，中小尺度对流反复在伏牛山前地区发展并向郑州方向移动，形成"列车效应"，导致降水强度大、维持时间长，引起局地极端强降水）。[①] 但是这次暴雨洪灾造成大量伤亡和巨大的经济损失，与基础设施建设、应对防范不及时、人们的危机意识不强，都有一定的关系。

五、城市危机发展快速性

城市公共危机不仅会引发连锁反应，还会快速发展、不断扩散。如果应对和处置不及时，可能使危机难以控制，引发灾难性后果。从2021年7月河南特大暴雨洪灾来看，城市形成积水倒灌，也就几小时的时间，暴雨期间郑州地铁5号线，乘客被困地铁约两小时的时间，由于救援不及时和救援条件所限，最终12人遇难。

2020年1—3月，我国用三个月左右的时间，基本控制住了新冠疫情的蔓延和发展。但是，疫情防控并没有引起其他国家的重视，以至于新冠疫情蔓延到世界各个国家，至今看不到结束的迹象。应该说，中国在最初成功的疫情防控，为世界各国争取到了足够的时间，这种公共卫生危机和传染病的快速发展，应该成为人类惨痛的记忆和教训，为人类防控类似公共卫生危机和传染病疫情积累下宝贵的经验。

---

① 白云怡，赵觉珵，马俊. 河南创纪录特大暴雨如何形成？专家：四大因素酿汛情，极端天气或更加频繁[EB/OL]. (2021-07-22)[2021-08-23]. https://www.sohu.com/a/478863857_162522.

六、城市危机具有危害性

城市公共危机的危害性,指危机往往导致大量伤亡和财产损失。截至 2021 年 8 月 2 日,河南特大洪涝灾害共造成 302 人遇难,50 人失踪。截至 2021 年 7 月 31 日,全球新冠疫情确诊人数超过 1.97 亿人,死亡超过 420 万人。①

我们整理了近年来我国部分一次性死亡 100 人及以上的事故,如表 1-1 所示,一共有 15 起,从中可以窥见,城市公共危机导致的伤亡和危害是极大的。

表 1-1 我国部分特大安全生产事故(一次性死亡 100 人以上)一览表

时间	地点	死亡人数	事故概况
2013-06-03	吉林省德惠市	121	2013 年 6 月 3 日 6 时许,吉林省德惠市吉林宝源丰禽业有限公司(禽类加工厂)发生火灾事故。事故造成 121 人遇难,77 人受伤。
2009-11-21	黑龙江省	108	2019 年 11 月 21 日 2 时 30 分,黑龙江龙煤集团鹤岗分公司新兴煤矿,三水平二石门后组 15 层探煤道发生煤与瓦斯突出,引起风流逆向,瓦斯随逆向风流进入二段钢带机机头硐室,发生爆炸。事故发生时全矿井下作业人员 528 人,108 人遇难。
2008-09-08	山西省临汾市襄汾县	281	2008 年 9 月 8 日 8 时 0 分,山西省临汾市襄汾县新塔矿业有限公司发生尾矿库溃坝事故。281 人死亡,34 人受伤。
2007-12-05	山西省临汾市洪洞县	105	2007 年 12 月 5 日 23 时 15 分,山西省临汾市洪洞县瑞之源煤业有限公司(位于洪洞县左木乡红光村原新窑煤矿)井下发生瓦斯爆炸事故,105 人遇难。
2005-12-07	河北省唐山市开平区	108	2005 年 12 月 7 日 15 时 15 分,河北唐山市开平区栗园镇恒源实业有限公司(刘官屯煤矿)井下发生瓦斯爆炸,当时井下有 176 人作业,其中 68 人生还,91 人死亡,17 人下落不明。2005 年 7 月 18 日河北煤监局冀东分局下达该矿停产整顿通知书。
2005-11-27	黑龙江省	171	2005 年 11 月 27 日 21 时 40 分,黑龙江省龙煤集团七台河分公司东风煤矿皮带井发生一起爆炸事故,经救护队全力搜救,截至 12 月 6 日 9 时,当班井下有 242 人,其中 73 人生还,169 名矿工遇难。此外,事故还造成地面机房 2 名工人死亡。
2005-08-07	广东省梅州市兴宁市	121	2005 年 8 月 7 日 13 时 30 分,广东省梅州市兴宁市王槐镇大兴煤矿 -420 掘进工作面发生透水事故,井下有 121 名工人被困。
2005-02-14	辽宁省	214	2005 年 2 月 14 日 15 时左右,辽宁省阜新矿业(集团)公司海州立井发生特大瓦斯爆炸事故,截止到 2 月 21 日 23 时 50 分,井下 214 名遇难者全部找到。
2004-11-28	陕西省	166	2004 年 11 月 28 日 7 时 10 分,陕西铜川矿务局陈家山煤矿发生瓦斯爆炸事故,当时井下有 293 人作业,其中 127 人升井(其中 45 人受伤),166 人死亡。

---

① 全球新冠疫情数据实时汇总[EB/OL].[2021-08-23]. https://www.bitpush.news/covid19/.

续表

时间	地点	死亡人数	事故概况
2004-10-20	河南省	148	2004年10月20日22时47分，河南郑州矿务局大平矿井下发生瓦斯爆炸事故，当班下井工人446人，升井298人，11月12日11时5分，148名遇难者全部找到。
2003-12-23	重庆市开县	243	2003年12月23日22时15分，重庆开县西南油气田分公司川东北气矿罗家16H井发生天然气井喷事故，造成天然气中硫化氢中毒，243人死亡。
2002-06-20	黑龙江省	124	2002年6月20日9时45分，黑龙江鸡西矿务局城子河煤矿西二采区发生瓦斯爆炸事故，事故波及145、140采煤工作面和801、804掘进工作面，发生事故时灾区作业139人，124人死亡。
2002-05-07	大连海域	112	2002年5月7日21时47分，北方航空公司执行CJ6136航班的一架MD82客机，在从北京飞往大连途中在大连湾附近海域发生坠机事故，机上载有9名机组人员和103名旅客（其中包括6名外籍旅客和一名香港旅客）。
2002-04-15	韩国釜山	128	2002年4月15日北京中国国际航空公司一架波音767北京—韩国釜山CA129航班，在釜山机场准备降落时，由于大雾弥漫、低能见度，并且下着雨，在金海机场附近失事。机上有乘客155人，机组人员3人，乘务员8人。其中生还38人，死亡126人，还有2人失踪。
2000-12-27	河南省洛阳市	300	2000年12月27日河南洛阳市东都商厦发生特大火灾，导致300人死亡。

（资料来源：作者整理）

七、城市危机具有破坏性

城市公共危机往往导致灾难性后果，具有巨大的破坏性，使正常的经济秩序、社会秩序、生活秩序遭到严重破坏。

2021年7月河南发生特大暴雨，截至7月23日，共造成河南全省133个县（市、区）1,306个乡镇757.9万人受灾，全省已紧急避险转移585,193人，紧急转移安置919,519人，需紧急生活救助208,033人；农作物受灾面积576.6千公顷，成灾面积168.2千公顷，绝收面积25千公顷；倒塌房屋3,830户9,943间，严重损坏房屋7,071户21,879间，一般损坏房屋23,406户62,233间。① 截至2021年8月2日，共造成302人遇难，50人失踪。

"5·12"汶川地震，被认为是新中国成立以来破坏性最强、波及范围最广、灾害

---

① 河南强降雨已致56人遇难5人失踪 京广路隧道救援清理仍在继续[EB/OL].（2021-07-23）[2021-08-21]. http://www.xinhuanet.com/2021-07-23/c_1127687923.htm.

损失最重、救灾难度最大的一次地震。截至2008年9月25日,"5·12"汶川地震共计造成69,227人遇难、17,923人失踪、374,643人不同程度受伤、1,993.03万人失去住所,受灾总人口达4,625.6万人。①

八、城市危机具有严重性

城市危机的严重性,即城市公共危机往往导致社会经济严重受损,阻碍社会经济发展。当前还在全球范围内肆虐的新冠疫情,阻碍了各地区和国家之间的经贸往来,使人们的正常生活受到严重影响。为了防控新冠疫情,世界各国消耗了大量的物资,付出了大量的经济成本和社会成本,间接经济损失更是难以估量。

截至2008年9月,"5·12"汶川地震造成直接经济损失8,451.4亿元②。2021年7月河南特大暴雨,截至2021年7月23日12时,据初步统计,直接经济损失655亿元③。这些数字都说明城市公共危机往往对经济发展造成严重影响。

第四节 城市危机的分类

近年来,全世界范围内人为事故与自然灾难频繁发生,昭示着风险与危机愈演愈烈的现实。从2010年8月黑龙江伊春空难到2011年7月浙江温州动车追尾事故,从2010年7月大连输油管道爆炸到2011年3月日本福岛核电站核泄漏,从2011年6月渤海蓬莱油田原油泄漏到2012年1月广西龙江河镉污染,从2014年及2019年非洲埃博拉疫情到2019至今席卷全球的新冠肺炎疫情,从2021年6月13日湖北省十堰市张湾区燃气爆炸事故(导致26人死亡)到2021年7月15日广东省珠海市石景山施工隧道透水事故(导致14人死亡),这些案例无不表明我们正处在一个危机四伏的时代。

如前所述,突发事件是引发公共危机的主要因素。处置突发事件、应对危机是各级党委和政府的重要职能,政府主要是依据《中华人民共和国突发事件应对法》对公

---

① 汶川特大地震四川抗震救灾志编纂委员会. 汶川特大地震四川抗震救灾志·总述大事记[M].成都:四川人民出版社,2017:6-35.
② 汶川地震直接经济损失8451亿元[EB/OL].(2008-09-05)[2021-08-24]. http://www.npc.gov.cn/zgrdw/npc/zt/2008-09/05/content_1448390.htm.
③ 官方数据:郑州暴雨已致51人遇难,直接经济损失655亿元[EB/OL].(2021-07-23)[2021-08-24].https://new.qq.com/rain/a/20210723A0BC9P00.

共危机进行分类管理。我国学术界为了与实践紧密联系和研究方便，基本上也是根据《中华人民共和国突发事件应对法》将危机分为自然灾害、事故灾难、公共卫生事件和社会安全事件引发的四类危机状态。

2007年11月1日实施的《中华人民共和国突发事件应对法》第三条规定：突发事件，是指突然发生，造成或者可能造成严重社会危害，需要采取应急处置措施予以应对的自然灾害、事故灾难、公共卫生事件和社会安全事件。按照社会危害程度、影响范围等因素，自然灾害、事故灾难、公共卫生事件分为特别重大、重大、较大和一般四级。

可以看出，《中华人民共和国突发事件应对法》将突发事件主要分为自然灾害、事故灾难、公共卫生事件和社会安全事件四类。国务院发布的《国家突发公共事件总体应急预案》，根据突发公共事件的发生过程、性质和机理，也将突发事件分为上述四大类，如表1-2所示。

表1-2 法律法规对危机事件的分类

法律法规	分类标准	危机事件类型	具体危机事件类型
《国家突发公共事件总体应急预案》	发生过程、性质和机理	自然灾害	水旱灾害，气象灾害，地震灾害，地质灾害，海洋灾害，生物灾害和森林草原火灾等。
		事故灾难	工矿商贸等企业的各类安全事故，交通运输事故，公共设施和设备事故，环境污染和生态破坏事件等。
		公共卫生事件	传染病疫情，群体性不明原因疾病，食品安全和职业危害，动物疫情，以及其他严重影响公众健康和生命安全的事件。
		社会安全事件	恐怖袭击事件，经济安全事件和涉外突发事件等。
《中华人民共和国突发事件应对法》		自然灾害	
		事故灾难	
		公共卫生事件	
		社会安全事件	

（资料来源：作者根据相关法律法规整理）

具体来说，上述四大类突发事件还可以做进一步细分，如表1-3所示，下面分别做简单介绍。

表1-3 危机事件详细分类

突发事件	二级分类	细分事件	案例
自然灾害	气象灾害	干旱	2011年山东特大干旱
		雨涝	盐城市"2000·8"特大雨涝灾害
		热带气旋	2004年南玛都（Typhoon Nanmadol）热带气旋
		寒潮与冰冻灾害	2008年南方雨雪冰冻灾害
		冰雹灾害	2012年4月10日贵州台江县特大冰雹灾害
	海洋灾害	风暴潮	1970年11月13日孟加拉湾沿岸特大风暴潮，恒河三角洲一带30万人死亡
		海啸	2006年7月17日印尼海啸
		灾害性海浪	指海上波高达6米及以上的、由风产生的具有灾害性破坏影响的波浪，如1979年11月我国"渤海2号"石油钻井平台在移动作业中，遇气旋大风海浪沉没于渤海中部
		海冰	2010年12月渤黄海大面积形成海冰
		赤潮	2004年5月发生面积约八千至一万平方公里的特大赤潮
	洪水灾害	雨洪水	1998年夏天中国特大洪灾，2021年7月河南千年一遇的特大暴雨
		溃坝洪水	1975年8月8日，河南驻马店地区板桥水库因特大暴雨引发溃坝，超过2.6万人死难
		湖泊洪水	由河湖水量交换或湖面大风作用或两者同时作用引发的洪水，如北美的苏必利尔湖、密歇根湖和休伦湖洪水
		山洪	2005年5月31日湖南省新邵县太芝庙乡特大山洪
		融雪洪水	2010年3月19日乌鲁木齐融雪洪水
		冰凌	1984年12月17日天山四棵树河特大冰凌洪水
自然灾害	地质灾害	泥石流	舟曲特大泥石流
		滑坡	西藏易贡特大山体崩塌滑坡
		崩塌	2009年6月9日重庆武隆山体崩塌
		地面沉降	2013年3月26日深圳福田区商报东路景洲大厦小区地陷
	地震灾害	构造地震	汶川地震
		塌陷地震	2012年2月5日陕西省榆林市神木市发生3.0级塌陷地震
		火山地震	1961年6月12日腾冲玉璧山发生5.8级火山地震
		诱发地震	在特定的地区因某种地壳外界因素诱发而引起的地震，如水库地震，1931年希腊马拉松水库地震

续表

突发事件	二级分类	细分事件	案例
事故灾难	安全生产事故	危险化学品事故	2012年2月28日石家庄市赵县克尔化工厂硝酸胍车间爆炸事故，25人死亡
		矿难事故	2009年11月21日黑龙江龙煤集团鹤岗分公司新兴煤矿瓦斯爆炸，108人遇难
		建筑施工事故	2012年9月13日湖北省武汉市东湖景区东湖景苑C区7-1号楼建筑施工工地电梯坠落事故，19人死亡
	交通运输事故	公路交通事故	2012年8月26日包茂高速公路（陕西延安）发生追尾碰撞，导致起火，36人死亡
		铁路交通事故	2011年7月23日甬温线浙江省温州市境内动车追尾事故，40人死亡
		民用航空器飞行器事故	2010年8月24日河南航空有限公司一架客机在伊春林都机场附近坠毁，42人遇难
		水上交通事故	1999年11月24日烟大汽车轮渡股份有限公司所属客滚船"大舜"轮，从烟台驶往大连途中在烟台附近海域倾覆，285人死亡，5人失踪
	火灾	时间和空间上失去控制的燃烧所造成的灾害	2013年6月3日吉林宝源丰禽业有限公司火灾事故，121人遇难
公共卫生事件	食品安全事故	食物中毒、食源性疾病、食品污染	瘦肉精事件、阜阳劣质奶粉事件、三鹿奶粉事件
	传染性疾病	病原体引起的能在人与人、动物与动物或人与动物间传播的疾病	非典、禽流感、超级细菌、甲型H1N1流感、新冠疫情
社会安全事件	治安事件	导致冲突加剧、事态扩大、扰乱社会秩序、危害公共安全的越轨行为	2002年9月14日南京市江宁区汤山镇特大投毒事件
	群体事件	群体性暴力事件	贵州瓮安"6·28"事件
		群体性非暴力事件	集体上访、静坐

（资料来源：作者整理）

一、自然灾害

简单来说，凡是一切危及人类生产、生活和生命财产，给人们带来损害和痛苦的自然现象均称为自然灾害。主要包括气象灾害、海洋灾害、洪水灾害、地质灾害、地震灾害等。干旱、雨涝、冰雹、洪水、地震、泥石流、滑坡等自然灾害，都是我国常发的自然灾害，这些自然灾害，几乎每年都会在我国发生。近年来比较大的自然灾害如 2007 年重庆市特大暴雨灾害（导致 42 人死亡、12 人失踪），2008 年汶川地震及雨雪冰冻灾害，2010 年甘肃舟曲特大泥石流灾害（造成 1557 人遇难，284 人失踪），2010 年青海玉树地震（造成 2698 人遇难，270 人失踪），2012 年北京"7·21"特大暴雨洪灾（导致 79 人死亡），2013 年"4·20"雅安地震（造成 196 人死亡，21 人失踪），等等。

二、事故灾难

事故灾难是在人们的生产、生活活动中引发的、导致生命财产损失的事件，主要包括安全生产事故、交通运输事故、火灾。其中安全生产事故又可以分为危险化学品事故、矿山安全事故（矿难）、建筑施工事故等。随着经济转型和对安全管理的重视，近年来安全生产事故有所减少，但仍然时有发生。例如 2021 年 1 月 10 日山东烟台栖霞金矿事故，该事故被困 22 人，11 人获救，10 人死亡，1 人失踪，直接经济损失 6847.33 万元。

交通运输事故主要包括公路交通事故、铁路交通事故、民用航空器飞行器事故（空难）、水上交通事故，我国每年都会发生不少交通运输事故。最近较大的两起铁路交通事故是 2011 年"7·23"温州动车事故（造成 40 人死亡、172 人受伤）、2008 年山东"4·28"胶济铁路事故（导致 72 人死亡，416 人受伤）。近年几起较大空难事故是：2010 年"8·24"黑龙江伊春坠机事故（造成 44 人遇难，52 人受伤），2002 年 4 月 15 日国航一架波音 767 客机在韩国釜山失事（造成 128 人死亡），2002 年 5 月 7 日晚北方航空公司一架 MD82 客机在大连湾附近海域发生坠机事故（造成 112 人死亡）。水上交通事故，也称为海难，较大的一起就是 1999 年 11 月 24 日发生在烟台附近海域的"大舜"号海难，造成 285 人死亡，5 人失踪，直接经济损失约 9000 万元人民币。

火灾事故也常常发生，火灾是指在时间或空间上失去控制的燃烧所引发的灾害。2015 年 1 月 2 日黑龙江哈尔滨北方南勋大市场火灾，造成 5 名消防员牺牲。2017 年 11 月 18 日，北京市大兴区西红门镇新建村火灾，造成 19 人死亡，8 人受伤。2019 年 3 月 30 日四川凉山森林火灾，导致 30 人遇难。2020 年 10 月 1 日，山西省太原市迎泽区台骀山景区冰灯雪雕馆发生火灾，导致 13 人遇难。2021 年 7 月 24 日长春净月高新技术产业开发区一物流仓库发生火灾，初步核实死亡 14 人，重伤 12 人。

三、公共卫生事件

公共卫生事件，是指突然发生的，造成或者可能造成社会公众健康严重损害的重大传染病疫情、群体性不明原因的疾病、重大食物和职业中毒，以及其他严重影响公众健康的事件。传染病疫情如非典、禽流感、超级细菌、甲型H1N1流感、新冠疫情等。危害公众健康的事件如三鹿奶粉事件、2005年肯德基苏丹红事件等。

近年来我国发生了多起食物中毒事件，如2018年3月13日福建省古田县鹤塘镇48人食物中毒住院；2018年8月25日，桂林帝禾国际大酒店参加学术会议的五百余人在酒店吃晚宴后，出现腹泻、呕吐、发烧等症状，2018年9月1日，官方通报，初步判断这是一起由沙门氏菌感染引发的食源性疾病事件；2020年10月10日，黑龙江省鸡西市鸡东县发生一起食物中毒事件，导致7人死亡。

近年来，职业中毒事件也时有发生。2011年9月28日以来，广东省广州市白云区、荔湾区先后发生多起职业中毒事故，截至2012年2月27日统计，此次事故先后造成39人中毒（其中4人死亡），涉及39家制鞋、箱包制造及皮革加工企业，其中34家为无牌无证的小作坊。2012年2月16日，甘肃省白银市白银区王岘镇白银乐富化工有限公司发生硫化氢中毒事故，造成3人死亡。2016年1月9日，山东省潍坊长兴化工有限公司四氟对苯二甲醇车间发生氟化氢泄漏中毒事故，造成3人死亡、1人受伤。

四、社会安全事件

全国干部学习培训教材《公共危机管理》是这样定义社会安全事件的：突发社会安全事件是指因人民内部矛盾而引发，或因人民内部矛盾处理不当而积累、激发，由部分公众参与，有一定组织和目的，采取围堵党政机关、静坐请愿、阻塞交通、集会、聚众闹事、群体上访等行为，并对政府管理和社会秩序造成影响甚至使社会在一定范围内陷入一定强度对峙状态的群体性事件。[1] 这一定义比较适合党政机关实际工作。简单来说，社会安全事件主要指的是公众参与的、由人民内部矛盾引发的群体性事件。

上述对社会安全事件的定义范围较窄。《国家突发公共事件总体应急预案》规定：

---

[1] 陈福今，唐铁汉. 公共危机管理[M]. 北京：人民出版社，党建出版社，2006.

"社会安全事件主要包括恐怖袭击事件,经济安全事件和涉外突发事件等。"我们认为,社会安全事件一般是指治安事件、恐怖袭击事件、经济安全事件、涉外突发事件、重大刑事案件、金融安全事件、规模较大的群体性事件、民族宗教突发群体事件、学校安全事件以及其他社会影响严重的突发性社会安全事件。

治安事件是指个体或群体为了满足某种需要或者达成某种诉求,在特定场合引发冲突,并使冲突加剧、事态扩大,扰乱社会秩序、危害公共安全的越轨行为。严重的治安事件会触犯法律法规,成为违法犯罪行为,例如成都公交车燃烧事件、云南巧家爆炸案等。

群体性事件一般是指由某些社会矛盾引发,在某一阶段、某种共同利益下,特定群体或不特定人群聚合形成群体,形成规模性聚集,对社会造成负面影响、形成重要新闻效应的群体活动。群体性事件往往伴随言语或肢体上的冲突,表达一定的诉求和主张,或者争取和维护自身利益,或者发泄不满、制造影响,因而对社会秩序和社会稳定造成不利影响。群体性事件一般可以分为群体性暴力事件和群体性非暴力事件。群体性暴力事件表现为群体各方或群体与政府及公务人员之间的争执、打斗、对抗等;群体性非暴力事件没有激烈的对抗或破坏性行为,如集体上访、静坐等。

群体性事件具有群体性、组织性、仿效性、破坏性、反复性等特点。由于我国多年的社会矛盾积累,现阶段是我国群体性事件多发期。近年来全国发生的群体性事件主要有:2005年6月安徽池州"6·26"事件,2005年6月河北省定州市绳油村"6·11"事件,2007年6月广东河源群体性事件,2008年6月贵州瓮安事件,2008年7月云南省孟连"7·19"胶农事件,2008年11月甘肃陇南"11·17"打砸抢烧事件,2009年6月湖北石首事件,2010年4月黑龙江富锦市长春岭村群体性事件,2010年6月安徽马鞍山"6·11"事件,2011年6月广东潮安区"古巷事件",2011年6月广东增城区"6·11"事件,2012年4月重庆万盛群众聚集事件等。

恐怖袭击事件是指极端分子针对但不仅限于平民及民用设施的、采取不符合国际道义的攻击方式、人为制造的突发事件。恐怖袭击从20世纪90年代以来,有在全球范围内迅速蔓延的严峻趋势。近年来世界范围内恐怖袭击事件主要有:中国昆明火车站"3·01"严重暴力恐怖案、美国波士顿马拉松爆炸事件、"7·22"挪威奥斯陆爆炸枪击案、莫斯科多莫杰多沃机场遭恐怖袭击、莫斯科地铁爆炸事件、印度金融中心孟买连环恐怖袭击、伦敦地铁爆炸案、别斯兰人质事件、马德里地铁连环爆炸案、"9·11"恐怖袭击事件等。恐怖袭击事件具有政治性、国际性,一般来说,政府高层如外交部门、信息部门(如我国国务院新闻办公室)会及时做好新闻发布、公布伤亡情况及事件初步调查结论等舆论引导工作,因此我们较少涉及。

| 本章课程思政设计 |

课程思政目标：掌握公共危机管理内涵，了解城市危机管理实际工作的基本原则。

课程思政案例与阅读材料：习近平对防汛救灾工作作出重要指示[①]

中共中央总书记、国家主席、中央军委主席习近平对防汛救灾工作作出重要指示。

习近平指出，近日，河南等地持续遭遇强降雨，郑州等城市发生严重内涝，一些河流出现超警水位，个别水库溃坝，部分铁路停运、航班取消，造成重大人员伤亡和财产损失，防汛形势十分严峻。

习近平强调，当前已进入防汛关键期，各级领导干部要始终把保障人民群众生命财产安全放在第一位，身先士卒、靠前指挥，迅速组织力量防汛救灾，妥善安置受灾群众，严防次生灾害，最大限度减少人员伤亡和财产损失。解放军和武警部队要积极协助地方开展抢险救灾工作。国家防总、应急管理部、水利部、交通运输部要加强统筹协调，强化灾害隐患巡查排险，加强重要基础设施安全防护，提高降雨、台风、山洪、泥石流等预警预报水平，加大交通疏导力度，抓细抓实各项防汛救灾措施。

习近平要求，各地区各有关部门要在做好防汛救灾工作的同时，尽快恢复生产生活秩序，扎实做好受灾群众帮扶救助和卫生防疫工作，防止因灾返贫和"大灾之后有大疫"。

思考题

习近平总书记对各级领导干部、解放军和武警部队、国家防总、应急管理部、水利部、交通运输部、各地区各有关部门等作出了明确指示。请你结合实际，说说指示体现了城市危机管理的哪些基本原则？

[①] 习近平对防汛救灾工作作出重要指示 要求始终把保障人民群众生命财产安全放在第一位 抓细抓实各项防汛救灾措施[EB/OL].（2021-07-21）[2021-08-21].https://tv.cctv.com/2021/07/21/VIDEqDb2o9fKodrM3EofDin8210721.shtml?spm=C31267.PFsKSaKh6QQC.S71105.18.

第二章
我国公共危机管理体系的历史沿革与发展

☞ **本章主要内容**

我们以时间为轴,以典型事件为标志,将我国公共危机管理体系的历史发展脉络分为以下四个阶段:公共危机管理体系初创期、公共危机管理体系恢复发展期、公共危机管理"一案三制"建设期、公共危机管理体系全面整合发展期,下面分别作简要论述。

第一节 新中国成立初期至改革开放前:公共危机管理体系初创期

新中国成立初期,百废待兴,为了应对洪灾、旱灾、传染病等突发事件,政务院副总理董必武作为主要领导人,依托中央防疫委员会(1949年10月27日成立)、中央救灾委员会(1950年2月27日成立)、中央防汛总指挥部(1950年6月3日成立)和中央生产防旱办公室(1952年2月13日成立)领导卫生防疫、救灾、防汛、抗旱工作,具体业务由卫生部、内务部、水利部、农业部等部门负责,其他相关部门参与配合。针对瓦斯爆炸、工厂爆炸等事故,周恩来总理亲自负责领导,燃料工业部、劳动部、重工业部、轻工业部等参与,初步构建了安全生产领域的管理体系。形成了领导分管、专业部门牵头、相关部门配合的公共危机安全管理体系与运行模式。

随着三大改造完成,我国正式进入社会主义时期,受"大跃进"和"文化大革命"的影响,这一管理体系和运行模式发展缓慢,处于停滞状态。尽管如此,这一管理体系和运行模式,奠定了我国公共危机管理的基础,至今仍在发挥重要作用。

表2-1 我国历年成立的部分公共危机管理机构

时间	公共危机管理机构
1949年10月27日	成立中央防疫委员会
1949年11月2日	中央政府成立劳动部,下设劳动保护司,主管生产安全事故防范
1950年2月27日	成立中央救灾委员会
1950年6月3日	成立中央防汛总指挥部
1952年2月13日	设立中央生产防旱办公室
1978年	设立中央爱国卫生运动委员会
1979年	设立国务院抗旱领导小组
1989年	成立中国国际减灾十年委员会
1991年	设立全国救灾工作领导小组
1991年	成立中央社会治安综合治理委员会
1999年12月30日	成立国家经贸委煤矿安全监察局
2000年10月	中国国际减灾十年委员会更名为中国国际减灾委员会
2001年2月	经国务院批准组建国家安全生产监督管理局,与国家煤矿安全监察局一个机构两块牌子
2003年	国家安全生产监督管理局改为国务院直属机构
2003年	成立国务院安全生产委员会,统筹领导全国安全生产工作
2003年	设立全国防治非典型肺炎指挥部(2008年撤销)
2003年	中央建立"处理信访突出问题及群体性事件联席会议制度"
2004年	设立国务院血吸虫病防治工作领导小组(2008年撤销)、全国防治艾滋病委员会和全国防控高致病性禽流感指挥部(2008年撤销)
2005年	国家安全生产监督管理局升格为国家安全生产监督管理总局
2005年	中国国际减灾委员会更名为国家减灾委员会,成为自然灾害领域的综合协调领导机构,日常办事机构设在民政部救灾司
2006年	设立国家森林防火指挥部,办事机构由国家林业局负责
2006年4月10日	国务院办公厅设立国务院应急管理办公室(国务院总值班室)
2007年	设立国务院产品质量与食品安全领导小组(2008年撤销)
2008年1月	国务院煤电油运和抢险抗灾应急指挥中心(应急指挥中心办公室设在发展改革委)
2008年5月	国务院抗震救灾总指挥部(2018年10月14日撤销)
2010年	设立国务院食品安全委员会
2011年9月	中央社会治安综合治理委员会更名为中央社会管理综合治理委员会(2014年恢复原名)

续表

时间	公共危机管理机构
2014年	成立中央国家安全委员会
2018年	组建应急管理部，不再保留国家安全生产监督管理总局
2020年1月25日	成立中央应对新型冠状病毒感染肺炎疫情工作领导小组

（资料来源：作者整理）

第二节 改革开放后至2003年非典危机：公共危机管理体系恢复发展期

改革开放后，这种领导分管、专业部门牵头、相关部门配合的公共危机管理体系得到了恢复和完善。

首先是被"文化大革命"破坏的机构逐步恢复，例如1978年成立了中央爱国卫生运动委员会，1979年成立了国务院抗旱领导小组，与此同时，专业部门牵头、相关部门配合的公共危机管理模式也逐渐恢复。其次是随着各类突发事件越来越多，领导分管、部门牵头配合的公共危机管理模式逐渐推广到更多的行业和领域，例如自然灾害领域1989年成立了中国国际减灾十年委员会，国务院副总理田纪云任主任，1991年成立了全国救灾工作领导小组，国务院副总理田纪云任组长；社会安全事件管理方面1991年成立了中央社会治安综合治理委员会，政治局常委乔石任主任。此后，随着公共安全危机形势日益严峻，1999年12月30日成立了国家经贸委煤矿安全监察局，2001年2月改为国家安全生产监督管理局（煤矿安全监察局）。这些公共危机管理机构基本上都遵循了领导分管、专业部门牵头、相关部门配合的管理模式。

第三节 2003年非典危机至2018年前：公共危机管理"一案三制"建设期

2003年，随着非典危机的爆发，党和国家、学术界、社会公众都纷纷意识到构建科学完善的公共危机管理体系极为重要而迫切。此后，我国进行了以"一案三制"（预案、法制、体制、机制）为核心的公共危机管理体系建设，将公共危机管理体系进行制度化、法律化、规范化，取得了显著的成绩。具体内容如表 2-2 所示。

表 2-2　我国公共危机管理"一案三制"

一案三制	法律法规或文件	主要内容
公共危机管理应急预案	2005 年 4 月 17 日，国务院印发《国家突发公共事件总体应急预案》。2005 年 5 月、6 月，应对自然灾害、事故灾难、突发公共卫生事件和社会安全事件的四大类、25 个专项应急预案、80 个部门预案陆续向社会公布。至 2005 年年底，全国应急预案编制工作已基本完成，包括国家总体应急预案、25 个专项应急预案、80 个部门应急预案，共计 106 件，覆盖了我国主要的突发事件。据统计，截至 2007 年 11 月，全国制订各级各类应急预案 130 多万件。	总体预案、专项预案、部门预案、地方预案、企事业单位预案和重大活动预案
公共危机管理法制	2003 年 5 月 12 日颁布《突发公共卫生事件应急条例》；2007 年 11 月 1 日施行《中华人民共和国突发事件应对法》。《重大动物疫情应急条例》《中华人民共和国传染病防治法》《中华人民共和国安全生产法》《中华人民共和国动物防疫法》《中华人民共和国国家安全法》《中华人民共和国反恐怖主义法》《中华人民共和国网络安全法》《防震减灾法》《防洪法》等	以宪法为基础、以《中华人民共和国突发事件应对法》为主体、以相关单项法律法规为配套的公共危机安全管理法律体系
公共危机管理机制	2004 年 9 月 19 日十六届四中全会通过《中共中央关于加强党的执政能力建设的决定》	"建立健全社会预警体系，形成统一指挥、功能齐全、反应灵敏、运转高效的应急机制，提高保障公共安全和处置突发事件的能力。"
	《国务院关于全面加强应急管理工作的意见》（2006 年 6 月 15 日）	"构建统一指挥、反应灵敏、协调有序、运转高效的应急管理机制。"
公共危机管理体制	2006 年 6 月 15 日出台的《国务院关于全面加强应急管理工作的意见》	"健全分类管理、分级负责、条块结合、属地为主的应急管理体制，落实党委领导下的行政领导责任制，加强应急管理机构和应急救援队伍建设。"
	2007 年 8 月 30 日通过《中华人民共和国突发事件应对法》	"国家建立统一领导、综合协调、分类管理、分级负责、属地管理为主的应急管理体制。"
	2018 年 3 月《深化党和国家机构改革方案》	"推动形成统一指挥、专常兼备、反应灵敏、上下联动、平战结合的中国特色应急管理体制。"
	2019 年 10 月十九届四中全会通过的《中共中央关于坚持和完善中国特色社会主义制度　推进国家治理体系和治理能力现代化若干重大问题的决定》	"构建统一指挥、专常兼备、反应灵敏、上下联动的应急管理体制，优化国家应急管理能力体系建设，提高防灾减灾救灾能力。"

（资料来源：作者整理）

一、公共危机管理机构建设

在公共危机管理机构建设方面，这一时期主要设立了以下机构。2005年中国国际减灾委员会更名为国家减灾委员会，成为我国应对自然灾害综合性协调机构，日常办事机构设在民政部救灾司；2006年设立了国家森林防火指挥部，办事机构设在国家林业局；2003年成立了国务院安全生产委员会，统筹领导全国安全生产工作，同年，国家安全生产监督管理局成为国务院直属机构，2005年升格为国家安全生产监督管理总局；2003年设立防治非典型肺炎指挥部（2008年撤销）；2004年设立国务院血吸虫病防治工作领导小组（2008年撤销）、全国防治艾滋病委员会和全国防控高致病性禽流感指挥部（2008年撤销）；2007年设立了国务院产品质量与食品安全领导小组（2008年撤销）；2010年设立国务院食品安全委员会；2003年中央建立"处理信访突出问题及群体性事件联席会议制度"；2011年9月中央社会治安综合治理委员会更名为中央社会管理综合治理委员会（2014年恢复原名）；2014年成立中央国家安全委员会。

二、公共危机管理预案建设

在公共危机管理预案建设方面，这一时期，形成了总体预案（《国家突发公共事件总体应急预案》）、专项预案、部门预案、地方预案、企事业单位预案和重大活动预案等组成的公共危机管理应急预案体系，基本覆盖了我国主要的突发公共事件。

三、公共危机管理法制建设

在公共危机管理法制建设方面，2003年4月，为了应对非典危机，起草了《突发公共卫生事件应急条例》，并于2003年5月9日，国务院总理温家宝正式签署国务院令，2003年5月12日正式颁布《突发公共卫生事件应急条例》。这一条例的出台，标志着我国公共卫生突发事件危机管理工作步入法制化轨道。2007年8月30日，第十届全国人大常委会第二十九次会议审议通过《中华人民共和国突发事件应对法》，该法成为我国应对各类公共突发事件的综合性法律，于2007年11月1日起正式施行。党的十六大以来，国务院制定了《突发公共卫生事件应急条例》《重大动物疫情应急条例》等应对突发公共事件的单行法律和行政法规60多部，全国人大常委会分别组织修订了《传染病防治法》《动物防疫法》等法律。地方政府也根据各自的特点，出台了相关的地方应急管理法规和规章。

总体来看，我国目前基本形成了以宪法为基础、以《中华人民共和国突发事件应对法》为主体、以相关单项法律法规为配套的公共危机安全管理法律体系，公共危机管理工作基本上步入法治化、制度化、规范化的轨道。

四、公共危机管理机制建设

在公共危机管理机制建设方面，《国务院关于全面加强应急管理工作的意见》（2006年6月15日）明确提出"构建统一指挥、反应灵敏、协调有序、运转高效的应急管理机制"。公共危机管理机制主要包括预防准备、监测预警、应急救援、恢复重建、信息报告、决策指挥、危机沟通、社会动员、调查评估、应急保障等内容。目前，公共危机管理机制基本上能适应社会经济发展的需要，但是从2020年新型冠状病毒感染的肺炎疫情应对与处置来看，在反应、协调和运转效率方面还存在不少问题，公共危机管理机制还有待进一步完善。

五、公共危机管理体制建设

在公共危机管理体制建设方面，《中华人民共和国突发事件应对法》指出："国家建立统一领导、综合协调、分类管理、分级负责、属地管理为主的应急管理体制。"2018年3月《深化党和国家机构改革方案》提出："推动形成统一指挥、专常兼备、反应灵敏、上下联动、平战结合的中国特色应急管理体制。"十九届四中全会提出："构建统一指挥、专常兼备、反应灵敏、上下联动的应急管理体制，优化国家应急管理能力体系建设，提高防灾减灾救灾能力。"

2020年10月中共十九届五中全会通过的《中共中央关于制定国民经济和社会发展第十四个五年规划和二〇三五年远景目标的建议》对我国危机管理也提出了具体要求，指出："国家治理效能得到新提升。社会主义民主法治更加健全，社会公平正义进一步彰显，国家行政体系更加完善，政府作用更好发挥，行政效率和公信力显著提升，社会治理特别是基层治理水平明显提高，防范化解重大风险体制机制不断健全，突发公共事件应急能力显著增强，自然灾害防御水平明显提升，发展安全保障更加有力，国防和军队现代化迈出重大步伐。"

公共危机管理体制主要是指公共危机管理机构的组织形式及权责分配，即各个公共危机管理主体的法律地位、相互间的权力分配关系及其组织形式等。公共危机管理体制是一个由横向部门和纵向机构、政府机构与社会组织相结合的复杂系统，主要包括公共危机管理的领导指挥机构、专项应急指挥机构、日常办事机构、工作机构、地方机构及专家团队等不同层级。

从2020年以来新型冠状病毒感染的肺炎疫情应对与处置来看，我们在危机的回应速度、上下联动、中央和地方权责分配等方面非常高效，但也还需进一步优化和完善。

第四节 2018年机构改革后：公共危机管理体系全面整合发展期

随着我国正式步入新时代，2018年也开启了最新一轮机构改革。此次改革将国家安全生产监督管理总局的职责，国务院办公厅的应急管理职责，公安部的消防管理职责，民政部的救灾职责，国土资源部的地质灾害防治、水利部的水旱灾害防治、农业部的草原防火、国家林业局的森林防火相关职责，中国地震局的震灾应急救援职责，以及国家防汛抗旱总指挥部、国家减灾委员会、国务院抗震救灾指挥部、国家森林防火指挥部的职责整合，组建应急管理部，作为国务院组成部门。

应急管理部整合了分散在13个部门的应急管理职能，有助于应急管理部统一指挥、高效运转，有助于实现部门协调、流程优化，有助于化解职责交叉、权责分散问题和部门本位主义，提高沟通协调效率，实现全面整合发展。

当然，面对现代社会越来越复杂化的公共事务和公共危机，危机管理工作不是一个应急管理部门能有效化解和应对的。2018年新一轮机构改革后，涉及公共危机管理的职能部门还包括交通运输部、生态环境部、国家市场监督管理总局、国家卫生健康委员会、公安部、农业农村部、国家铁路集团，等等。

| 本章课程思政设计 |

课程思政目标：掌握危机管理"一案三制"的基本内容，树立依法行政、依法管理理念。

课程思政案例与阅读材料：疫情期间石家庄一男子执意进村被绑树上[①]

---

① 官方通报石家庄一男子执意进村被绑树上：系村支书指使 已停职处理[EB/OL].（2021-01-20）[2021-08-24]. https://baijiahao.baidu.com/s?id=1689380166196002670&wfr=spider&for=pc.

2021年1月19日，河北石家庄藁城区南营镇人民政府发布通报，1月18日上午9时许，村民曹某执意进入南营镇水范寨村买烟，被执勤人员制止后不听劝阻。执勤人员在村党支部书记闫某的指使下，将曹某绑在树上谩骂。事发后，南营镇党委政府高度重视，给予水范寨村党支部书记闫某停职处理，并要求各村疫情防控人员引以为戒，杜绝此类事件再发生。公安机关已经以涉嫌非法限制人身自由罪立案调查。

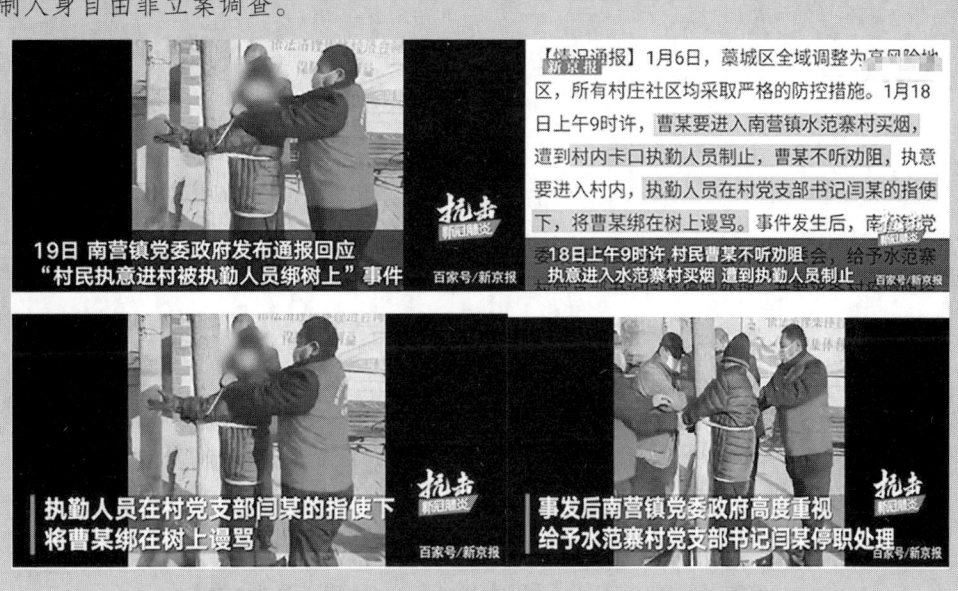

图2-1　石家庄一男子执意进村被绑树上相关报道截图

（资料来源：百家号/新京报）

? 思考题

为有效应对新冠疫情这类突发公共卫生事件，需要政府、企业、社会、公众等通力合作、共同应对。对居家隔离政策，需要基层自治组织做好日常生活等相关服务，公众积极配合，但基层自治组织不能非法限制他人人身自由，危机管理必须是依法管理。请你结合案例说说我国有哪些危机管理法律法规？如果你是村党支部书记，你应如何处理此事？

第三章
我国城市危机管理体制

☞ 本章主要内容

关于危机管理体制，2018年3月中共中央印发的《深化党和国家机构改革方案》概括为："推动形成统一指挥、专常兼备、反应灵敏、上下联动、平战结合的中国特色应急管理体制"。本章对公共危机管理体制的内容、问题及完善策略进行论述。

第一节 我国城市危机管理体制

简而言之，公共危机管理体制是指政府在公共危机管理机构设置、领导隶属关系和管理权限划分等方面的体系和制度。我们认为公共危机管理体制的主要内容体现在以下几个方面。

一、统一领导体制

我国实行的是党委领导下的首长负责制，因此，各级行政首长是公共危机管理的责任主体。国务院是全国公共危机管理的最高行政领导机构，统一领导各种公共危机事件的预防、应对和处置工作。如遇有重大公共危机事件时，通常设立临时性指挥机构，如国务院防治非典型肺炎指挥部、汶川地震期间成立的国务院抗震救灾总指挥部、2008年雨雪冰冻灾害期间成立的国务院煤电油运和抢险抗灾应急指挥中心、2020年成立的中央应对新型冠状病毒感染肺炎疫情工作领导小组（受中央政治局常委会领导），都是这种危机管理领导体制的案例。地方政府也基本上是采用这种管理体制。我国这种党政统一领导的危机管理体制，显示了强大的动员力量，在应对重大公共危机事件方面发挥了巨大的作用。我国公共危机管理体系如图3-1所示。

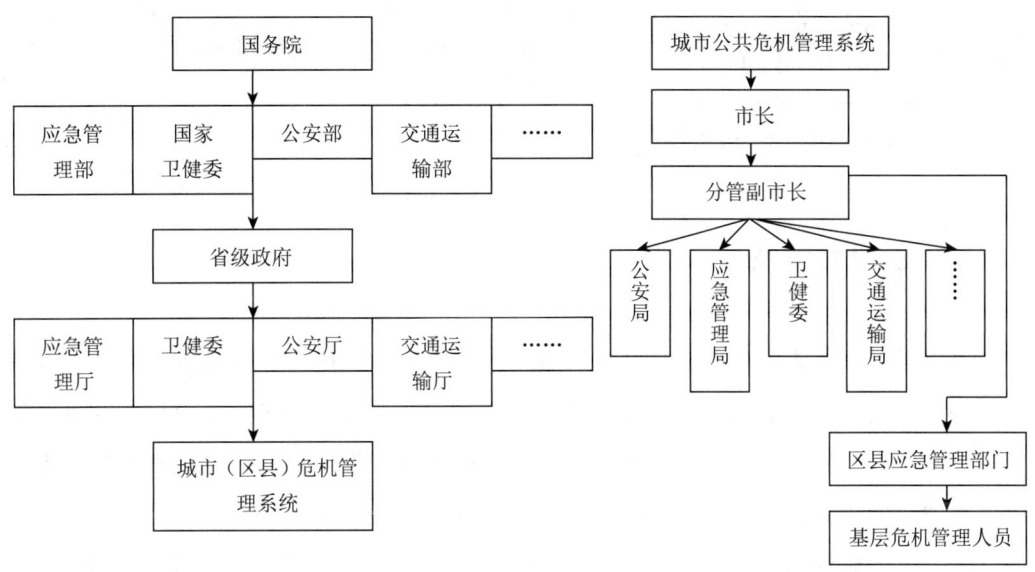

图 3-1　我国公共危机管理与城市公共危机管理体系示意图

（资料来源：作者绘制）

二、分级管理体制

分级管理包括公共危机管理主体分级和公共突发事件分级。管理主体分级主要指依据公共危机的级别和突发事件的影响范围，分别由不同层级的政府启动相应的危机管理预案，实施危机管理。跨地区、跨部门或特别重大危机事件由国务院统一领导，实施管理，例如冰雪灾害和汶川地震。一般性的危机事件，由相应层级的地方政府进行管理。图3-1显示了危机管理主体的层级性。

对于公共危机事件分级，《中华人民共和国突发事件应对法》《国家突发公共事件总体应急预案》等法律法规都有相应规定，如表3-1所示。

表 3-1　公共危机事件分级管理

法规	分级标准	分级	分级对象	备注
《中华人民共和国突发事件应对法》	社会危害程度、影响范围	特别重大、重大、较大和一般	自然灾害、事故灾难和公共卫生事件	
	紧急程度、发展势态和可能造成的危害程度	一级（红色）、二级（橙色）、三级（黄色）和四级（蓝色）	自然灾害、事故灾难和公共卫生事件	预警级别；一级为最高级别

续表

法规	分级标准	分级	分级对象	备注
《国家突发公共事件总体应急预案》	性质、严重程度、可控性和影响范围	Ⅰ级（特别重大）、Ⅱ级（重大）、Ⅲ级（较大）和Ⅳ级（一般）	各类突发公共事件	

（资料来源：作者根据相关法规整理）

三、属地管理体制

可以讲，属地管理是我国公共事务管理的一个基本准则。属地管理，是指公共危机管理工作由事发地的地方人民政府负主责，按行政区划划分各级党政机关的危机管理责任和权限，确立公共危机管理的机构，实行谁主管谁负责的原则，本辖区、本单位、本部门的主要负责人是公共危机管理工作的第一责任人。

同时，上级政府或有关部门可对下级予以指导、支持和帮助，形成了属地管理、条块结合的结构和响应体制。

四、分类管理制度

分类管理是指按不同类型的危机事件确立不同的主管部门负责应对和处置工作。相关法律法规将我国的危机事件分为自然灾害、事故灾难、公共卫生事件和社会安全事件四大类，如表1-2、表1-3所示。这四类危机事件是由多个部门来共同应对和管理的，相应的职能部门为应对职责范围的危机事件，建立了相应的危机管理体系。

五、部门管理体制

部门管理体制是一种传统的、基本的管理体制，是人类社会化大生产对社会分工的必然要求。政府各职能部门都有自己相应的公共危机管理责任，涉及公共危机管理工作的包括公安部门、水利部门、卫健部门、交通运输部门等多个部门。2018年新一轮改革后，我国公共危机安全管理职能部门如表3-2所示。

表 3-2 我国公共危机管理职能部门

突发事件	二级分类	2018年前职能部门	2018年机构改革后职能部门
自然灾害	气象灾害（干旱、雨涝、冰雹灾害等）	国家防汛抗旱总指挥部（水利部）；自然灾害救助由国家减灾委员会（民政部）负责	应急管理部
	海洋灾害（海啸、海冰、赤潮等）		
	洪水灾害（雨洪水、湖泊洪水、山洪等）		
	地质灾害（泥石流、滑坡、崩塌、地面沉降等）	国土资源部	
	地震灾害	国务院抗震救灾指挥部（中国地震局）	
事故灾难	安全生产事故	国家安全监管总局（国务院安委会）	应急管理部
	交通运输事故（公路、铁路、民航、水上交通事故）	交通（运输）部、铁道部（2013年改为铁路总公司）、民航局	交通运输部、国家铁路集团
	火灾	公安部	应急管理部
	森林火灾	国家森林防火指挥部（国家林业局）	
	环境污染	环保部	生态环境部
	核安全事故	国防科工委、环保部	
公共卫生事件	食品安全事故	国家食品药品监督管理总局	国家市场监督管理总局
	传染性疾病	卫计委	国家卫生健康委员会
	重大动物疫情	农业部	农业农村部
社会安全事件	治安事件	公安部	公安部
	群体事件		

（资料来源：作者整理）

上述我国公共危机管理体制在应对各种公共突发事件和危机事件过程中发挥了巨大作用。然而，也正是这种体制的特点，导致了我国公共危机管理体制存在一些问题。

第二节　我国城市危机管理体制的问题与困境

目前，我国公共危机管理系统尽管经历了2018年新一轮改革，将职能进行了有效整合，但是公共危机安全管理系统还是存在诸多问题，尤其是从2020年新型冠状病毒感染的肺炎疫情应对与处置来看，某些问题还较为明显，具体表现在以下几个方面。

一、部门分治

由于实行分类及部门化管理，职能部门之间在公共危机管理中的分工协作关系不清晰，一个公共危机事件涉及多个部门，一个部门管理多种突发事件，这样既导致部门分割、职责交叉、管理脱节等现象，也因难以协调，不利于资源整合和快速反应。因此，在面对突发性公共危机事件时，国务院都设立统一的临时性指挥机构来应对错综复杂的危机管理局面。例如，为了加强对全国疫情防控的统一领导和指挥，2020年1月25日成立了中央应对新型冠状病毒感染肺炎疫情工作领导小组，各级地方政府也成立了相应的指挥机构。

从表3-1可以看出，2018年机构改革后，尽管我国公共危机管理主要职能都整合到了应急管理部，但部分职能还是分布在交通运输部、生态环境部、国家市场监督管理总局、国家卫生健康委员会、公安部、农业农村部等部门。而在灾害恢复重建、基层社区联防联控等方面，可能还涉及更多部门。同时，人类社会发展表明专业分工越来越细是一个必然的发展趋势，部门分治的问题难以彻底解决。

二、条块分割

通常来说，"条"属于部门、系统、垂直管理，"块"属于地方政府管理。由于公共危机管理的复杂性和职责划分不清，危机管理中常出现条块衔接配合不力，管理脱节，协调困难等问题，属于"条"垂直管理的单位，"块"不得干预，反之亦然。因为这种条块分割，2003年重庆开县井喷事故爆发后，第一时间知晓信息的不是地方政府，而是上级公司和重庆市政府，从而耽误了最佳的救灾时间。从2020年新型冠状病毒感染的肺炎疫情应对与处置来看，卫生健康委员会、红十字会、疾控中心、地方政府组成的"块"与上级部门的"条"在沟通机制、信息共享等方面还是存在诸多问题的。

三、职能分散

一个公共危机事件的应对和管理职能被分散在多个部门。从表3-2来看，目前经过 2018 年新一轮机构改革后,我国对四大类突发事件的管理职能,进行了有效整合,但还是涉及至少 8 个部门。同时,应急管理部整合来自 13 个部门的职能,如何实现应急管理部内部的整合、协同和优化?如何优化和理顺相关政府部门和所属事业单位的关系?这些都还面临问题和挑战。例如从新型冠状病毒感染的肺炎疫情应对与处置来看,从理论上来说,红十字会应是事业单位,属于非政府公共组织,但有媒体报道某地红十字会是政府机构,其效率较低,引发公众不满。红十字会与卫生健康委员会的职能和关系到底如何定位,可能有的地方政府并没有完全厘清。

从此次新冠疫情这种重大突发公共卫生事件的应对来看,公共危机管理还涉及发展改革委、公安部、民政部、中宣部、财政部、交通运输部、科技部等诸多部门,这显然是应急管理部或国家卫生健康委员会协调不了的,因此中央及时成立了中央应对新型冠状病毒感染肺炎疫情工作领导小组。从公共危机管理流程(预防准备、监测预警、处置救援、恢复重建)来看,公共危机管理职能也分散在诸多部门。

四、信息不畅

获取有效全面的信息是公共安全危机管理的基础。目前的危机信息传递机制是逐级管理,对上负责,横向沟通协调困难,公共危机信息管理系统相互割裂,不能互联互通,导致难以获取全面综合性的信息,不利于对危机的综合分析、研判、预警预测。例如监测预警包括监测、信息传递、研判、决策、预警等环节,在此次肺炎疫情中,前期疫情信息的公布被媒体和公众质疑不及时。《中华人民共和国传染病防治法》第三十八条规定,传染病暴发、流行时,国务院卫生行政部门负责向社会公布传染病疫情信息,并可以授权省、自治区、直辖市人民政府卫生行政部门向社会公布本行政区域的传染病疫情信息。然而疫情信息层层上报的过程是缓慢的,信息不畅的问题很突出。

五、责任不明

健全的公共危机管理问责机制,是提升公共危机管理能力和水平的重要条件,各级政府越来越重视和强化危机管理,但是很少清晰明确地厘清各级各部门的职责,没有健全的责任追究制度,相关人员责任意识不强,不利于全面提升政府的公共危机管理水平。显然,从此次肺炎疫情中,可以看出卫健委和红十字会、应急管理部门和红十字会的关系,以及各自的权责,并不十分清楚。尽管应急管理部整合了来自 13 个部门的职能，但是其各个内设机构、司局的职责，以及原来各相关部门下属事业单位的权责，都很难在短时间内厘清。

六、流程不清

根据《中华人民共和国突发事件应对法》，从大的方面来说，公共危机管理主要包括预防准备、监测预警、处置救援、恢复重建等流程。但是在具体工作中，每个流程又包括很多具体的环节和操作步骤。应急管理部组建后，自然灾害和大部分事故灾难的管理职能都整合到应急管理部了，基本实现了防灾、抗灾、救灾的一体化管理，实现了从应对单一灾种向综合减灾转变，基本解决了公共危机管理的多头管理和流程碎片化的问题，但是具体的工作环节和操作步骤还不十分清晰。从某些地方应对新冠肺炎疫情的手忙脚乱、物资调配不合理、主责领导对基本疫情情况不清楚、仓促应战等情况，可以看出公共危机管理的具体工作环节和流程不清晰。这也反映出日常公共危机管理训练和培训等工作做得不扎实、不深入，有的地方政府部分职能部门和机构、日常演练形同虚设。

第三节 完善城市危机管理体制的策略建议

站在新时代，面对高度复杂化的社会，为了完善公共危机安全管理的组织和治理体系，应从以下策略入手。

一、强化党的全面领导机制

强化对公共危机管理的统一指挥、综合协调，是当今世界各国提高政府应对危机能力的主要做法和主流趋势。很多发达国家在中央政府层面均设有名称与形式各异，但都具有统一指挥和协调职能的专门机构，如美国的国土安全部，俄罗斯的紧急事务部，英国的内阁办公室国内紧急状态秘书处，德国的联邦公民保护局，日本的内阁危机管理总监和内阁危机管理中心等。

党的十八大以来，我国在自然灾害、事故灾难、公共卫生事件与社会安全事件的应急管理方面取得了巨大的成就。公共危机管理模式发生了变化，属地为主、分级管理的特点更加明显，综合防灾减灾救灾能力提升，这在雅安芦山地震和云南鲁甸地震等重大公共危机管理中得以体现。形成了"党政同责,一岗双责,齐抓共管""管行业必须管安全,管生产必须管安全,管生产经营单位必须管安全"的局面。

2018年,新一轮机构改革后,党的全面领导得到了加强。各级党委和政府,要将公共危机管理看作是关系党和国家事业全局的重大政治任务,坚决维护以习近平同志为核心的党中央权威和集中统一领导,统一思想,强化"四个意识",加强党的组织领导,加强党对突发事件的集中统一领导,破解工作中的阻力。这是公共危机管理的首要要求。

二、构建多元合作治理机制

构建公共危机多元合作治理机制是公共危机治理的基本要求。建议各级政府都应成立公共危机决策合作治理委员会,并建立自己的公共危机决策专家库,使公共危机多元合作治理付诸实际行动,具有可行性和操作性。同时,推行决策专家论证制度、听证制度、公示制度等推进公共危机决策民主化、科学化,使公共危机多元合作治理落实到位。公共危机多元合作治理机制如图3-2所示。

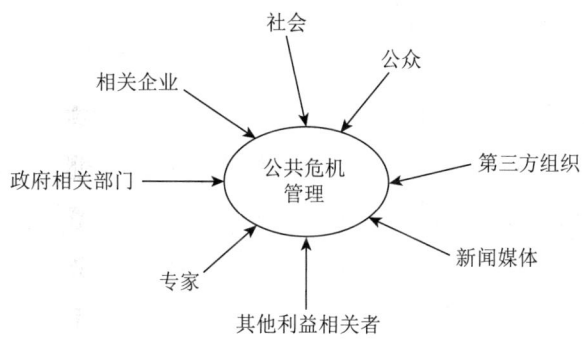

图3-2 公共危机多元合作治理机制示意图

(资料来源:作者绘制)

从世界范围来看,任何公共危机的应对都不是政府单打独斗能做好的事情,提倡多个公共事务管理主体合作治理,已成为世界潮流。政府发挥主导作用,企业、红十字会等第三方组织积极参与,公民积极自救、参与社区治理。只有推动市场和社会等多元主体共同合作,才能有效地应对公共危机,社会才会和谐安宁。

三、加强危机统一领导指挥

统一领导、统一指挥是公共危机管理的基本要求，是组织设计的基本原则。该原则强调同一目标下的所有工作，应该由同一个管理者负责，每一个下级单位只听从一个上级的领导，这样才能保证命令和指挥的统一，避免多头领导和多头指挥，使组织最高管理部门的决策得以贯彻执行。公共危机管理，应设计科学合理的组织结构和清晰明确的命令与信息的传递体系，实现指挥的统一。

从新型冠状病毒感染肺炎疫情的应对和处置来看，最初武汉市红十字会和政府机构在接受捐赠、医疗物资的分配等方面出现了多头领导、层层审批、效率低等问题，导致一边是医院急缺物资，而另一边却是物资积压，部分原因就是受到了多头领导的困扰。后来在武汉市新冠肺炎防控指挥部的统一领导、统一指挥下，以及中央应对新型冠状病毒感染肺炎疫情工作领导小组决定所有紧缺物资实行统一调度后，相关问题得到了缓解。

四、整合优化内部组织机构

整合优化内部组织机构是根据职责轻重，明确应急管理部门内部各个机构的主次关系，实现部门内部的协调联动，避免推诿扯皮。应急管理部整合了13个部门的业务和职能，虽然以前可能有联系和协同经验，但真正形成合力还需要时间，优化和整合内部机构设置、人员配备是至关重要的。相关改革的成功经验是，内部机构要科学设置，实现有机融合，达到你中有我我中有你的效果。在配备内部机构领导时也应重新洗牌，淡化原部门色彩，将能力强、人品好、协调能力好的干部填补到空缺领导职位上。

要避免原有机构按兵不动，基本上是原班人马，领导安排和人事任免也未做到交叉任职，仍沿用旧部门的领导，这种照抄照搬的做法只是将原来部门间的问题变成部门内部问题而已。在议事协调机构、综合管理部门、专业管理部门、辅助管理部门、事业单位之间实行人员岗位轮换和交叉任职，同时选好配好部门领导，使部门内部形成合力。

优化管理层次、减少管理层级。目前常见的层次是部、司局、处、科室，如果加上国务院层次，则是五级，再加上省市、区县及其内设机构和乡镇，其实际管理层级可能超过了十级。如此多的管理层次，要做到快速反应是极为困难的，而公共危机管理的监测预警、处置救援、信息传送最需要的就是快速反应。因此,可以逐步探索扁平化管理,同时构建信息共享机制。

五、建立公共信息共享机制

信息共享机制的建立对于提升公共危机管理效能具有重要意义,随着5G时代和万物互联时代的到来,这种共享机制越发重要。建立信息共享机制或搭建信息共享平台,是指建立人、财、物和信息在不同部门之间的自由流动和交换的机制或平台。公共部门的工作离不开不同部门之间信息和资源的流动和交换,这种流动包括横向的和纵向的。世界各国政府都意识到资源共享机制对政府有效运行具有重要意义,纷纷在实践中确立了资源共享机制。澳大利亚政府在整体性政府理念的推动下,在政府网站上开通了共享空间(Share Space);美国政府则专门成立信息共享政策协调委员会(Information Sharing Policy Coordination Committee),并出台了一系列指导方针推动信息资源在不同部门和不同层级之间的流动。美国国土安全部的信息分析与基础设施保护局乃是专门负责信息分析处理和共享的部门。

从新型冠状病毒感染肺炎疫情的应对和处置来看,如果在疫情暴发初期,相关信息在医院、区县卫健委、疾控中心、省市卫健委、国家卫健委、国务院等各个层级能够实现实时共享,并进行自动预警,而不是相关信息层层报批,可能武汉市和全国的疫情应对工作就不至于如此被动。信息层层报批,耽误时间,延误战机。这次疫情凸显了公共危机管理相关部门信息共享的重要性。

应借助大数据、互联网、人工智能等新兴技术,实现一网运行,做到公开透明,打破信息孤岛,至少公共危机管理相关部门信息共享、数据互连互通,提高管理办事效率。应急管理部可以整合原有的运行平台,统一身份认证,构建部内统一、一网全通的管理信息平台,下属各部门和各省区市统一接入该平台,然后逐步实现应急管理名称、事项、标准、流程、要求等的统一。同时,促进日常运行网络化、电子化,减少文字、报表,所有政务信息均在平台上录入、呈现,相关领导在平台上批阅公文、传达命令,提升公共危机管理效率。

六、重构部门危机协作机制

2018年,新一轮机构改革后,原有公共危机管理协作机制已经被打破了,应急管理部门作为公共危机管理的主要职能部门,应主动牵头重建公共危机管理的协作和沟通机制，以实现在危机状态下，各相关部门反应灵敏、上下联动、高效运行。

目前来看，公共危机管理至少还涉及交通运输部、生态环境部、国家卫生健康委员会、农业农村部、公安部、中央政法委、国家市场监督管理总局、民政部等部门。应急管理部门应与相关部门协调建立日常工作机制和战时工作机制，以实现沟通协调的常态化和制度化。

七、优化公共危机管理流程

优化公共危机管理流程，是提升公共危机管理效率的基础。从宏观的角度来说，公共危机管理流程包括预防准备、监测预警、处置救援、恢复重建等。但这些流程还包括许多细化的环节和具体操作步骤，例如处置救援可以划分为先期处置、紧急救助、现场快速评估、信息报送、决策指挥、紧急动员、医疗救助等环节，每个环节又包括若干具体操作步骤，这些具体操作步骤又包括一些操作规范。如果能将这些环节、步骤尽量标准化、规范化、制度化，将大大提高应对公共危机的效率。例如2020年新型冠状病毒感染的肺炎疫情暴发，随着疫情的发展，国家卫健委印发了多版《新型冠状病毒肺炎诊疗方案》，作为诊疗标准，对指导各地治疗这种新型肺炎，同时统一全国新型冠状病毒肺炎出院标准等规范，对防控疫情的蔓延、扩散起到了良好的效果。

八、整合常备应急救援队伍

十九届四中全会提出"构建统一指挥、专常兼备、反应灵敏、上下联动的应急管理体制"，应急管理部整合了13个部门的职能，这13个部门拥有庞大的常备应急救援专业队伍，这一救援专业队伍需要有效整合，强化日常演练，拓展专业技能。公安消防部队、武警森林部队转制后，与矿山救援、危化品救援等安全生产应急救援队伍要实现有效整合，防止"貌合神离"的问题出现。同时，单一职能的救援队伍，要向综合性救援队伍转化，需要开展全方位业务培训，掌握更多应急救援技能，实现"专常兼备"。另外，根据应急管理的现实需要和区域差别，应急管理部要将这些常备应急救援队伍在全国重新进行科学合理的布局。

| 本章课程思政设计 |

课程思政目标：掌握我国城市危机管理体制的主要内容，明确如何完善城市危机管理体制并运用到实际工作中。

课程思政案例与阅读材料：郑州：力争用最短时间、最快速度恢复城市正常运转[①]

记者从郑州市委宣传部获悉，截至7月23日12时，郑州暴雨引发的洪涝和次生灾害已导致51人遇难，农作物受灾面积44,209.73公顷，直接经济损失655亿元。

灾情就是命令，防汛就是责任！郑州市认真贯彻落实习近平总书记对防汛救灾工作的重要指示精神，按照河南省委省政府的统一部署，一手抓防洪抢险救灾，一手抓灾后恢复重建，紧盯群众生产生活所急所需所盼，以通电、通水、通信、通行和小区排水"四通一排"为重点，力争用最短时间、最快速度恢复城市正常运转，让广大群众生产放心，生活安心。

在抢险救灾和恢复重建中，全国各地大力支持，彰显了一方有难、八方支援的朴素情怀，各地志愿人员奔赴一线，传递了大爱无疆、守望相助的深情厚谊。5290名部队官兵、3万名公安干警、16.4万名志愿者、5556人外地救援队伍、40多万名党员干部，始终与群众站在一起，干在一起，苦在一起，众志成城，防汛救灾总体稳定、灾后重建加速恢复。

聚合力量，让群众早日用上电

国家发改委协调24个省市区国网公司1万名维修人员、181台发电车、1000多台大功率发电设备，与省市3600名供电维修人员昼夜奋战，抢修受损变电站，加快恢复群众用电。目前，主城区供电受影响的473个200户以上小区，已全部恢复供电189个，预计24日全部恢复。

多管齐下，让群众喝上放心水

3000多名供水抢修人员接续奋战，"小修不过夜，大修不间断"，加速供水设施抢修维护。暂未恢复供水小区，全部安排临时取水点和送水车。目前，主城区因灾停水小区1221个，已恢复供水1174个，预计25日供水基本恢复。

先通后畅，让群众安全出行

5000余名抢修人员奋战在灾毁公路、桥梁、涵洞和乡村道路抢修除险一线。

---

① 张培奇，范亚旭，王帅杰.郑州：力争用最短时间、最快速度恢复城市正常运转[EB/OL].(2021-07-23)[2021-08-26]. http://www.farmer.com.cn/2021/07/23/99874997.html.

受灾城市隧道和立交39处,目前,已通行隧道1处,立交22处,预计其余16处将于24日凌晨完成通行。

接力抢修,让群众信息通畅

通信抢修人员紧急集结,投入到通信干线等受损现场,目前,各通信公司恢复逻辑基站21,444个,市区14,759个,县域6685个,全市通信用户基本恢复正常使用。

统筹调配,让群众吃上肉蛋菜

双汇猪肉储备2万吨,藏金源猪肉储备2000吨,汇德牧业鸡蛋储备50吨并保持正常每天鸡蛋生产15吨,万久农产品有限公司单个菜品保持正常出货200吨。肉蛋菜均能保持正常供应,大部分商贸流通企业已恢复正常营业。

提前部署,让群众无疾病之忧

17支510人防疫队伍基层指导消杀和防疫;20支1000余人专业医疗队伍一线救援。根据疫情监测,严重汛情以来,全市传染病疫情总体平稳,暂未发现有疫情异常暴发。

持续强降雨天气,给全市人民生命财产安全造成巨大损失,生产生活带来严重影响。据初步统计,截至7月23日12时,紧急转移安置395,989人,农作物受灾面积44,209.73公顷,直接经济损失655亿元,暴雨引发的洪涝和次生灾害已导致51人遇难。

7月20日以来,郑州市各行各业迅速行动,中部战区驻郑部队、消防战士、武警官兵,以及志愿者自发组成的救援队等投入到防汛、抢险、救人工作当中,目前灾后重建工作正在有序推进,强降水造成的影响尚未完全消除,部分路面尚有积水,路基经长期浸泡存在塌陷等风险。在此,温馨提醒广大市民,非必要原因不外出,切勿在抢修作业现场等危险区域停留围观。灾后重建信息将及时发布,温馨提醒市民关注官方消息,不信谣、不传谣。

❓思考题

1. 2021年7月河南发生千年一遇的特大暴雨洪灾,应对洪灾等自然灾害,是城市危机管理的重要内容。从上述报道可以看出,应对此次危机,需要电力、供水、道路、路政、通信、市场监管、卫生等多部门共同合作,才能有效应对这次洪灾危机,并快速恢复正常秩序。上述报道体现了我国危机管理体制的哪些内容?

2. 另据报道,自2021年7月19日晚郑州市及河南省气象局发布了多次红色暴雨预警，预警明确要求"三停"（停止集会、停课、停业），郑州市气象台还多次通过手机短信向市民发送了预警消息。但郑州市各部门各行业并没有按要求做好防御工作，对预警信息也没有足够重视，郑州地铁于7月20日18时许全网停运。①此次暴雨洪灾最终导致多人伤亡。请结合此次危机说说如何完善危机管理体制？你对完善部门协作、信息共享、上下级沟通机制有什么建议？

---

① 陈怡帆，邹嘉语，林倩冰.郑州特大暴雨背后：两天5次红色预警与不轻易下达的"三停"措施[EB/OL].（2021-07-22）[2021-08-26]. https://new.qq.com/rain/a/20210722A028CU00.

第四章
城市危机管理流程

☞ **本章主要内容**

我们依据《中华人民共和国突发事件应对法》，将城市危机管理分为预防与应急准备、监测与预警、应急处置与救援、善后恢复与重建四个阶段，对四个阶段的主要工作内容进行一一介绍。

第一节 危机预防与应急准备

危机准备，是制定预案以确定在危机出现的时候如何有效地应对危机，它包括危机管理规划、危机训练、危机管理的资源准备和储备等[①]。指的是做好事先计划、设想，以备防范和应对突发公共危机。

危机预防与应急准备阶段的工作内容十分庞杂，只有做好了平时的预防和准备工作，一旦爆发危机，才能有效应对，减少伤亡。我们认为危机预防与应急准备主要包括以下内容：

（1）完善危机管理制度（预案、法律、信息检测与报告制度等）；

（2）公共关系（新闻发言人、发布预警信息）；

（3）人力资源（医疗卫生、救援队伍准备、专业人才培养储备）；

（4）财政资源（除了国家财政支持外，争取社会援助、国际援助等）；

（5）物资和后勤（应急物资、现场救援和工程抢险装备）等；

---

① 张成福. 公共危机管理：全面整合的模式与中国的战略选择[J]. 中国行政管理，2003（7）：8.

（6）基础设施（信息技术、人工智能技术、危机管理数据库建设等）；

（7）宣传教育（危机管理法律法规、预案和预防、避险、自救、互救和减灾等常识培训，提高公众危机意识，增强自救、互救能力，对各级领导干部进行教育培训等）；

（8）人员疏散演习与训练。

一、危机管理制度预防与准备

危机管理制度预防与准备主要是中央政府的工作，包括完善应急预案体系和危机管理法律体系。应急预案主要包括总体应急预案、专项应急预案、部门应急预案。地方政府应结合实际制定适合本地的地方应急预案，企事业单位根据有关法律法规制定本单位的应急预案。举办大型会展和文化体育等重大活动，主办单位应当制定活动专项应急预案。

危机管理法律体系的准备，主要是修改完善有关灾害危机管理的单行法律、行政法规等，其职能主要集中在中央政府和全国人民代表大会。如前所述，我国已经出台了《中华人民共和国突发事件应对法》，当前急需完善其他单项法律如《传染病防治法》《野生动物保护法》等，《国家紧急状态法》的制定也需提上议事日程。

二、危机管理公共关系

危机管理公共关系准备主要是建立本单位的新闻发言人制度和预警信息发布。新闻发言人制度，是政府通过新闻发言人向媒体，并通过媒体向公众介绍政府的政策，通报某个事件的真实情况，就某个事件或问题，阐明政府所持的立场和采取的措施，并回答媒体和记者的提问。政府部门要确定本单位的新闻发言人，并进行相关的、必要的职业技能培训，确保24小时都有发言人可以随时来回应突发公共危机事件。

预警信息发布，是当风险超过一定的度，按照突发公共事件的严重性和紧急程度，从实际情况确定预警的级别，在突发公共事件发生的第一时间或发生前，向受影响地区的社会公众予以公布。预警信息发布要求准确确定突发公共事件的类型，要求信息真实、可靠，不应加入任何人为夸大或缩小，运用各种现代化或传统的手段确保预警信息能够到达受影响地区的每一个公民。

预警信息的内容应包括但不仅限于：突发公共事件在何时发生；突发公共事件将持续多长时间；突发公共事件的影响和严重程度；潜在的水、电、气、通信、交通等基础服务中断持续的时间；封锁哪些地区；对房屋和财产可能会造成的损害；哪些地区的民众应当撤离到安全地区；在突发公共事件来临时，应当如何做，采取什么措施或对策（这是预警信息最重要的内容）；等等。

同时，要建立预警信息责任追究制度，若因为工作疏忽，没有及时发布预警信息，或者发布的信息不真实，根据造成后果的严重性，追究相关责任人的行政责任，造成重大损失的，应当移交司法机关追究其刑事责任。

三、危机管理人力资源准备

公共危机管理人力资源准备，是指为了预防突发公共事件的发生，或者在事件的爆发前后，配备各种相关专业人才。包括对政府机关和直属单位的应急管理机构工作人员，进行系统应急管理培训，提高应急工作能力和效率；对工矿企业、商业单位主管领导和有关工作人员进行专业培训；建立危机管理专家委员会或专家库，吸收各领域的危机管理专家为应急工作提供智力支持，建立专家通讯录，确保在突发公共事件时，能够在最短的时间内召集专家，在突发公共事件期间，形成专家和管理人员相结合的决策机制，确保危机管理决策的正确性和科学性；建设危机管理专业人员队伍，在公安、消防、急救、医疗等专业队伍和单位，建立24小时值班制度，随时待命，准备应对各种突发公共事件，依托医院等专业机构进行危机管理基地建设；动员社会危机管理资源，确保能调动机关、企事业单位、社区、公益团体等社会力量，组建相关志愿者团体或组织，对这些组织或团体进行技术装备、培训、应急预案演练等，对相关人身保险等方面给予支持和帮助。

四、危机管理财政资源准备

危机管理财政资源准备，主要指通过各种渠道和制度安排为危机管理提供足够的财政来源，使政府的各个部门在应对突发公共事件时能够具备一定的财力。一是每年按照财政支出额的适当比例安排政府预备费，主要作为公共财政应急储备资金。政府和政府财政部门可在一般支出预算中增设突发公共事件应急专项准备资金。二是鼓励自然灾害多发地区的公民、法人单位和其他组织购买财产和人身意外伤害保险。三是鼓励从事高风险活动的企业购买财产保险，为其员工购买人身意外伤害保险。四是鼓励公民、法人和其他组织为应对突发公共事件提供资金捐助，并可以对其予以适当的政策、税收优惠，还有争取国际援助等。

五、危机管理物资和后勤准备

危机管理物资和后勤准备，是指通过各种渠道和制度安排为危机管理提供充足的物资保障，使政府在应对突发公共危机时具备必要的物资储备，能够快速地救济灾民，恢复生产生活正常秩序。具体包括以下内容：

建立应急救援物资储备目录。对主要危机管理全过程物资需求进行分析，归纳整理各类对应急工作具有指导意义的物资目录，包括名称规格、用途功能、消耗量等。加强对储备物资的管理，建立与其他地区储备物资信息共享机制，以备本地区应急物资短缺时，就近调运物资。

六、危机管理基础设施准备

危机管理基础设施准备，是指为了确保社会生产和居民生活健康有序，预防或降低突发公共危机事件带来的危害，而建设的公共服务物质工程设施。它是有效应对和防范各种突发公共事件的一般物质条件，主要包括以下内容：

建立突发公共事件监测网络，如传染病监测网络系统、地震监测系统等。随着通信技术和信息技术的发展，还要加大投入，建设各类突发公共事件的数据库，整合相关资源，建立覆盖全国的监测网络体系。

建立应急指挥通信网络系统，建立跨部门、多路由、有线和无线相结合的、稳定可靠的应急指挥通信网络系统。建立突发公共事件信息共享机制，对信息获取、分析、发布、传递、报送等工作进行规范，从新冠疫情来看，这项工作显得尤为重要。加强智能化应急指挥通信技术装备、辅助决策技术装备、特种救援技术装备的研制工作，并进行科学合理的配备。2021年7月河南的特大暴雨洪灾，显示了中国安能建设集团有限公司的抽排水设备的强大效力。无人机、机器人、5G技术等现代科技装备在防汛抗洪中也大显身手，这些现代高科技装备将是未来应对突发公共事件，必不可少的装备。

合理规划并建设公共危机工程设施，如平战结合的紧急避险场所、应急救援道路、临时房屋、救灾帐篷等。城市规划和建设，必须严格遵守《中华人民共和国城市规划法》的规定，确保符合城市防火、防爆、防震、防洪等各种自然灾害的防灾要求。

七、宣传教育准备

危机管理宣传教育准备，是指面向公众或社区，开展应对突发公共事件的宣传教育活动，让公众了解突发公共事件的科学知识，了解突发公共事件发生的原因、规律，防止封建迷信或谣言扰乱公众视听，增强公众信心。宣传内容包括预防避险常识、求生技能、自救互救技能、危机管理法律法规、危机状态下公民的权利和义务、常用救援机构联系方式等。宣传方式除了利用传统媒体如图书、报刊、音像制品、广播、电视等，还应积极利用新媒体如电脑、手机、数字电视、电子出版物、网络等进行广泛宣传。

八、人员疏散准备

城市危机管理中的人员疏散准备，是指为了最大限度地减少突发公共事件对群众生命财产的威胁，应当在接到紧急事件报告后，对需要疏散地区的群众进行紧急疏散，转移安置到安全的区域。主要包括做出疏散的决定，通知受影响地区的公众，组织紧急疏散，指挥交通、避免发生交通拥堵，确保公众服从安排和安全撤离，封锁疏散地区等。

九、危机管理演习与训练

危机管理演习与训练的准备，是指政府相关职能部门应当在平常进行各种仿真的模拟演习和训练，以便在应对突发公共事件时，有效地减少损失和伤亡。危机管理演练包括职能部门的危机决策演练、处置与应对演练，更重要的是组织居民开展突发事件模拟演练，如疏散演练、逃生演练、自救演练等。

政府职能部门要有计划、有重点地组织相关部门对应急预案进行演练，通过演习和训练，提高应对各种突发公共事件的能力。抢险救援队伍要开展专业技能培训和演练，并组织短期脱产训练。政府要定期组织跨部门、跨行业的应对重大突发公共事件的演练。同时，要对危机管理演练进行督导、检查、评估。

第二节　危机监测与预警

一、公共危机监测

公共危机监测，是指综合利用现代监测和通信技术，构建危机测度、识别和报警的平台，能够尽早发现危机并发出警报。充分利用现代信息技术，建立各专业监测部门（如气象、地震、水利等专业部门）相互协调、相互联系的危机监测网络。

各级政府要规划建立专业的、综合性的危机监测数据库。包括基础数据（地理状况；人口状况；经济状况；建筑状况；交通、供暖、供水、电力、通信等城市生命系统等），危机的历史资料，各种危机的基础知识（性质、特征、影响、应对措施）等，这些基础的监测数据库，要逐步建设。

危机监测包括动态实时监测和跟踪监测，对破坏力巨大或经常发生的危机要实行跟踪监测。建立危机报警服务中心，承担辖区范围内综合危机的报警受理和先期处置工作。要完善危机监测信息上报制度，将基层监测结果及时汇报给相关预警部门。要建立警报的发布与消除制度，监测到危机之后，相关职能部门要及时发布警报，在危机结束后要及时消除警报。要培训危机监测人员，使其胜任危机监测工作，引进高素质的专业监测人才，提高监测工作者的整体素质，定期对监测人员进行考核。要配备危机监测所需的数据处理和通信等基本设备，及时更新或引进先进的监测设备和报警技术。

二、公共危机预警

公共危机预警（early-warning）是指在突发公共事件或灾难以及其他需要提防的危险发生之前，根据以往总结的规律或监测得到的可能性前兆，向相关部门发出紧急信号，报告危险情况，以避免危害在不知情或准备不充分的情况下发生，从而最大限度地减轻或避免危机所造成的损失的行为。

公共危机预警信息一般包括危机的类别、预警级别、起始时间、可能影响范围、警示事项、应采取的措施和发布机关等，重点关注危机的性质、影响，尤其是预防措施。预警信息要强调时效性,《国家突发公共事件总体应急预案》规定特别重大或者重大突发公共事件发生后,各地区、各部门要立即报告,最迟不得超过4小时。

公共危机预警信息要由权威机构来发布。政府要逐步建立和完善危机预警信息的新闻发布制度。预警信息的发布、调整和解除可通过广播、电视、报刊、通信、信息网络、警报器、宣传车或组织人员逐户通知等方式进行。对老、幼、病、残、孕等特殊人群以及学校等特殊场所和警报盲区采取有针对性的公告方式。

要注意提升公众对预警信息的理解力,确保公众正确地理解预警信息,知道危机的性质、特点和趋势以及政府的态度与措施,对危机采取积极应对的态度,收到预警信息后,保持冷静、不慌乱,能够根据预警信息的提示和要求,采取恰当的危机应对行动。

第三节　危机应急处置与救援

公共危机管理重在预防,但是对于无法避免或已然发生的危机事件,政府必须采取紧急行动,尽可能迅速地控制危机,尽最大努力保护公众的生命和财产安全,对已遭受危机危害的公众立即给予救治援助。危机应急处置与救援,往往也称为危机应对,是指政府等危机管理主体对已经发生的危机事件,根据事先制定的应急预案,所采取的旨在控制或消除正在发生的危机事件,减轻危机带来的损失,保护公众的生命和财产安全的一系列应急行动和措施。

危机应急处置与救援是公共危机管理的核心环节,也是整个危机管理过程最困难、最复杂的阶段。这是因为危机应急处置与救援是在危机事件爆发后的紧急状态下进行的,而危机应急处置与救援涉及众多人员、机构和大量物资设备以及繁杂的信息通信事宜,在时间紧迫、压力重大的情况下很可能会出现失误。而这种错误一旦发生,带来的损失将是无法估量的,还会引发人们对政府的不满。因此,政府危机管理者应重视危机应急处置与救援环节,不断提高危机应对能力,一方面要建立科学合理的应对决策指挥机制;另一方面要确保应急救援行动的及时性、全面性和有效性。

应急处置与救援是危机管理最复杂的阶段,本书主要从两个方面进行论述。一是政府等组织如何应对危机,即应急处置,包括指挥、决策、协调和通信;二是危机应对行动,即应急救援,根据行动内容的不同可将危机应对救援行动划分为五部分:启动应急预案、开展应急疏散、提供紧急救援、及时控制危机、维护城市生命线。

如图 4-1 所示，以危机指挥系统（Incident Command System，简称 ICS）为核心的"指挥、协调和通信系统"（Command, Coordinate and Communication，简称 3C 系统）集指挥、协调、信息沟通于一体，以政府的危机指挥系统为核心，以整合的信息资源为平台，可在最短的时间内，充分调度协调危机应对的各个环节、各个要素和各方参与者。

危机应急处置机制可以保障危机应对工作有效开展，通过危机决策输出科学合理的应对处置方案，再通过危机指挥将应对方案分解为多重目标，分派到危机应对各个部门予以贯彻执行，在协调机制和通信机制的保障下，整合调度各项人、财、物等资源，开展一系列的救援处置行动。救援行动主要包括启动应急预案、应急疏散、紧急救援、危机控制和维护生命线等，如图 4-2 所示。

危机应急处置与救援，应坚持一些基本的原则，如生命至上、人民至上、公益至上、诚实守信、行动迅速、法治原则，等等。

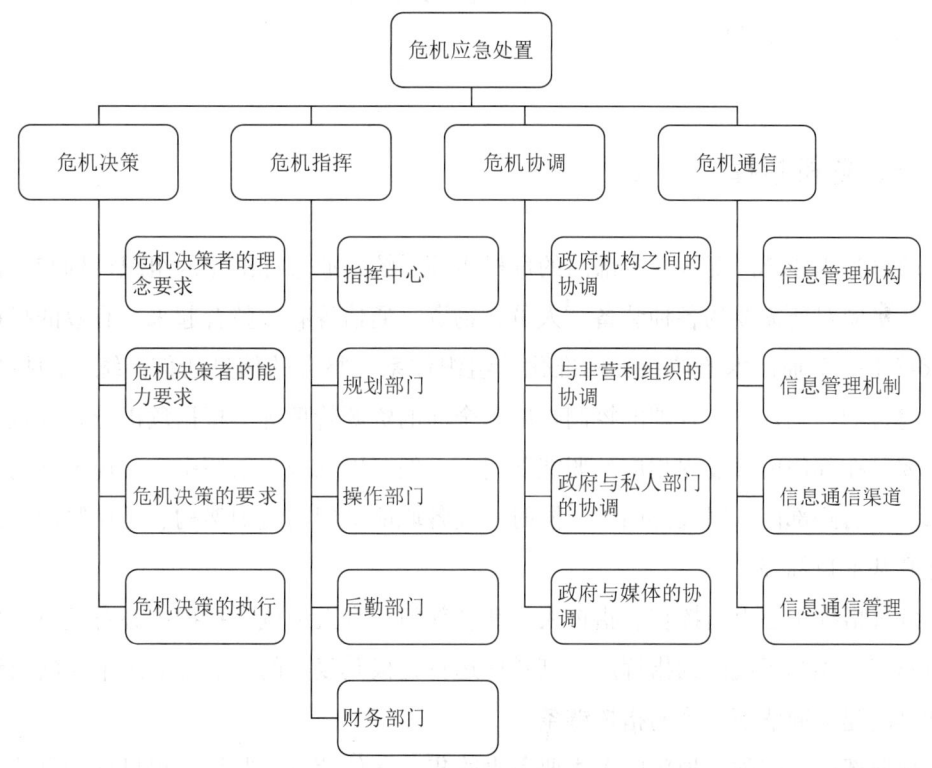

图 4-1　公共危机应急处置机制

（资料来源：作者绘制）

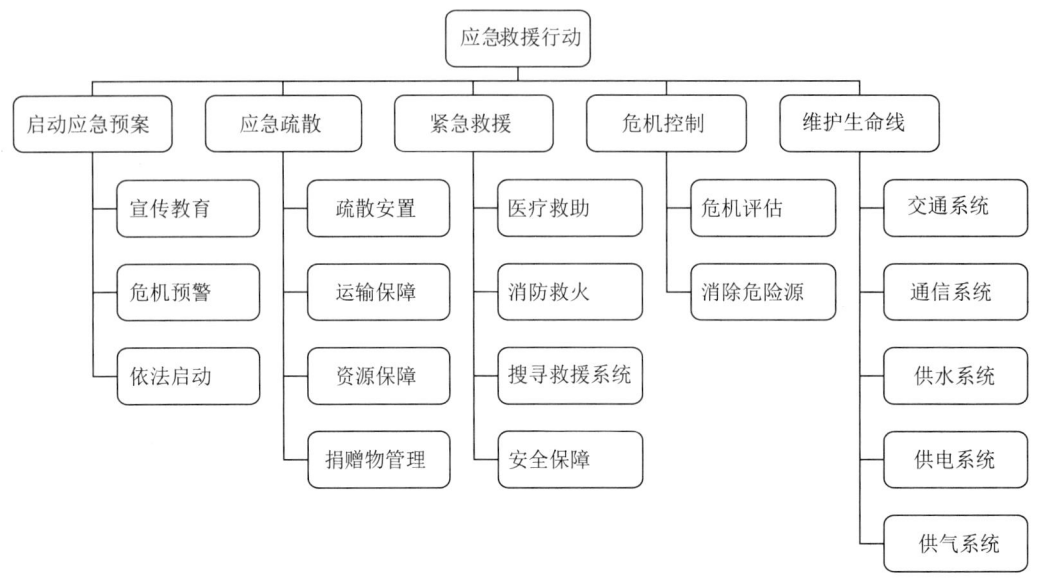

图 4-2 应急救援行动

（资料来源：作者绘制）

一、危机指挥

政府各职能部门要建立本部门的危机指挥系统，通过标准化的组织机构和工作流程将危机应对所需要的各种装备、人员、物资、通信等有效整合起来。有效的指挥系统依赖于一套通用术语体系、标准化的组织体系、整合的信息通信、统一的指挥链条、完善的行动计划、合理的控制幅度和全面的资源管理等。根据危机应急处置工作的需要可在部门内部设立相应的职能部门，一般可以划分为指挥中心、规划部门、操作部门、后勤部门、财政部门等，同时明确各职能部门的组织架构、运作制度、具体任务和基本目标等。

危机指挥中心由指挥官、指挥人员和各部门负责人组成，指挥中心对危机应急处置负总责，相当于战时的指挥所，其具体运行是极其复杂的，需要通过平时的组织结构和制度建立起清晰明确的指挥链条。

规划部门（或称计划部门）主要负责收集、评估信息，制订实现目标的具体行动计划，对资源进行定期维护和更新。一般的政府部门由办公室负责此项工作。

操作部门（或称执行部门）主要负责通过积极行动来实现危机应对计划，调动所有的危机应急资源，贯彻执行方案，如建立避难所、转移公众、运送救灾物资到救灾现场等。

后勤部门主要负责为危机应急处置工作的有效开展提供各种后勤支持，包括运输保障、安全保障、资源供应等服务。

指挥中心可根据需要决定是否设立财务部门，如不设立，由指挥官履行财务职能，如采购设备、监控开支、管理救灾捐助等。

二、危机决策

危机状态下的决策是一次性的、非常规性的决策活动，决策的质量将直接影响到危机应对的成效甚至是组织的生存发展。危机应急处置，首先要决定做什么，然后才能迅速开展各项应对行动，这就要求政府在有限的时间、信息、资源、人力等约束条件下做出应对危机的具体行动。

危机决策对决策者（危机指挥人员或领导人）能力要求较高，要求决策者有良好的应变能力、决断力、沟通能力、创新能力、学习能力等，对决策者个人的知识结构、身体状况、心理素质以及个人阅历要求也比较高。

为确保危机决策的科学合理，要组建一套科学组合的决策班子，班子成员的个人素质和相关经验，决策的理论和实践水平尽量多样化或互补。要确保信息的准确和及时。及时启动专家信息库，吸纳相关领域专家学者的意见和建议。同时，要确保危机决策严格执行，并及时协调，通过实时反馈的信息调整决策。

三、危机协调

危机事件往往对社会影响大、时间长、范围广，需要调动社会各方力量共同参与危机应对。危机应对中的协调不仅包括政府内部机构之间的协调，还包括政府组织与非政府的组织、机构、部门（如媒体和志愿者组织）的协调以及应对所需的各种人员、物资和信息的协调。在多部门协同应对危机时，需要确保有危机应对的标准化术语、统一的行动计划、有效的通信设备等。危机协调的主要作用在于充分协调调度各方机构、人员、物资，协同高效应对危机。

为有效应对公共危机，可以建立专门的危机协调机构，这种机构可以是临时的，如中央应对新型冠状病毒感染肺炎疫情工作领导小组、国务院应对新型冠状病毒感染的肺炎疫情联防联控工作机制等。

危机协调机构为跨部门、跨地区的信息沟通和协调合作提供支持。跨部门协调可建立统一的指挥调度平台，如新冠疫情期间建立的国家重点医疗物资保障调度平台。跨地区协调可充分利用现代信息技术，2021年7月河南暴雨洪灾期间，上海财经大学学生李睿等创建的"救命文档"——《待救援人员信息》就是这方面的典型案例。

危机爆发后，往往会有大量志愿者参与危机应对，政府应委派专人负责对志愿者组织的协调管理，确保志愿者组织提供有序安全的服务，为志愿者提供专业培训，对志愿者进行技能审核，将志愿者专业技能与危机应对需求有效匹配，等等。

应对危机时，与企业协调，可通过采购、契约外包等方式由私人企业负责提供相应的服务和物资。政府还应积极寻求与国际组织的合作，争取援助。此外，政府还需要处理好与不同媒体组织的关系。

四、危机通信

危机通信是指为了有效应对危机，在危机管理过程中，对信息的收集、加工、处理和传播。这是危机应对的重要环节之一，必须构建完善的危机通信系统。危机应急处置和救援过程中有大量的信息流贯穿整个过程始终。从一定意义上说，无论指挥、协调还是行动，实质上都是对危机信息的反应。

危机通信要做好以下几项工作：一是建立专职的信息管理机构，如2020年1月成立的国务院应对新型冠状病毒感染的肺炎疫情联防联控工作机制，下设宣传工作组。二是建立跨地区、跨部门、跨层级，以及政府与公众之间的信息沟通与协调机制。三是建立危机联合信息系统（Joint Information System，JIS）或平台为危机应对期间传递准确、及时、连续的信息提供保障。四是联合信息中心（Joint Information Center，JIC）作为一个集合地供所有参与危机应对的组织、机构和相关人员处理关键的危机信息，进行危机通信和其他公共关系事务。

一般，临时成立的突发事件应对或调查组，都会设立新闻处或联络处，负责信息的发布和应对相关机构人员的信息沟通。危机指挥系统内部各职能部门也会设立专门的信息员，负责与信息系统保持联系，及时获取和汇报相关信息。

危机管理中的信息管理主要包括信息收集、信息上报、信息分析评估、信息共享、信息发布。危机通信还要确保信息通信渠道安全与畅通，2021年7月河南暴雨洪灾显示了危机状态应急通信的极端重要性。要保持与权威媒体的紧密联系，加强对媒体、互联网的监管，监测和防范危机中的谣言，并及时进行辟谣。

五、启动应急预案

应急预案是指公共危机管理主体为了有效应对突发公共危机事件,在危机发生前制定的危机应对的总体方案。应急预案对于及时、有序处理突发事件至关重要。危机管理领导小组或主要负责人,一旦确认危机事件已经爆发或可能爆发,应按照应急预案中给出的启动条件,依法依职权立即启动应急预案。《国家突发公共事件总体应急预案》规定:"突发公共事件发生后,事发地的省级人民政府或者国务院有关部门在报告特别重大、重大突发公共事件信息的同时,要根据职责和规定的权限启动相关应急预案,及时、有效地进行处置,控制事态。"这是比较原则性的规定,从理论和实践来看,在紧急状态下,很难设置清晰量化的启动条件,地方政府可以在应急预案中设置不同的启动条件,包括量化的条件和难以量化的后果条件,满足启动的条件之一,即可启动应急预案。

按应急预案的要求,启动应急预案,一般包括发布通告,启用应急指挥中心,启用现场通信联络和场外通信联络,启用救援设备和技术支持,向公众和媒体发布信息,确定应急级别。

应急预案的成功启动取决于三个方面的因素:一是预案的宣传教育力度,是否在公众中树立危机意识,从而为危机应对做好了思想、组织、制度、物资和技术等方面的准备;二是是否做好了危机预警工作,即向公众发布关于即将到来或已经发生的危机事件的预警信息,警示作为提前通知可以使人们及时采取行动进行自我保护;三是是否严格按法律程序启动应急预案,要制定启动应急预案的条件和程序,以法律或法规的形式加以明确。

启动的应急预案应在适当的时候予以终止,终止条件一般在预案中有事先的规定。一般来说如果造成事故的各方面因素,以及引发事故的危险因素和有害因素已经达到规定的安全生产条件后,生产、生活可恢复正常。在事故处理过程中,为了防止次生灾害的发生而关停的水、电、气及交通管制等可恢复正常。事故应急救援工作结束后,经对现场进行检测,确认造成事故的各方面因素,以及事故引发的危险因素和有害因素已经达到规定的安全条件,由事故应急领导小组下达终止事故应急预案的指令,通知相关部门及地方政府危险解除,由地方政府通知周边相关部门和地区。特别重大突发公共事件应急处置工作结束,或者相关危险因素消除后,现场应急指挥机构也应该予以撤销。

六、疏散安置

疏散是指在危机已经来临时，为尽量减少人员伤亡，将受到安全威胁的公众紧急转移到安全地带的危机应对措施。这是危机应对中一项行之有效的措施，可以用较小的代价最大限度地减少人员伤亡。安置是将搜救到的幸存者和疏散后的撤离者转移到一个安全场所（通常为避难所），帮助其暂时度过危机。

疏散的一般流程是做出疏散决定、选择疏散路线和疏散工具、发布疏散决定、发放疏散指导手册、指导疏散交通、配备医疗救助设备和医护人员等，疏散过程中要协调交通运输部门确保疏散路线安全畅通，有充足、安全、卫生的食物和饮用水供应。

安置的一般流程是确定避难所及避难所的需求量，维持避难所内良好的秩序和环境卫生，提供医疗服务和安全防护，记录避难者相关信息，确保避难所备有电源、充足的水与食物等。

七、紧急救援

紧急救援是危机应对的核心环节，是为了防止危机扩大或发生次生灾害，减少人员伤亡和财产损失所采取的多项救援处置行动。救援队伍以职业救援队伍为主，民间组织和志愿者为辅，必要时可动用国家的力量，如军队、警察等。

常用的紧急救援措施，一是医疗救助，在危机发生的第一时间启动医疗救助预案，安排充足的医疗物资，医疗人员赶赴事发现场或在医院为伤患者提供紧急抢救治疗，尽最大努力减少人员伤亡。二是消防救火，消防服务包括三个领域：灭火、防火和消防检查。三是搜寻援救，根据危机的性质和影响程度，选择相应的搜寻工具寻找灾难受害者，将其从危险区域转移出来，并对其进行紧急救治，以缓解受灾者伤痛，确保其生命安全，常见于被废墟或泥石流等掩埋的情况。

紧急救援中要保障受灾者和救援者双重安全。平时危机预防与准备，应做好相关的安全知识培训，并配备安全保障装备，如安全帽、防尘防毒面具和通信设备等。

医疗救助内容十分丰富，主要包括赶赴事发地对伤员进行应急救治，对伤患者急救或转送，对伤员进行现场抢救如包扎、输血、止痛等急救服务，将紧急抢救后的伤患者转入各医院进一步抢救和治疗，将受伤人员转入相应的专业医院救治，做好疾病控制和卫生防疫工作，动员社会卫生力量参与医疗救助，等等。

消防救火主要包括获取火灾发生的具体位置，开展灭火行动，控制火灾火场，优先救助生命和保护财产，配备足够的救火资源如消防车、水和消防员等，启用直升机和空降灭火设备紧急控制火势，供水系统不可用时启用其他灭火技术，等等。

搜寻援救简称搜救，主要包括寻找灾难中的失联者和受害者，确定受害者行踪，勘查被围困者所处的环境地形情况，拟定营救被围困者的方案，确定营救优先次序，将被围困者安全救出，将受害者营救出来后，立即为其提供紧急医疗救助，将受害者从危险地带转移到安全地带或医院进一步治疗，等等。搜救过程中要进行大范围全方位的搜寻救援，除了配备常用的搜救工具外，还要配备现代高科技搜救工具，如直升机、生命探测仪、汽艇、救生艇、起重机、望远镜、钢锯、钢锤、搜救犬等，要确保搜救人员自身的安全。

捐赠物管理，在危机应对过程中，随着政府的动员和媒体的宣传，会接收到大量救灾的捐赠物品和金钱，为了充分发挥捐赠物的效用，有关职能部门（如红十字会）必须对捐赠物进行有效管理，包括捐赠物的接收、分类、储存和发放等环节。捐赠物管理要注意捐赠物的数量、质量，进行分类保管，做好相关捐赠物的记录，包括捐赠物资的数量、种类和用途、捐赠物收到和发放的地址、收发的数量等信息。

八、危机控制

危机控制是危机管理工作的重要职能之一，是指为了控制危机影响的扩散以及危机造成的损失，为了消除和控制危机事件的危害和危险源所采取的应对行动，如标明危险区域、查找危险源、控制并消除危险源。危机控制的目的是尽快遏制危机，迅速控制事态，防止危机蔓延，避免其进一步扩大。同时，还要尽快查找和确定危机事件的危险源，并彻底消除，人类比较重视新冠疫情溯源道理即在此。如果危险源暂时不能消除或不清楚，应将其控制在一定范围内，以免事件范围进一步扩大，当前我国某地暴发新冠疫情后，采取封城或封闭管理，目的就是把疫情控制在一定范围内。危机控制有以下常用的策略：

危机中止策略。即根据危机事件的不同原因、程度、影响范围及其发展趋势，审时度势，顺势而为，主动中止某些活动，如"三停"（停止集会、停课、停业，或停电、停水、停气），关闭有关工厂等，防止危机进一步扩散。

危机隔离策略。隔离策略包括人员隔离与危害隔离。危害隔离是对危机采取物理隔离的方法，使危机所造成的损失尽可能地控制在一定范围之内。如火灾发生后，采取果断措施切割火场、切断电源，避免火势殃及其他楼宇。人员隔离是指危机发生后立即进行有效的人员隔离，以至于不冲击正常的生产生活区域，传染病疫情的人员隔离和封闭式管理就是典型的人员隔离。

危机消除策略。消除策略也称为排除策略，是指采取措施消除危机所造成的各种危害或负面影响。如危机爆发后，开展安全生产整顿，排除安全隐患；又如汛期开展堤坝安全隐患排查，防止溃坝、漫坝事故引发危机。

危机利用策略。即所谓的"转危为机""转危为安"，是指在危机爆发后，在综合评估分析危机的基础上，有效应对和管理危机，力求形成有利于组织的某方面利益的结果或局面，这对危机管理者的管理艺术和危机处理能力要求较高。如危机爆发后，开展安全生产整顿和大检查，加强基础设施建设，全面提升危机应对能力。

危机分担策略。将危机由单一主体承受变为由多个主体共同承受，这是公共管理主体多元化的必然要求，平时开展准备与演练，倡导公众购买商业保险，就是这一策略的体现。

避强就弱策略。由于危机损害有强弱之分，在危机不能一下子根除的前提下，采取两害相较取其轻的思路，即比较理智地选择危机损害小的策略。例如如果眼看火场控制不住了，为了避免油罐爆炸，那么应果断舍弃一部分房屋，就近在其他地方切断火场。从某种意义上来说，2020年年初新冠疫情突然发生，我们为了全国的安全、避免疫情传播，果断对武汉实行封城的管理策略，就是这一思路的体现。

九、维护城市生命线

城市生命线系统是指公众日常生活必不可少的、维持城市正常运行的交通、通信、供电、供水、供气等系统工程。危机发生时，很可能会导致城市生命线的破坏，如天然气管道的破裂，供水网的毁坏，公路、铁路和通信的中断等。因此在危机应急处置与救援中，要做好对城市生命线系统的维护和保障，以确保人们的正常生活和活动。城市生命线的维护是一项系统的工程。在危机发生时要对关键性的公共基础设施进行紧急维护或抢修，以确保城市各生命子系统的正常运行。从2021年7月河南特大暴雨洪灾，可以看出城市公共交通、铁路、通信等城市生命线的极端重要性，其中断不仅影响人们的正常生活，还使应急救援难以展开。

城市生命线主要包括交通系统、通信系统、电力系统、供气系统、供水系统。维护交通系统，主要包括组建应急抢修机构，修缮灾害中损毁的交通设施，清理残骸碎片，临时修复关键性公共交通设施等。

维护通信系统，主要是抢修遭到破坏的通信设施，确保通信畅通。2021年7月河南发生特大暴雨洪灾，导致很多地区通信中断，这警醒通信企业要保障应急通信，未来有很多工作要做。同时，现代高科技如翼龙无人机、无人机基站、卫星移动通信，在此次应急救援和应急通信中发挥了重要作用，表明未来在应急通信保障和应急通信建设方面，也要注重这些基础设施的建设。

电网与供电恢复，要优先恢复重点地区、重要城市、重要用户的电力供应，优先保证通信设施的供电需求，对停电后易造成重大影响和生命财产损失的单位、设施等电力用户，要求迅速启动保安电源，对地铁、机场、高层建筑、商场、影剧院、体育场（馆）等各类人员聚集场所的电力用户，停电后要迅速启用应急照明。

供气系统维护，对易发生火灾、爆炸、有毒气体泄漏的关键部位要进行重点防范，如制气厂、输气管道、大型储气罐等，要进行实时监测和维护，在管道破裂、无法修复时，应立即切断气源装置，对泄露的有毒气体进行紧急消毒处理，如使用吸毒材料吸收有毒气体。

供水系统遭到破坏时，及时启动应急供水方案，建立应急供水秩序；及时抢修供水管道，恢复供水；对水质进行检测，确保水源不受污染；对泄漏水进行处理，避免引发塌陷等次生灾害；优先供应城镇生活用水；分区分片轮流供水，限时供水，限制或停止洗车行业等第三产业供水，等等。

第四节　危机善后恢复与重建

危机善后恢复与重建是指危机或灾害后为重建公共设施和使社会与经济恢复正常而进行的各项活动，并配合减灾的各项活动，主要包括善后处理、复原和重建。灾民收容、环境整理及消毒等事项不宜归属于应对阶段，一般也划归恢复重建阶段。短期而言，恢复重建的重点为维生管线，电力、通信、自来水、污水系统、运输系统恢复至可接受的水平，以提供灾民食物、衣物、避难需求，并维持治安。长期而言，恢复以往经济活动和重建社会公共设施与居民住宅。

（短期）修复性恢复重建（Restoring Recovery）指短期修复，目的在于恢复基础设施，使灾区经济生活恢复正常状态。简言之，就是完成必要的维生系统（如恢复水电的供应、交通通信线路的顺畅等）、提供基本需求（如食物、衣服以及收容中心）直到可接受的标准。社会生活基本稳定后，则开始着眼于长期的减灾需求，进行长期的重建努力，即转型性恢复重建（Transforming Recovery），意指长期的结构性改造。

一、损失评估

损失评估是指在搜索救援工作完成和救济工作开始以后,对灾害损失情况以及恢复重建需求的评估。损失评估由各级主管部门负责,指派现场评估工作组进行,评估组成员应由具有评估工作经验或经过专业培训的技术人员组成,并依靠地方各级人民政府,会同有关部门共同进行。损失包括人员伤亡和造成的经济损失。造成的经济损失由直接经济损失、间接经济损失和救灾直接投入费用构成。直接经济损失是指灾害、次生灾害造成的建筑物和其他工程结构、设施、设备、财物等破坏而引起的经济损失,其折算价值以整修、恢复重建或重置所需费用来表示。间接经济损失是指由于灾害使建筑、设施功能失效及对正常社会生活的干扰引起的非实物经济损失。救灾直接投入费用是指各级政府在灾区为救灾投入的费用。

危机损失评估,按有关规定,由政府部门指派评估组进入现场工作,按照应急预案规定的程序进行。评估组应及时撰写损失评估报告,由政府职能部门向社会公开灾害损失情况。政府部门要根据损失评估报告拟定恢复重建计划、确定恢复重建目标、编订各单位恢复重建工作程序和工作手册,尽快开展恢复重建工作。

二、短期恢复

短期恢复是指恢复正常的生活秩序、保障基本的生活需要。短期恢复工作十分繁杂,主要包括以下内容:

一是恢复灾区公共服务,主要包括水利、电信、电力、自来水、油、气、环境等设施的修复及民生物资供需的调节,铁路、公路等公共交通运输设施的复原重建。

二是公众生活救济,有关部门要在灾区设立群众安置场所和救济物资供应站,做好群众与灾民安置,做好生活救济款物的接收、发放、使用与管理工作,确保群众的基本生活保障。

三是做好灾区卫生和环境恢复,卫生防疫、人防和环保部门要对事件发生地的污染物进行搜集、检验、消毒或无害化处理,做好卫生防疫,避免暴发传染病疫情,尤其要对饮水和食品进行检验,确保饮水和食品安全,做好灾区传染病疫情的监测和防治工作,组织人员巡视聚集场所的饮水、厕所、垃圾、浴室及饮食的卫生情形,每日汇报。

四是做好伤亡者善后事宜,统计受伤人数,开展重伤人员的救助,统计失踪、死亡人数，组织慰问金发放，做好发放对象造册和资格审查，做好死者火化埋葬工作，及时处理和焚化遇难者尸体，做好家属安抚工作，维护社会稳定。

五是做好心理辅导，针对受灾者及其家属加强心理辅导，预防心理疾病的产生，早发现，早治疗；指派心理咨询人员赴灾区，在医疗站、殡仪馆、灾民收容中心等地，设立心理咨询站，展开现场心理辅导及咨询工作；提供持续的精神卫生诊疗，尤其是对高风险人群。

六是做好灾区学生及学校复学工作。灾区学生应立即安排到附近学校或在灾区适当安全处所就近设置的临时教室就学，并进行心理辅导以安抚学生心理。对学校的设施应立即实行安全检查，迅速供应教科书、文具及教学用品，对灾区学生的就学应采取弹性措施。可免除灾区学生的学费，并设置学生生活紧急救助金，救助困难学生。

七是维护灾区治安，灾难发生后各级政府负责组织警力，维护灾后的社会治安，确保正常的生产生活秩序。做好救灾现场治安警戒和治安管理，严惩趁火打劫和制造事端的犯罪行为，加强对重点地区、重点场所、重点人群、重要物资设备的防范保护。

八是做好补偿、赔偿、褒奖和抚恤工作。按照国家、省市有关规定和标准，按法定程序做好相关的补偿和理赔。对参与救灾和应急救援工作的劳务人员应给予一定标准的经济报酬，对于因参与救灾和应急救援工作而伤亡的人员，要给予相应的褒奖和抚恤。

三、长期重建

长期恢复重建主要是针对自然灾害和安全生产事故灾难而言的。2016年3月修订的《国家自然灾害救助应急预案》将灾后救助与恢复重建分为过渡期生活救助、冬春救助、倒损住房恢复重建。我们认为长期重建主要包括基础设施重建和经济重建。长期恢复重建要根据受灾地区恢复重建计划组织实施，涉及需求评估、规划选址、工程实施技术保障、城乡住房、基础设施、公共服务设施、产业布局、生态环境、组织系统、社会关系、心理援助等诸多工作。长期恢复重建一般时间较长，汶川地震后基本恢复用了三四年时间，全面恢复用了十来年时间。

2008年6月发布的《汶川地震灾后恢复重建条例》，内容主要分为总则、过渡性安置、调查评估、恢复重建规划、恢复重建的实施、资金筹集与政策扶持、监督管理、法律责任、附则等。该条例将具体的恢复重建工作分为调查评估、恢复重建规划、恢复重建的实施、资金筹集与政策扶持、监督管理等几个环节，其中过渡性安置相当于短期恢复。

根据上述重建条例，简单来说，长期恢复重建，首先要对房屋和公共设施安全性进行鉴定，即对其安全性进行评估，为灾后长期重建提供直接依据。其次，住房建设、规划等部门要会同地方政府，制订好恢复重建计划，做好经济和产业布局规划。最后，确定重建对象，组织实施重建计划。即明确哪些需要拆除，哪些需要重建，一般按属地管理原则，对重建对象依所属乡、镇、街道进行公示，群众无异议后造册登记固定，分类存查，做到对事实负责，对历史负责。

发展改革、教育、财政、住房建设、交通、水利、农业、卫生、广播电视等政府职能部门要协同电力、通信、金融等大型国有企业，重点要做好经济和产业恢复重建工作，组织做好灾区学校、医院等公益设施及水利、电力、交通、通信、供排水、广播电视设施的恢复重建工作，为社会经济发展打下基础。

政府职能部门要加强重建资金管理，防止贪污腐败；加强重建施工管理，确保工程质量；加强建材市场管理，防止劣质建材流入重建工程；要做好重建工程评估验收，确保重建保质保量、按时完成。

《汶川地震灾后恢复重建条例》提出了灾后恢复重建应当遵守的六个原则，即：受灾地区自力更生、生产自救与国家支持、对口支援相结合；政府主导与社会参与相结合；就地恢复重建与异地新建相结合；确保质量与注重效率相结合；立足当前与兼顾长远相结合；经济社会发展与生态环境资源保护相结合。我们认为这六个原则基本上适用于大多数灾害恢复重建工作。

我国在实施危机恢复重建计划的实践中，在举国救灾体制的强有力支撑下，创造性地实行了危机恢复重建的对口支援机制。具体包括三种方式：一省对口支援一县；部门对口支援；行业或大型国企对口支援。这种对口支援机制在汶川地震恢复重建中起到了良好的效果。

对于经济重建，政府要制定针对灾区的金融、财政、税收等优惠和扶持政策；出台针对灾区各类产业的重建措施或扶持政策；要快速恢复灾区主导型或关键性的产业；加快技术改造步伐，扶持和发展高新技术产业；引进新产业，以弥补一些无法恢复的旧产业，避免灾区陷入严重的经济萧条；鼓励各地厂商优先把灾区能做的工作委托灾区厂商，保障灾区的就业机会，必要时亦可考虑补贴灾区厂商雇用当地员工，等等。

四、危机评估与总结

政府有关部门要会同相关各方，对灾害或危机事件的起因、性质、影响、责任、经验教训和恢复重建等问题进行调查评估，并向政府报告，对外公开。可以做内部评估，也可以做外部评估。

对灾害或危机的经验教训进行总结，提出减灾防灾的建议，如加强减灾法制和减灾标准体系建设，提升自然灾害防御工程标准，加强应急物资保障体系建设，提高防灾、减灾、抗灾、救灾能力，防范重特大安全事故，提升应对巨灾的综合防御能力，加强地方社会治安防控体系建设，健全防范化解重大风险体制机制，等等。

| 本章课程思政设计 |

课程思政目标：掌握我国城市危机管理的基本流程与要求。

课程思政案例与阅读材料：防汛抢险救灾工作不力17名党员干部被问责[①]

据安徽纪检监察网消息，入汛以来，阜南县纪委监委主动扛起监督首责，成立防汛救灾纪律作风督查组，开展24小时不间断监督，压实防汛救灾主体责任。截至目前，全县各级纪检监察机构共对督查发现的在防汛抢险救灾工作中落实巡堤查险工作部署不到位、防汛物资发放登记不规范等的17名党员干部进行问责处理，为全县防汛工作顺利推进提供坚强纪律保障。

强化监督，压实责任。县纪委监委认真贯彻落实习近平总书记关于防汛救灾工作重要指示精神，及时学习掌握省、市防汛工作部署要求，明确防汛救灾监督重点、方向，以精准有力监督护航防汛责任落实。全县各级纪检监察机构上下联动开展督查，针对极端严峻的防汛形势，县纪委监委成立6个防汛救灾纪律作风督查组，对巡堤查险、值班值守、救灾物资发放等情况进行监督检查，督促落实防汛责任。截至目前，共开展明察暗访340次。

定期通报，促进落实。各防汛救灾纪律作风督查组对监督情况实行日报告制度，督促濛洼各镇村第一时间落实县防指命令。对在督查中发现的问题，县纪委监委及时形成《督查通报》，向县委、县政府主要负责同志和县防指汇报，以强监督促强监管、强落实，督促各级责任主体严格落实工作责任，把防汛防灾各项措施抓实、抓细、抓到位。截至目前，共形成防汛督查通报11期，发现各类问题52条。

突出问责，形成震慑。加强对工作纪律执行情况的跟进监督，对督查中发现的有令不行、有禁不止，不认真落实防汛抢险救灾决策措施；工作不负责任、玩忽职守、脱岗失职、敷衍塞责、推诿拖拉，贻误防汛抢险救灾工作、造成损

---

① 防汛抢险救灾工作不力 阜南17名党员干部被问责[EB/OL].（2020-08-05）[2021-08-30]. http://www.ahwang.cn/anhui/20200805/2138537.html.

失；截留、挪用、私分防汛抢险救灾资金、物资等违纪违法问题，依规依纪依法严查快处，严格责任追究，及时通报曝光，形成有力震慑。截至目前，全县各级纪检监察机构共对督查发现的在防汛抢险救灾工作中落实巡堤查险工作部署不到位、防汛物资发放登记不规范等的17名党员干部进行问责处理，约谈1人，给予警示谈话、写检查、通报批评等组织处理16人。

思考题

1. 以抗洪抢险救灾为例，说说危机管理的四个阶段，主要应做好哪些工作？上述被问责处理的17名干部，哪些工作还有待改进？

2. 阅读有关资料，结合案例说说公务人员应该遵守哪些职业道德要求？

第五章
自然灾害危机管理

☞ **本章主要内容**

自然灾害种类繁多，难以一一分类介绍。大多数破坏性极大的自然灾害，如地震、泥石流、火山、海啸、暴雨等，对人类生命、财产造成的损毁并无大的差异。因此，本章主要以常见的地震、泥石流等介绍自然灾害及其特点、自然灾害应急处置与救援等相关知识。

第一节 自然灾害概述

一、自然灾害

一般来说，凡是一切危及人类生产、生活和生命财产，给人类带来损害和痛苦的自然现象均可称为自然灾害。自然灾害包括灾害性天气，如寒潮、霜冻、台风、暴雨、冰雹等；气候异常造成的干旱、洪涝等；生物带来的病虫害如蝗灾等；地质内外引力造成的地震、滑坡、泥石流、火山爆发、海啸等。

自然灾害（Natural Disaster 或 Natural Hazard）是人类依赖的自然界中发生的异常现象，自然灾害对人类社会所造成的危害往往是触目惊心的。既有地震、火山爆发、泥石流、海啸、台风、洪水等突发性灾害；也有地面沉降、土地沙漠化、干旱、海岸线变化等在漫长的岁月中逐渐显现的渐变性灾害；还有臭氧层变化、水体污染、水土流失、酸雨等人类生产活动导致的环境灾害。这些自然灾害和环境破坏之间又有着复杂的相互联系。人类要从科学的意义上认识这些灾害的发生、发展以及尽可能减小它们所造成的危害,这已然是国际社会共同关注的主题。

地球上的自然变异,包括人类生产活动诱发的自然变异,无时无刻不在发生,当这种变异给人类社会带来危害时,就构成了自然灾害,它给人类的生产和生活带来不同程度的损害,因此,自然灾害都具有消极的、破坏的作用。所以说,自然灾害是人与自然矛盾的一种表现形式,具有自然和社会两重属性,是人类过去、现在、将来所面对的最严峻的挑战之一。

世界范围内重大的突发性自然灾害主要包括:旱灾、洪涝、台风、风暴潮、冻害、冰雹、海啸、地震、火山、滑坡、泥石流、森林火灾、农林病虫害等。

中国的自然灾害频发,种类繁多。地震、台风、暴雨、洪水、内涝、高温、雷电、大雾、灰霾、泥石流、山体滑坡、海啸、道路结冰、龙卷风、冰雹、暴风雪、崩塌、地面塌陷、沙尘暴,等等,每年都在全国和局部地区发生,造成大范围的损害和经济损失,甚至对局部地区造成毁灭性的打击,如"5·12"汶川地震,其局部地区的恢复重建用了十余年时间。

二、自然灾害的形成与发展

自然灾害的形成原因是极其复杂的,纵观人类的历史可以看出,灾害发生的原因主要有两个:一是自然变异,二是人类活动影响。因此,我们通常把以自然变异为主因的灾害称为自然灾害,如地震、风暴、海啸;将以人类活动影响为主因的灾害称为人为灾害,如人为引起的火灾、交通事故和酸雨等。

自然灾害形成的时间长短不一。有些自然灾害,当致灾因素的变化超过一定强度时,就会在几天、几小时甚至几分、几秒钟内表现为灾害行为,像火山爆发、地震、洪水、飓风、风暴潮、冰雹等,这类灾害被称为突发性自然灾害。旱灾、农作物和森林的病、虫、草害等,虽然一般要在几个月的时间内成灾,但灾害的形成和结束仍然比较快速、明显,所以也把它们列入突发性自然灾害。另外还有一些自然灾害是在致灾因素长期发展的情况下,逐渐显现成灾的,如土地沙漠化、水土流失、环境恶化等,这类灾害通常要几年或更长时间的发展,则被称为缓发性自然灾害或渐发性自然灾害。

许多自然灾害,特别是等级高、强度大的自然灾害发生以后,常常诱发出一连串的其他灾害接连发生,这种现象叫灾害链。灾害链中最早发生的灾害被称为原生灾害;而由原生灾害所诱导出来的灾害则被称为次生灾害。自然灾害发生之后,破坏了人类的生产生活条件，由此还可能引发一系列其他灾害，这些灾害被泛称为衍生灾害。如大旱之后，地表与浅部淡水极度匮乏，迫使人们饮用深层含氟量较高的地下水，从而导致了氟病，这便被称为衍生灾害。

当然，自然灾害原因复杂，有时候一种灾害可由几种致灾因素引起的，或者一种灾害因素会同时引起好几种不同的灾害。这时，灾害类型的确定就要根据起主导作用的灾因和其主要表现形式而定。

三、自然灾害的影响

自然灾害最显著的影响是造成生命和财产损失，破坏基础设施，使社会难以维持基本生活秩序。以"5·12"汶川地震为例，据有关统计数据，地震严重破坏地区约50万平方千米，其中，极重灾区共10个县（市），较重灾区共41个县（市），一般灾区共186个县（市）。截至2008年9月，"5·12"汶川地震共计造成69,227人遇难、17,923人失踪，受灾总人口达4625.6万人，造成直接经济损失8451.4亿元。1976年的唐山大地震造成24万余人死亡，直接经济损失超过30亿元。

同时，我们更应该关注自然灾害对人的身体、心理和精神健康造成的影响，主要有：（1）灾难会带来实质性的创伤和精神障碍；（2）大多数人的痛苦在灾后一两年内会慢慢消失，人们能够自我调整；（3）由灾难引起的慢性精神障碍不是很普遍；（4）灾难扰乱了组织、家庭以及个体生活。

自然灾害会引起压力、焦虑、压抑以及其他情绪和知觉问题。影响的时间以及为什么有些人不能尽快适应，原因还不是很清楚。在洪水、龙卷风、飓风以及其他自然灾害过后，受害者表现出恶念、焦虑、压抑和其他情绪问题，有的可能持续一年左右。

自然灾害后，部分人往往产生创伤后应激障碍，患者主要表现为创伤再体验症状、警觉性增高症状以及回避或麻木症状，其他常见症状如人生观、价值观的改变，分离症状，人际关系的改变，甚至抑郁等。

创伤再体验症状主要表现为，在意识清晰的情况下，不断出现突如其来的回忆或者脑中重现创伤性事件的场景；睡梦中不断出现与创伤事件相关的噩梦；面对与创伤事件有关的时间、地点、人物等，会触景生情，从而产生严重的精神痛苦或者应激反应。

总之，自然灾害给人类带来的影响是多方面的，在灾害恢复与重建过程中，我们要多关注灾害对人的身体、心理和精神健康的损害。

四、我国的自然灾害

我国是世界上自然灾害种类最多的国家。自然灾害主要分类见表1-3所示。对我国影响较大的自然灾害如下。

第一，气象灾害。

气象灾害有20余种，主要有以下种类：

（1）暴雨：山洪暴发、河水泛滥、城市积水；

（2）雨涝：内涝、渍水；

（3）干旱：农业、林业、草原的旱灾，工业、城市、农村缺水；

（4）干热风：干旱风、焚风；

（5）高温、热浪：酷暑高温、人体疾病、灼伤、作物逼熟；

（6）热带气旋：狂风、暴雨、洪水；

（7）冷害：由于强降温和气温低造成作物、牲畜、果树受害；

（8）冻害：霜冻，作物、牲畜冻害，水管、油管冻坏；

（9）冻雨：电线、树枝、路面结冰；

（10）结冰：河面、湖面、海面封冻，雨雪后路面结冰；

（11）雪害：暴风雪、积雪；

（12）雹害：毁坏庄稼、破坏房屋；

（13）风害：倒树、倒房、翻车、翻船；

（14）龙卷风：局部毁坏性灾害；

（15）雷电：雷击伤亡；

（16）连阴雨（淫雨）：对作物生长发育不利、粮食霉变等；

（17）浓雾：人体疾病、交通受阻；

（18）低空风切变：（飞机）航空失事；

（19）酸雨：作物等受害。

第二，海洋灾害。

海洋灾害主要有如下种类：

（1）风暴潮：包括台风风暴潮、温带风暴潮；

（2）海啸：分为遥海啸与本地海啸两种；

（3）海浪：包括风浪、涌浪和近岸浪三种，就其成因而言又分台风浪、气旋浪；

（4）海冰；

（5）赤潮；

（6）海岸带灾害，如海岸侵蚀、滑坡、土地盐碱化、海水污染等；

（7）厄尔尼诺的危害。

第三，洪水灾害。

（1）暴雨灾害；

（2）山洪；

（3）融雪洪水；

（4）冰凌洪水；

（5）溃坝洪水；

（6）泥石流洪水。

第四，地震灾害。

（1）构造地震；

（2）塌陷地震；

（3）火山地震；

（4）诱发地震，如矿山地震、水库地震等。

地质学界一般认为我国有四大地震带，即青藏高原地震区、华北地震区、东南沿海地震带和南北地震带。中国地震主要分布在五个区域和23条大小地震带上，这五个区域是：台湾地区及其附近海域；西南地区，主要在西藏、四川西部和云南中西部；西北地区，主要在甘肃河西走廊、青海、宁夏、天山南北麓；华北地区，主要在太行山两侧、汾渭河谷、阴山—燕山一带、山东中部和渤海湾；东南沿海的广东、福建等地。

第五，农作物生物灾害。

（1）农作物病害：主要有水稻病害240多种，小麦病害50多种，玉米病害40多种，棉花病害40多种及大豆、花生、麻类等多种病害；

（2）农作物虫害：主要有水稻虫害200多种，小麦虫害100多种，玉米虫害50多种，棉花虫害300多种，以及其他各种作物的多种虫害；

（3）农作物草害：约8000多种；

（4）鼠害。

第六，森林生物灾害。

（1）森林病害：2900余种；

（2）森林虫害：5000余种；

（3）森林鼠害：160余种。

第七，其他灾害，如雷电、冰雹等。

第二节　自然灾害的特点

自然灾害本身具有不可预测、破坏力巨大、持续时间长等特点。下面从公共危机管理的角度，以地震等为例，论述自然灾害区别于其他类型突发事件的特点。

一、突发性较强

地震是典型的自然灾害，是瞬时性突发的自然灾害。地震发生十分突然，持续时间短，往往只有几十秒。在短时间内造成山崩地裂，导致大量的房屋倒塌、人员伤亡，这是一般自然灾害或事故灾难不具有的特征。地震可以在几秒或者几十秒内将一座现代文明城市夷为平地，其能量远超原子弹爆炸的能量，四川汶川地震相当于几百颗原子弹爆炸所释放的能量，其突发性、瞬时性极强。

二、人员伤亡大

地震波到达地面以后导致大面积房屋和基础设施损毁，如果地震发生在人口稠密、经济发达地区，往往导致大量人员伤亡和巨大的经济损失。如果地震发生在深夜，在人们毫无防备的情况下，伤亡将更大。如墨脱地震（1950年8月15日22时09分34秒）导致中国西藏3000多人死亡、印度1500多人死亡，云南通海地震（1970年1月5日凌晨1时00分34秒）导致1.5万人死亡，唐山大地震（1976年7月28日2时30分）导致24.2万多人死亡，台湾"9·21"大地震（1999年9月21日1时47分12秒）导致2300多人死亡。

三、预防难度大

与洪水、干旱和台风等自然灾害相比，地震难以精确预报预测。地震的预报是人类社会的一个难题。尽管人类总结了一些震前的预兆，但都是经验性的，到目前为止，还难以准确预报。因为没有准确的预报，人们不能提前做好防备，以致来不及躲避，造成大规模的伤亡。即使预测到可能发生地震，而地震预报机构和有关主管部门,并不敢轻易将可能发生地震的预测公开,以免引发社会恐慌。一旦地震没有如期发生,将引发舆论质疑。

四、引发次生灾害

地震不仅导致直接的灾难性后果,而且必然引发次生灾害,甚至次生灾害的危害程度超过地震的直接损害。地震往往导致滑坡、火灾、泥石流、瘟疫、毒气污染、细菌污染、放射性污染、海啸、冻灾、环境灾害等次生灾害。大地震后,谣言四起,还可能引发社会恐慌,如日本2011年3月11日东日本大地震导致福岛核电站核泄漏,进而引发中国部分地区抢购食盐。

五、社会影响深远

地震灾害突发性强,造成的伤亡惨重,导致的经济损失巨大,往往对社会经济产生深远的影响。一是震后恢复重建工作繁重,非一朝一夕能完成,对当地的经济发展造成较大的影响。四川汶川地震、青海玉树地震,灾害重建工作持续了多年,雅安芦山地震、甘肃定西地震的重建工作也花了很长时间。二是地震会对社会心理面造成巨大而长久的影响。震后救援中,由于见多了惨烈的现场,加之亲人的离去,很多人出现诸多心理问题,甚至自杀,而孤儿和丧子的老人,也往往需要心理干预。几十年过去了,墨脱地震和云南通海地震对当地人民的影响仍然难以完全消除。四十多年后的今天,唐山大地震仍然是很多人心里挥之不去的阴影。

第三节 自然灾害应急处置与救援

近年来,我国频繁发生各种自然灾害,给人民生命和财产造成了巨大的损失,为了减少灾害的伤亡和损失,我们认为,在地震等自然灾害后的现场应急处置和救援中应做好以下工作。

一、及时转移至安全地带

自然灾害发生后,基层或现场的危机管理人员,应尽快将人群转移至空旷、平坦的安全地带。以地震来说，一是避免震后房屋倒塌造成二次伤害，二是避免主震后余震的影响和伤害。因此，一般来说，大地震后，夜晚应露宿于室外空旷处。转移时，尽量远离建筑物，集中在道路中间行走，有秩序地撤离有危险的地方。

同时，人们日常应积累地震的常识，以备紧急情况时自救，增加生还的希望。发生地震时如果在住宅（楼房或平房）内，要远离外墙及门窗，可选择厨房、浴室等不易塌落的地方躲藏，可选择在坚固的家具旁躲藏，不能跳楼。要保护好头部，避开玻璃窗、门柱、墙壁、售货亭等危险之处。发生地震时如果在室外，要蹲在空旷的地方，一定要避开危险建筑物、高大建筑物、高大树木。特别要避开有玻璃幕墙的建筑，要避开变压器、电线杆等电器设备，不能使用电梯逃生，等等。

二、全面搜救垮塌废墟

地震、泥石流等爆发后，对于被困在倒塌建筑废墟中的人来说，早一分钟被发现就意味着多一分生的希望，因此震后的首要救援问题就是搜索震后废墟，尽快发现幸存者，这是震后72小时黄金救援时间内最重要的工作。

搜救工作应由专业的救援队伍开展，并配备现代先进的生命探测仪。搜救时，首先应对实地情况进行综合缜密的侦查，搜救过程中要特别注意有毒气体的泄漏，避免使救援人员中毒。在确定搜救方案后一般采用声呐探测器及训练有素的搜救犬寻找埋在地下的幸存者。确定有幸存者及其位置后，救援人员应设法与被困者取得联系，例如从上往下钻孔并置入内窥摄像头，以观察被困者周围情况，也可以设法使幸存者听到声音并与其交谈。然后移开较重的倒塌物，确保安全救出被困者。移动被困者时，要做一些必要的紧急救治措施，救出被困者并对其进行简单医疗处理后，应尽快将其送往医院救治。

三、尽快打通生命通道

尽快打通生命通道包括两个方面，一是指打通连接被埋在垮塌房屋和建筑废墟里的人员通道。当发现废墟中有存活的被困人员时，第一要务是将被困人员救出，如果一时施救困难，便要想办法打通生命通道，用管道或其他方法向被埋人员输送营养液或食物等，以为营救被困人员争取更多的时间。从近年来地震救援来看，有多起被埋人员超过72小时仍然存活并被营救的案例，这也提示我们，日常演练要让人们了解被困后如何利用被困周围的东西自救，可争取到更多的救援时间，增加生还的希望。

二是指打通外界与灾区的交通要道。地震一般都会导致震中及其灾区与外界的道路垮塌，交通堵塞中断，这就会导致外界的救援力量、救援物资、重型机械设备难以运抵地震灾区，受伤人员运不出来，救援工作难以开展。在雅安芦山地震中，邛芦路是芦山县通往震中——龙门乡、宝盛乡、太平镇的唯一通道。龙门乡至宝盛乡的金鸡峡塌方严重，有一公里多，金鸡峡峡口道路被武警水电部队快速打通，成为芦山县至太平镇重灾区的生命通道。省道210线也被称为芦山震区救灾生命通道，经过33小时抢修被打通。同时，在这次地震中，四川省将成雅高速、成温邛高速、川陕路一线的3条进出城道路，划为临时生命通道，一定时间内限制社会车辆驶入，也成为芦山地震3条救灾生命通道。

"5·12"汶川地震中，连接小鱼洞镇的小鱼洞大桥被拦腰斩断，5月13日中午在50余米宽的河面上建起一条便道，抢险救援车才得以开进深山，疏散出来的被困群众和营救出来的受伤人员，直接通过这条便捷通道源源不断地被转移出来。

四、保障日常生活用品

灾害后，充足的食物和水是保证灾难中的人们生存必要的条件。照明工具、急救药品以及压缩饼干之类的食物是非常必要的。日常对这些必备物品的准备，对应对突发的灾难具有重要的意义。近年来，我国地震救援中，对每家每户按人发放一定的生活用品，或每天发放多少元的生活补贴，对确保灾区的社会稳定是至关重要的。在食物无法运抵的情况下，也采取了空投的救援方式。

日本多年的防灾教育，让日本民众十分重视：住宅是否具备足够的抗震性能；家具是否被牢牢固定在墙上；床边有没有摆放防灾背包；里面是否装有足够的食品及求生物品。可以说，日本人的防灾意识几乎贯彻到工作、生活的每个环节。日本有很多人随身都带有一个急救包，里面除了应急食品药品和工具外，还有一个收音机，人们可以靠收音机来收听最新的信息。

五、确保充足医疗用品

灾害后，医院是救治危重伤员的重要力量。其中医院的设备物资部门既要保障修复地震损害的多种仪器，又要及时提供和合理调配各种医疗抢救物资设备，有针对性地及时采购大量急救物资，还要支援灾区各兄弟医院和外援医疗队的设备物资后勤保障。地震后容易出现山体滑坡，道路被堵塞或损坏的情况，会给抢救伤员和及时运输药品器械带来很大的困难，如何确保灾区有充足的医疗必需品，是地震救援工作的关键。

地震中灾民多是手脚被砸伤，最需要的是骨科医护人员和骨科手术所需的纱布、棉垫、钢板、内置物及外固定架等骨科手术耗材，血液制品、消毒药品等药品更是急需的。因此，保障充足的医疗必需品无疑能为挽救更多的生命创造有利条件。在雅安芦山地震中，2013年4月21日当日，即通过直升机空运成都42医院的医护人员至地震重灾区宝兴县，医护人员都携带了抢救必需的药品。

六、尽快恢复通信畅通

自然灾害往往导致通信设施损毁，灾区通信中断，从而导致灾区信息无法外传，灾区的人们难以和亲戚朋友联络。因此，保障通信畅通是地震救援工作有效开展的重要条件。在通信有时难以畅通的情况下，可以向灾区投送收音机、卫星电话等。为了获取地震灾区信息，近年来地震救援中，也利用了直升机或无人机航拍、卫星影像、遥感成像等现代技术。

在雅安芦山地震中，到2013年4月22日下午，地震灾区的通信生命通道全部抢通，震区全部恢复移动通信，无通信孤岛。为了确保通信畅通，至21日9时30分，中国移动在雅安灾区设立了75个便民服务点，投入帐篷560顶、充电器5000余个、平安电话1300余部、衣帽1260余套。至22日16时，10086抗震救灾爱心直通热线共收到灾情信息查询37,768条，代报平安752条，收集救援信息4256条，帮助101人与亲人取得联系。[①]

七、做好灾区消毒工作

灾害后，人畜尸体来不及处理及环境条件的恶化，可能导致环境污染或瘟疫流行，因此，常有大灾后有大瘟疫的说法。灾害也可能造成生活环境恶化，积水面积增多，粪便、垃圾不能及时处理，多种致病微生物易对饮水、食物等生活环境产生污染。由于人们忙于救灾，长时间处于疲劳状态，抗病能力下降。因此，做好灾害后消毒工作显得极为重要和紧迫。

震后要重视食物、饮水、居住环境和手的消毒。卫生防疫部门应有具体分工，做

---

① 李昕忆. 芦山地震灾区的通信"生命通道"全部抢通[N]. 今日早报，2013-04-24.

好消毒组织工作。专人负责保护水源和饮水消毒，同时要搞好环境卫生消毒，要有专人负责，做好消毒剂的集中供应、配制和分发工作，做好消毒常识宣传，组织群众和救援人员进行消毒，并具体指导。加强对学校、工厂、灾民安置点、避难所或宿营地等人员集中地以及食堂的食品卫生监督工作。合理设置垃圾收集点，并做好收集生活垃圾工作，做好地震中死亡人员尸体的处理工作。

八、及时公开灾情信息

谣言止于公开。自然灾害爆发后，信息处理不当往往导致谣言四起，引发社会恐慌。灾区信息需要外传，外部需要了解灾区状况。所以，在地震紧急救援中，应及时发布、公开灾情信息。东日本大地震发生后，日本广播电视协会NHK电视台轮流用日语、英语、汉语、韩语、西班牙语、葡萄牙语等多个语种，发布有关最新震情，而电视主持人也头戴钢盔坚守在工作岗位。为了方便对外联系，日本地震后设立免费公用电话，还会专设国际长途电话。日本官房长官平均每5小时召集一次记者通气会，及时发布政府采取的各项举措及救灾进展。

在信息时代，应对灾难和重大事故，还应充分利用现代媒体。例如通过QQ、微博、微信等即时通信工具发布信息，门户网站应尽快建立寻人与报平安的网页。网络等新媒体在应对灾害等突发事件的信息公开方面，展现了强大的力量，具有明显的优势，应作为应对灾害的有效工具。

第四节　案例分析：舟曲特大泥石流灾害应急处置与救援

2010年8月7日22时左右，甘南藏族自治州舟曲县城东北部山区突降特大暴雨，降雨量达97毫米，持续40多分钟，引发三眼峪、罗家峪等四条沟系特大山洪，引发泥石流灾害，泥石流长约5千米，平均宽度300米，平均厚度5米，总体积750万立方米，流经区域被夷为平地。根据统计，截至2010年9月7日，舟曲特大泥石流灾害中遇难1557人，失踪284人，累计门诊治疗2315人。

一旦爆发泥石流灾害，做好紧急救援工作对减少人员伤亡具有重要的意义，灾害紧急救援工作是全方位的，从舟曲发生特大泥石流灾害应急处置与救援实际工作来看，主要包括以下几方面。

一、启动应急预案

爆发泥石流灾害后,地方政府尤其是乡镇街道和村级组织,应立即启动地质灾害应急预案或泥石流灾害专项应急预案。根据泥石流多发于山区的特点,基层政府组织应了解本地区泥石流高风险区域,并采取一定的防范措施,制定应急预案。应对泥石流灾害,仅仅依靠居民的自救是不够的。

舟曲发生特大泥石流灾害后,党和政府高度重视,马上启动了救灾应急预案,救援人员和救灾物资源源不断地进入灾区。卫生部第一时间部署医疗救援工作,救治防疫等4小组已在灾区运转。民政部及时向灾区运送3批中央救灾物资。农业部组建动物防疫专家组赶赴灾区,开展动物疫病防控。公安部紧急协调公安特警和消防、边防官兵1700多人驰援灾区。交通运输部启动公路交通突发事件应急预案,现场指挥抢修道路,交通运输部时任部长李盛霖亲自在一线指挥。为了保障物资运送,铁道部连下四道调度命令,开行专列,紧急运送救灾物资前往灾区。工业和信息化部及时落实了灾区所需的药品、医疗器械、发电车、手电筒等应急工业产品生产企业。中国红十字会也在灾区积极展开援助行动。2010年8月8日中午12时,时任国务院总理温家宝率有关部门负责同志赶赴受灾地区察看灾情,指导救灾,召集随行的国务院有关部门负责人召开会议,成立国务院舟曲抗洪救灾临时指挥部。

国家防总决定自2010年8月8日14时起紧急启动防汛Ⅱ级应急响应,全力应对甘肃舟曲特大山洪泥石流灾害。国家减灾委、民政部于8日8时30分紧急启动国家三级救灾应急响应,并向灾区调拨5000个睡袋。下午,国家救灾应急响应等级提升至二级。

二、立即疏散人员

泥石流灾害紧急救援工作的第一要务是疏散灾害危险区的人员。大型泥石流可以在很短时间内将一个村庄或城镇夷为平地,如果不及时疏散转移人群,将会导致大量伤亡。因此,应坚持先救人后救物,优先照顾老人、小孩以及行动不便的人。在确保人员没有生命危险的情况下,再考虑保护或转移国家和集体的重要物资。

至2010年8月8日,根据甘肃省委部署安排,为防止出现进一步的灾害,白龙江下游陇南市宕昌县的沙湾、两河口两个下游乡镇疏散了19,000多人。

三、解救被困人员

泥石流灾害发生突然，可能会出现部分人员被困，如困于屋顶的情况。转移人群到安全地带后，应及时清点人员，寻找失踪人员。发现被困人员后，应稳定被困人员情绪，想方设法营救被困人员。

在舟曲特大山洪泥石流灾害中，根据报道，截至 2010 年 8 月 9 日 17 时，公安消防官兵成功救出 78 名被困群众，军队和武警部队共搜救幸存者 6 人。截至 28 日，解救被困人员 123 人，安置受灾群众 9852 人。

四、搜救失踪人员

泥石流灾害往往导致人员被埋压的情况，专业救援人员到达灾害现场后，应立即展开失踪人员搜救工作，利用搜救犬或生命探测仪尽快进行搜救。泥石流因为含有大量泥沙，往往难以给被埋人员留下生存空间。这与地震后被埋废墟中的人员能够寻找到生存空间是不一样的，如果不及时搜救，被埋人员往往会窒息而亡。

舟曲特大山洪泥石流灾害发生后，军队和武警部队官兵第一时间抵达灾区，争分夺秒、昼夜奋战，全力抢救搜救被困群众。时任中国地震局党组成员、副局长刘玉辰带队的国家地震灾害紧急救援队，由 80 人组成，携带 12 条搜救犬和约 8 吨专业设备及救援物资，于 2010 年 8 月 9 日凌晨乘专机奔赴灾区，开展搜索及救援行动。甘肃省地震灾害紧急救援队、陕西省地震灾害紧急救援队分别于 8 月 8 日携带地震救援车辆、搜救犬及搜索、破拆、生命探测仪和救护药品等抢险救援设备，奔赴舟曲县受灾地区，迅速开展抢险救援行动。志愿者组织也参与了搜救工作，如甘肃西北潜水有限责任公司成立水上救援志愿队在城区内展开水上搜救工作。直到 2010 年 8 月 19 日救援搜救工作才基本结束。

五、开展医疗救护

对从灾害中营救出来的被困人员、搜救出来的被埋人员以及其他受伤人员，应进行简单的医疗救护。尤其要注意做好被埋压人员的心肺复苏工作，做心肺复苏前，应首先清除患者口中污物。对危重伤员及时利用救护车或现场车辆迅速转送医院救治。

截至2010年9月7日，舟曲特大山洪泥石流灾害累计门诊治疗2315人，保障了受伤人员得到及时救治。

六、做好生活保障

泥石流往往导致一幢房子，甚至整个村庄或城镇被埋，受灾人群缺乏基本的生活必需品。因此，救援工作稍微稳定后，应注意保障灾民吃穿等基本生活需要。泥石流常淹死禽畜和动物，灾后易出现疫情，应注意预防传染病，注意饮食和饮水卫生，做好防疫消毒工作。

截至2010年8月18日，蛋肉蔬果等不断运抵舟曲，县城日供应10吨蔬菜；居民可以洗上热水澡；饮用水基本保障。县城部分商户开始恢复营业，生活日用品供应充足，能够基本满足受灾群众需求。环境监测人员连续十天对白龙江沿岸5个河口断面和市区5个临时取水点进行水样监测。截至8月17日中午12点，舟曲县城报告传染病病人6例，其中痢疾5例、乙肝1例，累计为600多人接种了甲肝疫苗，没有发生重大传染病疫情。

七、恢复基础设施

泥石流灾害往往导致基础设施损毁，应急救援工作应确保尽快恢复基础设施和基本公共服务。主要包括公共交通、供电、通信、供水、供气等。

舟曲特大山洪泥石流灾害后，十日全县境内基本恢复供电。截至2010年8月16日19时，全县除县城被淹的23个台区、涉及2625户居民尚未恢复供电外，全县境内全部恢复供电。

灾情发生后，2010年8月9日，甘肃移动公司甘南分公司紧急调派了一辆大型应急通信车到达舟曲，明显增强了通信服务能力。8月11日，宁夏、青海移动支援舟曲的两辆卫星应急通信车到达舟曲，8月12日又新建开通3个基站。灾区通信能力达到了灾前的两倍。

2010年8月16日16时，灾后第一辆由舟曲发往迭部县的班车驶出，标志着舟曲灾区通往外界的客运班线开始逐渐恢复。

第五节　日本预防和应对地震的经验与启示[①]

日本是一个地震多发的国家，也是应对和预防地震最值得称道的国家。为了有效应对和预防地震灾害，日本有许多经验值得我们学习和借鉴。

一、提高建筑防震标准，减少地震伤亡人数

1923年9月1日关东大地震后，日本就出台了法律，要求修建房屋时必须计算房屋的防震程度。1995年阪神大地震导致6500多人死亡，30万人无家可归，日本政府当年便修改了建筑防震标准——《建筑基准法》，该法规定高层建筑必须能抗7级以上的强震。此后，日本都按照此标准修建房屋，老旧房屋也按照一定标准进行了加固，要求达到8级地震震不倒，使用期限可以超过100年，对于学校之类的建筑，更是要求达到抗震10级。

东日本大地震，被震毁的房屋极少。人们惊奇地发现，日本很多高层建筑依然保持完整，甚至连大的裂缝都没有。大多数毁坏的房屋也没有被震垮，更多的是被海啸吞没。《纽约时报》称："日本严格的建筑规范挽救了很多人的生命。如果地震发生在其他人口密集的国家，或许已经有数万人在地震中遇难。"[②] 这与日本房屋建筑采用防震技术、及时进行抗震诊断与抗震修复、每次大震后修改建筑法并严格实施等因素密不可分。

为了抵御地震的破坏，日本的高层建筑普遍使用橡胶提高建筑物的抗震性能。而独户、古旧建筑，与高层楼房相比，整体重量轻，积层橡胶不起作用。有效的抗震方法是在建筑物与基础之间加上球形轴承或是滑动体，形成一个滚动式支撑结构。目前弹性建筑在日本非常流行，仅东京就建造了12座，并经受住了6.6级地震的考验，减灾效果显著。日本专家建议，四川也可以多建弹性建筑。这种建筑物不直接接触地面，而是建在隔离体上。当地震发生时，能起到减缓上下颠簸的作用。[③]

[①] 杨兴坤. 日本预防与应对地震的经验与启示[J]. 国际地震动态，2015（3）：31-36.
[②]《视界》：日本"震"变[EB/OL].[2021-08-30]. http://news.qq.com/photon/shijie/single/JP_quake.htm.
[③] 王蕾. 房屋如何抗震？日本专家：多建弹性建筑[N]. 华西都市报，2011-09-22.

二、加强防灾教育培训，提升民众自救能力

日本政府、企业和民众都高度重视应急教育和防灾演练工作，日本从中小学开始培养公民的防灾意识；这种防灾教育不仅是在教室里遭遇灾难或事故时的应对，而是包括诸多其他假设的场合，例如在家里遭遇地震时应首先切断煤气、电气，然后经由安全通道避难，不使用电梯。演练也包括在公共场合如何遵从引导和指示去往安全地带等。①

防震演练是日本民众生活中的必修课。入学的时候，每个学生都会从学校领取一本《救生手册》。电视和报纸等经常会介绍有关防震救灾的知识。学校和企业会组织各种防灾演练，民众会主动参加，演练绝不流于形式。长期有效的训练使日本民众有足够的信心应对地震，有充足的准备面对地震，不会恐慌。地震发生时，日本人不会慌乱，会表现得很轻松从容。如果正在办公室里，他们会找到头盔或是急救包，躲到较为安全的地方，从而减少地震灾害的伤亡。日本临"震"不乱的素质和涵养，是很多人都比较赞赏的。雅安芦山地震中，有一所中学，地震前两天进行了演练，无一人死亡，这充分说明，防灾培训和演练的重要性。

为了提升民众防震防灾意识，日本政府在1960年将关东大地震（1923年9月1日）发生时间确定为一年一度的防灾日。每年8月30日到9月5日为日本全国的防灾周。防灾周内，各个行会会举行各种防震教育和避难演习。多年的防灾教育，让日本民众养成了良好的习惯，自救能力较强。地震发生后，民众会首先开展自救，然后是邻里社区共救，最后才是政府的紧急救援。业余救援人员往往也是首先到达救灾前线的人。日本非常重视住宅是否具备足够的抗震性能，家具一般会牢牢固定在墙上，床边会备有防灾背包，防灾背包里会装有足够的食品和求生物品。日本民众的防灾意识基本上贯彻到工作、生活的每个环节中。

东日本大地震后，由于日常防灾应急演练有效，民众并不惊恐慌乱，在东京地区车站候车回家的上班族井然有序地排上五六个小时的队，没有人插队、吵闹；大街上市民躲避地震，自觉让出车道；震区内公园和避难所免费为人们提供毛毯、食物、水等急需用品。②

---

① 张永春.日本大地震应急救援启示录[J].中国应急救援，2012（7）：45-53.
② 夏坤，吴志坚，董林.日本9.0级特大地震应急救援与灾后重建对我国的启示[J].防灾科技学院学报，2012（6）：75-80.

三、加强防震法制建设,依法应对地震灾害

日本是较早制定防震减灾法律法规的国家,有比较完善的防震减灾法律体系,包括基本法、灾害预防法、灾害应急法、灾后重建与恢复法等,这使日本在应对地震等自然灾害时有法可依。日本制定的相关防震减灾法律如表 5-1 所示。

表 5-1 日本相关防震减灾法律

制定时间	法律名称
1947 年	《灾害救助法》
1950 年	《建筑基准法》(修改自 1920 年的《市街地建筑物法》,该法于 1982、1992、1995、2000、2006 年多次修改)
1961 年	《灾害对策基本法》
1962 年	《有关为应对严重灾害的特别财政援助等法》
1965 年	《地震保险法》
1966 年	《受灾者生活支援法》
1966 年	《地震保险法》
1972 年	《与因灾害而集团性移居事业相关的国家财政方面的特别措施法》
1978 年	《大规模地震对策特别措施法》
1980 年	《地震财特法》
1980 年	《关于在地震防灾对策强化地域的与地震对策紧急整备事业相关的国家财政上的特别措施法》
1995 年	《建筑物耐震改修促进法》
1998 年	《受灾者生活再建法》

(资料来源:作者整理)

在上述法律法规基础上,日本地方政府也制定了具体的实施细则、政策与计划,市、县政府还制定了对策推进计划。日本卓有成效的防震法制建设,成为防震救灾与应急管理的基础和法律保障。

中国在防震减灾方面的现有法律法规包括《中华人民共和国突发事件应对法》《国家突发公共事件总体应急预案》《防震减灾法》《破坏性地震应急条例》《国家破坏性地震应急预案》等。但是我国的防震减灾法律体系还需进一步加强和完善,如完善防震减灾法律、法规和标准,修订《国家破坏性地震应急预案》《破坏性地震应急条例》等法规,实行地震相关救援设备的市场准入制度等。

四、发展民间志愿组织，鼓励有序参与救援

在日本，发生地震后，志愿者会立即奔赴灾区。志愿者会进入灾民家搬运残留所需的物品，在募捐、献血和物资供应上都发挥了积极作用。1995年，因为志愿者在阪神大地震中的优异表现，被称为日本救灾史上的志愿者元年。在将近两个月时间里，有100万余名志愿者自费前往灾区，并全力投身于抗震救灾活动中。其中70%左右的人是第一次参加志愿活动，大多数是20岁左右的年轻人。他们主动提供地方政府无法提供的活动，如做心理咨询，清理房间，修理自行车、电视，打水等。这些志愿者团体有：地方居民组织，NPO、NGO等市民组织，企业，工会，宗教团体等。在2011年3月11日东日本大地震中，志愿者们细致入微的工作更是及时抚慰了灾民，志愿者甚至为灾民做美容护理、按摩与泡脚等工作。

志愿者的良好表现，改变了日本政府对志愿者一直以来的谨慎和限制态度。日本国会于1998年通过了《特定非营利活动促进法》，为非政府组织的发展营造了良好的法律环境。这对志愿组织发展，鼓励民众参与救援起到了积极作用。日本政府对志愿者的要求较为严格，经验不足会妨碍救援活动，而且也无法保障安全。由于灾后物资奇缺，自己不能解决食宿问题者一般不接受为志愿者。志愿者要求有头盔、护目镜、防尘口罩、橡胶手套等专业装备，还可以到一些免费的地震知识培训中心参加学习培训，以提升自身的专业性。

我国的民间志愿组织在抗震救灾中发挥了重要作用，我们应加以鼓励引导和帮助，并加强日常培训，在救灾前进行有效组织，促进志愿者有序参与地震灾后救援。

五、加强地震预报工作，定期公布预警信息

从20世纪60年代起，日本先后实施了8个地震预报五年计划，但是效果并不明显。近年来，日本耗资数千万美元，建立地震早期预警系统，该系统旨在侦测地震最初迹象，并赶在地震爆发前向震中附近城市发出警报，帮助人们获得数秒钟的逃生时间。2011年3月东日本大地震发生前约1分钟，数百万日本人得知了地震的消息，3分钟后预警海啸。一些订阅了特殊预报服务的人通过手机和电子邮件收到了警报。[1]

目前日本建立了1000余个带有高灵敏度地震仪的观测点，高密度覆盖全国，实

---

[1] 震前一分钟地震发预警 数百万日本人提前得消息[EB/OL].（2011-03-12）[2021-08-31]. http://news.enorth.com.cn/system/2011/03/12/006108695.shtml.

现实时数据交换。日本负责监控地震的主要机构——国家气象厅负责 24 小时监测地震，并根据有关法律要求，在地震发生后第一时间将信息传递到各处。① 日本在大多数居民家安装了地震预警灯，能及时发出预警。虽然仅能争取数秒时间，但预警系统对降低地震的危害具有重要意义，可以让高速运行的列车提前减速；让正在运行的电梯快速停靠就近的楼层并开门；或者让人们及时关掉煤气避免火灾。②

1995 年阪神大地震后，日本政府开始不定期发布基于科研成果的地震预测报告。预测报告的发布机构是政府下设的地震最高决策机构——中央防灾会议。该机构的主席由日本首相亲自担任，成员由防灾担当大臣、内阁各部长、四家指定公共机构［包括日本电讯电话公司（NTT）、日本广播协会（NHK）、日本银行、日本红十字会］的负责人以及四名科学领域的权威学者组成。预测报告是由中央防灾会议根据地震专家最新研究成果撰写的，一般会绘制出 7 级地震发生后可能造成的具体死伤受灾情况，标明可能发生的海啸或最先淹没的地区，火灾最容易发生的地区。③

学习和借鉴日本的做法，我国可整合、完善地震观察网络，在地震高发区的居民家中和公共场合装备现代地震预警设备，尽量做到准确预报，及时发布预警信息。

六、修建防灾避难所，提供灾后安身之地

日本建造有大量功能完备的避难场所。公园、广场和指定的空地等是野外露天避难场所。体育馆、幼儿园、文化中心、小学和中学等也是避难场所。避难所并非随意划定一个地方，而是日本政府联合红十字会一起运营、管理，储备有大量防灾物资的场所。一般来说，避难场所备有物资包括：饮用水、防灾食品、临时厕所、固体燃料、供水水桶、毛毯、防水塑料布、铁锹、医疗急救品等。避难所门口一般有一块铭牌，用日、中、韩三国文字写明了用途和联系电话。一个避难所能在灾难时容纳附近几千居民。

这种避难所在 1995 年阪神大地震中发挥了重要作用，公立中小学在震后几个月里，为几十万灾民提供了安身之地。总结阪神大地震的经验，日本政府制定了《地震防灾对策特别措置法》，明确规定了避难所、防灾仓库、防灾食粮等方面的标准和要求。

---

① 《视界》：日本"震"变［EB/OL］.［2021-08-31］. http://news.qq.com/photon/shijie/single/JP_quake.htm.
② 《视界》：日本"震"变［EB/OL］.［2021-08-31］. http://news.qq.com/photon/shijie/single/JP_quake.htm.
③ 网易新闻特刊：日本如何抗震［EB/OL］.［2021-08-31］. http://news.163.com/special/00012Q9L/ribenkangzhen.html.

我国很少有像日本这样功能齐备的避难所,由于我国幅员辽阔,不可能一时在全国都修建,但可以在大城市和地震多发地区修建一些避难所。现代化的、功能齐备的避难所,应具有应急避难指挥中心、应急供水、应急消防措施、应急避难疏散区、独立供电系统、应急直升机停机坪等避难功能。修建应急避难所对应对灾难、减少伤亡、避免社会恐慌具有重要作用。

七、装备专业救援器材,建立专业救援队伍

近年来,日本防卫厅和自卫队实行地震烈度5级以上出动飞机、派遣自卫队员进行救援。陆上自卫队各驻地都配备一支由二三十人组成的24小时救灾部队,随时准备前往灾区进行救助。因为地震频发,日本各地消防厅开始配备专业救灾救助设备。东京消防厅装备有机动救助车、吊车、履带式救助车、水压切割车、双臂挖掘机等多种车辆。

日本的地震救援队伍有破拆、搜救等分工,按人数多少分为中队、小队、分队。80人的中队装备有搜索音响探知器、万能搬送工具、伸缩梯、瓦斯探测器等;25人的小队装备有小型削岩机、吊钩和钢索、照明工具、背负式灭火器、救助诱导棒等;10人的分队装备有电锯、液压千斤顶、多用组合式破拆工具、便携式医药箱等。这些专业的救援器材和救援队伍在救灾中发挥着重要作用。

另外,日本在防震救灾中,充分利用现代高科技。日本售出的手机都安装有GPS接收器,便于追踪到被困人员。无线射频技术广泛应用于防灾救灾中,例如内置无线射频识别标签的手机可快速确定被埋者的具体位置。日本在地震救援中,还动用各种先进的机器人。

八、健全地震保险制度,分散地震灾害风险

日本政府于1934年起草了《地震保险制度纲要》,但未能最终通过。最终于1964年通过《地震保险法》,标志着日本确立了地震保险制度,并在后来做了多次修改。日本巨大的地震保险责任主要由商业保险公司、日本地震再保险公司和日本政府三者来分担。日本地震保险制度明确规定了保险公司和政府各自承担的赔付比例。地震保险制度是日本政府利用社会保险体系来进行地震灾后重建的策略之一。

在日本,地震受灾民众可以不同程度地从政府获得一定数额的生活补助,但住宅的重建并没有纳入国家或地区的灾后重建规划中,私有住宅的修复和重建完全要依靠

民众自身的力量。所以，地震保险制度在地震灾害的重建中发挥很大作用。当然，地震保险制度的建立涉及太多复杂的问题，建立合理的地震保险体制，依靠全社会力量来分担地震灾害的风险，将需要长期的努力。①

建立地震保险制度，可分散风险，减轻财政负担，促进灾区的经济恢复和生活安定。目前，我国应对地震灾害风险主要是依靠灾后融资机制，即依靠灾后国家财政的支持以及国际援助。然而，家庭和政府的灾害风险并没有有效分散和转移，地震灾害发生后，普通家庭主要依靠政府和社会的救助来恢复，政府财政压力较大。我国也应积极探索和尝试建立地震灾害保险机制，通过灾害保险，合理分散风险，对提高重建速度、快速恢复经济发展、维护社会稳定，具有重要意义。

九、整合灾害救援资源，提升紧急救援效率

日本除了大量的专业救援队伍外，还有很多业余救援力量。消防团是重要的业余救援组织，是由民众自愿参加的组织，其成员通过政府审查后，定期会被组织到消防学校接受培训，并颁发资质证，获得必要的设施和装备，成为紧急救援志愿者。这些非专业救援人员，人数众多，是防灾和互助的骨干力量。部分日本的企业组建了本企业的消防队，在紧急情况下，企业消防队也会接受政府调遣。日本的明石市便有一支1400人的常设消防团，另外还有一个由家庭主妇组成的妇女防火俱乐部。②2003年，日本宫城县东部发生7级地震后6分钟，便展开紧急救援工作，展现了日本救援工作的高效和协调配合。

我国有消防部门、军队等大量专业救援力量，民间志愿组织等业余救援力量也在不断发展壮大。我国地震救援工作中存在志愿者到灾区后无法开展工作，反而为救援工作添堵的情况。这表明只有有效整合各种应急救援资源，才能发挥合力，实现快速、高效、有序的救援，保障紧急救援工作顺利进行。

十、保障免费饮食供给，确保基本生活需要

地震往往导致大量灾民无家可归，缺乏饮水、饮食等基本生活保障，政府免费保障灾民基本生活需要，是有效应对灾害，避免社会生活秩序混乱的前提。每次地震

---

① 滕五晓，加藤孝明.日本地震灾害保险体制的形成及其问题[J].自然灾害学报，2003（11）：93-99.
② 网易新闻特刊：日本如何抗震[EB/OL].[2021-08-31].http://news.163.com/special/00012Q9L/ribenkangzhen.html.

后，日本灾民可以免费饮用三得利公司自动售货机的饮料，获取免费食品，日本一般会由自卫队向灾民提供饮用水，灾民排队取水即可，政府还会免费提供饮食。如1995年阪神大地震后，给灾民提供免费的三明治或盖浇饭，还有一些公司捐赠的啤酒。我国在这方面应该说做得比较好，每次地震后，政府都会保障灾民的基本生活需要，但也存在诸如矿泉水价格暴涨的情况，因此，在日后地震救援中，还有改进的地方。

> **| 本章课程思政设计 |**
>
> **课程思政目标**：掌握自然灾害危机管理的主要策略，坚持恪尽职守、坚守岗位、服从安排等对公职人员的基本职业要求。
>
> **课程思政案例与阅读材料**：副乡长救灾不力被免职[①]
>
> 2013年4月20日8时02分四川省雅安市芦山县发生7.0级地震。2013年4月24日，媒体报道，四川省芦山县清仁乡副乡长杨某因在抗震救灾中工作不力，造成了一些严重工作失误，被就地免职。
>
> 4月23日，清仁乡共星组的物资发放现场一度出现混乱的场面，而本应在这里指挥的清仁乡副乡长杨某却没有出现，村民的情绪一度失控。当时，芦山县抗震救灾督察组的工作人员恰好到此检查。
>
> 芦山县委当晚召开紧急会议，认为杨某抗震救灾工作不力，责任心不强，造成了一些严重工作失误，决定将杨某免职。
>
> 清仁乡党委书记彭清翔告诉记者，当天下午两点多，芦山县的督察组在检查救灾工作的时候，发现杨成毅没有在他应该驻点的共星组。"他其实是到另外一个组（永林组），那里的物品发放也出现一些问题，他带人去现场解决。但他走的时候没有把工作交代好。"
>
> 芦山县委4月23日召开紧急会议，认为杨某抗震救灾工作不力，责任心不强，造成了一些严重工作失误，决定将杨某免职。
>
> 芦山县明确抗震救灾期间基层党组织负责人和机关干部职工的组织处理办法：未到岗一次，予以诫勉。未到岗两次，科级领导干部和基层组织负责人就地免职；普通党员干部开除党籍；普通非党干部由县监察局处理。
>
> 杨某被免职后仍积极工作，杨某表示接受处分，抗震救灾只需要服从，不需要解释。我们有工作失误就是失误，我们就要认账。

---

① 朱文强，梅天一. 芦山一副乡长救灾不力被免职[N/OL]. 京华时报，2013-04-25[2021-08-30]. http://renshi.people.com.cn/n/2013/0425/c139617-21270590.html.

? 思考题

1. 灾情就是命令，责任重于泰山。抗震救灾不力，必须严格、及时问责。应该说，本案例中的杨某并没有主观上的错误，但是导致了较严重的后果。说说在应对地震等自然灾害的危机管理中，公职人员应遵守哪些职业规范？

2. 本案例是在救援物资发放环节出现了一些问题。请问除了救援物资发放，自然灾害危机管理及应急处置与救援工作，还包括哪些工作，如何做好相关工作？

第六章
事故灾难危机管理

☞ **本章主要内容**

本章主要介绍事故灾难的内涵、分级、分类与特点，事故灾难的预防与治理，事故灾难的应急处置与救援。

第一节 事故灾难概述

一、事故灾难

事故，《现代汉语词典》的解释是：（多指在生产、工作上发生的）意外的损失或灾祸。这一定义强调了两个方面，一是非故意、非预期的意外性，二是结果的危害性，即导致损失或灾难性后果。《生产安全事故报告和调查处理条例》（应急管理部已于2019年启动修改工作）中指的是生产经营活动中发生的造成人身伤亡或者直接经济损失的生产安全事故。

在事故的各种定义中，美国数学家伯克霍夫（Berckhoff）的定义较为有名，他认为，事故是人（个人或集体）在为实现某种意图而进行的活动过程中，突然发生的、违反人的意志的、迫使活动暂时或永久停止的事件。这一界定包括以下内涵：

（1）事故是一种发生在人类生产、生活活动中的特殊事件，人类的任何生产、生活活动过程中都可能发生事故。

（2）事故是一种突然发生的、出乎人们意料的意外事件。导致事故发生的原因非常复杂，往往包括许多偶然因素，因而事故的发生具有随机性。在一起事故发生之前，人们无法准确地预测事故的时间、地点。

（3）事故是一种迫使正在进行的生产、生活活动暂时或永久停止的事件。事故中断、终止人们正常活动的进行，必然给人们的生产、生活带来某些影响。因此，事故是一种违背人们意志的事件，是人们不希望发生的事件。

我们认为，事故灾难是在生产、生活过程中发生的，直接由人类的生产、生活活动引发的，违反人们意志的，迫使生产、生活活动暂时或永久停止，并且造成大量人员伤亡、经济损失或环境污染的，具有灾难性后果的意外事件。事故灾难主要包括安全生产事故、交通运输事故、火灾事故等。事故灾难往往给人们的生命和财产安全造成巨大的损失。人类自进入工业社会以来，日常生活和生产劳动时有事故灾难出现。现代社会生产活动集中、规模较大，各种危险和风险因素大量存在，一旦引发事故灾难，往往造成大量人员伤亡和财产损失。

我国安全生产事故、交通运输事故、火灾事故发生频率都较高，尤其是矿难等工矿企业安全生产事故频频发生，尽管各级政府部门采取了大量措施进行监管，但治理和预防工作难度极大。近年我国发生的较大的事故灾难主要有：

2015年8月12日，位于天津滨海新区的天津东疆保税港区瑞海国际物流有限公司所属危险品仓库发生爆炸，造成165人遇难，8人失踪。2013年11月22日，山东省青岛市中石化东黄输油管道泄漏爆炸，导致62人死亡，136人受伤。2013年6月3日6时许，吉林省德惠市吉林宝源丰禽业有限公司（禽类加工厂）发生火灾事故，事故造成121人遇难，77人受伤。2009年11月21日2时30分，黑龙江龙煤集团鹤岗分公司新兴煤矿，三水平二石门后组15层探煤道发生煤与瓦斯突出，引起风流逆向，瓦斯随逆向风流进入二段钢带机机头硐室发生爆炸，导致108人遇难。2008年9月8日8时，山西省临汾市襄汾县新塔矿业有限公司发生尾矿库溃坝事故，导致281人死亡，34人受伤。

二、事故灾难分级

《生产安全事故报告和调查处理条例》根据生产安全事故（以下简称事故）造成的人员伤亡或者直接经济损失，将事故分为以下四个等级：

（1）特别重大事故，是指造成30人以上死亡，或者100人以上重伤（包括急性工业中毒，下同），或者1亿元以上直接经济损失的事故。重庆开县高桥镇"12·23"井喷事故造成243人死亡，各种经济损失达6432万元，属于特别重大事故。

（2）重大事故，是指造成10人以上30人以下死亡，或者50人以上100人以下重伤，或者5000万元以上1亿元以下直接经济损失的事故。

（3）较大事故，是指造成3人以上10人以下死亡，或者10人以上50人以下重伤，或者 1000 万元以上 5000 万元以下直接经济损失的事故。

（4）一般事故，是指造成 3 人以下死亡，或者 10 人以下重伤，或者 1000 万元以下直接经济损失的事故。

国务院安全生产监督管理部门可以会同国务院有关部门，制定事故等级划分的补充性规定。上述分级条件满足其中一个即归为该级安全事故。

事故这种意外事件除了影响人们的生产、生活活动顺利进行之外，往往还可能造成人员伤害、财物损坏或环境污染等其他形式的严重后果。事故和事故后果（Consequence）是互为因果的两件事情：由于事故的发生产生了某种事故后果。但是在日常生产、生活中，人们往往把事故和事故后果看作一件事件，这是不正确的。之所以产生这种认识，是因为事故的后果，特别是引起严重伤害或损失的事故后果，给人的印象非常深刻，让人相应地注意了带来某种严重后果的事故；相反，当事故带来的后果非常轻微，没有引起人们注意的时候，人们也就忽略了事故。

三、事故灾难分类

事故灾难一般分为安全生产事故、交通运输事故、火灾等，具体分类见表 1-3 所示，此处不再详细论述。其中安全生产事故在实际工作中多以行业来划分；火灾一般指的是人们的生产生活引发的火灾，而自然灾害引发的森林、草场火灾，一般归为自然灾害。

四、事故灾难的特点

事故灾难具有城市危机的一般特点，一是突发性、偶然性。大部分事故灾难都是突然发生，基本没有明显征兆，如"8·12"天津滨海新区爆炸事故、重庆市开县"12·23"井喷事故，都发生在晚上十点左右，人们没有任何防范和准备，"12·23"井喷事故甚至很多村民在睡梦中就被硫化氢等有毒气体毒死。二是灾难性、破坏性。事故灾难是在人们的生产生活中爆发的，直接破坏正常的生产生活，导致大量人员伤亡和巨大的直接经济损失。三是事故原因复杂。事故灾难的原因、影响因素、发展趋势都较为复杂。现代城市发生的事故灾难，大多涉及有毒有害气体、危险化学品和爆炸物，使事故现场的不确定性增加。四是救援困难重重。现代城市人口密集，公共设施、生活设施遍布，事故灾难现场救援困难重重。以"8·12"天津滨海新区爆炸事故为例，2015 年 8 月 12 日 23 时 34 分左右第 2 次爆炸，这次爆炸相当于 430 吨 TNT 炸药。天津消防总队共调集了 23 个消防中队的 93 辆消防车，先后调派了 1000 多名消防官兵到场救援灭火,北京消防总队以及北京卫戍区某防化团派遣了200余名消防官兵。直到8月14日16时40分左右,天津港内的明火才被完全扑灭。这起事故共造成165人遇难,其中99名消防员遇难,可见此次事故的消防救援有多么艰难。因此,这次事故对消防官兵和周边群众造成的心理影响,多年难以消除。

第二节 事故灾难预防与治理

事故灾难的危险源一般存在于企业的生产、使用、经营过程中,可谓是人祸,因此大多数是可以防范的。因为我国的矿难(矿山安全事故)频发,我们以矿难为例,从日常安全管理、安全设施及投入、安全法规、安全教育等方面介绍如何预防事故灾难。

一、全面排查安全隐患

全面排查采矿企业、危险化学品企业等高危行业的企业及其各个生产车间(工矿企业的矿井)的安全隐患,包括两个方面,一是政府监管部门的定期与不定期检查,二是企业的自查。政府监管部门要注重定期检查、常态化的检查,但更应加强不定期的突击检查,突击检查可以避免安全措施流于形式。同时企业也应对自身的安全设备、安全管理措施等以及对基层班组进行定期或不定期的检查。不流于形式的安全检查是预防事故灾难的重要措施。

美国所有的煤矿每年都必须接受联邦政府四次以上的检查。英美两国都有煤矿"联邦巡视员"制度,紧急情况下,巡视员有权当场关闭煤矿。美国相关法律还规定:任何提前泄露安全检查信息的人,都可能被处以罚款和有期徒刑,这有助于增强安全检查的效果。

二、实行开工安全检查

对高危行业生产作业实行开工前安全检查制度。以矿难多发的瓦斯爆炸和透水事故为例,我们认为应形成定制,井下作业开工前,采矿企业应进行安全检查。在大多数情况下,瓦斯爆炸和透水事故是有一定征兆的,是可以预测预防的,作业前的安全检查,有助于提升事故预测预警的有效性,减少矿难事故和事故伤亡。

依据一般的经验来说,巷道壁和煤壁聚集较多水珠,煤层变冷,底板鼓起并有渗水，出现压力水流，发出嘶嘶水流声，煤发潮发暗等，是透水的前兆，也是井下作业前安全检查的重点。瓦斯爆炸一般来说需要瓦斯浓度达到爆炸的极限、足够的氧气浓度（12%）和650℃—750℃的明火源三个条件同时具备。因此，对于瓦斯爆炸事故的预防及井下作业前安全检查的重点是：装备先进的气体监测仪器，进行气体检测；通风机是否正常工作，确保井下通风；严格井下火源管理，禁止使用明火；使用安全照明灯，禁止打开矿灯、携带烟草及点火工具下井。

三、定期检修机器设备

我国安全生产监督管理部门制定了设备定期检修制度，煤矿等采矿企业应严格执行相关规定，并进行定期检修。尤其要重点检修安全设备，例如安全设备是否配备齐全，是否符合国家相关标准，是否到期，是否需要更换等。一般来说，煤矿固定设备必须实行计划检修，采、掘、运等移动设备检修按常规的制度执行。因为我国瓦斯爆炸事故多发，我们认为，采矿企业应为每位矿工配备智能便携式气体监测仪或装备遥测仪器，以便监测瓦斯等有毒有害气体，有效防范事故发生。为了防范瓦斯爆炸事故，不少国家对摩擦部件的金属表面进行处理，如溶敷一层活性小的金属（如铬），这些对设备的改良也值得我们学习和借鉴。

四、建井下紧急避难所

2010年8月5日智利发生矿难，33名矿工被困700米井下69天，最终全部得以获救。矿工得以获救，一个重要原因是，井下建有避难所或称救援室。避难所中，室温维持在32至36摄氏度，有通风口，有生命赖以维持的饮用水。美国的煤矿矿井中设有密闭救援室，里面储有四天食物、水和氧气，以备矿难中矿工避难等待营救。加拿大法律规定，矿山都要求在矿井内设置密闭"避险站"。避险站长大约45米，宽大约15米，站内能够提供氧气，备有食物和饮用水，房间里还有椅子和床。紧急避难所是矿难事故后减少伤亡、援救成功的关键。我们认为上述西方发达国家的做法有必要在我国的矿企中推广。

五、增加安全技术投入

我国非法小煤矿较多，且屡禁不止，缺乏必要的安全技术和安全设备投入。有的没有合法手续，手续不全或借用他人资质，转包分包；有的矿主为了追求更多的利润，超能力、超强度或者超定员开采，不愿多投入，缺少必要的安全设备和设施；有的不具备开采条件，为了利益强行开采；有的不具备开采能力，如瓦斯抽放系统、监控系统、通风系统不完善，有严重水患，未采取有效措施等。

随着现代科学技术的发展，我们认为矿山及高危企业应增加安全技术和安全设备投入，装备现代智能监控系统。智能视频监控系统可以实现地面监控人员直接对井下情况进行实时监控，能直观地监视和记录井下工作现场的安全生产状况，能及时发现事故苗头，防患于未然，能为事后分析事故提供第一手图像资料。可以实现全天候、不间断的连续监控，即时报警，确保监控有效。可实现摄像机组跟踪目标，报警信息传输至监控中心。因此智能视频监控系统已成为现代矿井等高危行业安全生产监控系统的重要组成部分。

六、完善安全生产法制

加强安全生产法制建设是治本性的策略，是预防安全生产事故的长效机制，是政府安全监督管理部门的重要职责。西方国家都有比较完备的矿山安全法规，例如美国煤矿安全生产的法律基础是《联邦矿业安全与健康法案》，波兰有《采矿法》，德国有《劳动保护法》，澳大利亚有《煤矿安全与健康法》。

尽管我国也制定了大量的矿山方面法规，但是存在立法滞后、执法不严，对违反矿山安全生产法律法规的行为处罚不严等问题。我们认为，为有效预防矿难事故，在完善各级矿山（尤其是煤矿）安全法规和制度基础的同时，应采用法律的形式来解决我国矿难中的一些顽疾性问题，如取缔非法小煤矿，法律规定禁止官员投资煤矿等。

七、加强安全教育培训

加强对矿工安全基础知识的教育培训。强化矿工自救、互救意识，加强矿工自救、互救技能培训，做好矿工逃生演练。我国旷工文化素质普遍不高，缺乏自救、互救意识和技能。一旦发生矿难，如果被困井下的矿工有较好的自救、互救技能，知道躲在哪里最能延长生命，生存的希望就更大。同时也要加强矿山企业高层及管理者培训，提升其安全责任意识。为此，英美两国联邦政府设有专门的培训机构负责培训工作。

2010年智利矿难中，33名矿工不仅意志顽强，而且团结协作，这也是他们被困69天得以获救的重要原因之一。33人分为三组，每组11人，分别负责避难所、斜坡和105米（海拔高度）处作业区三个地点的工作，实行三班倒制度。每个组的负责人直接向矿难发生当天的班长汇报。这是值得我国矿工学习的。

第三节 事故灾难应急处置与救援

我国是一个矿难多发的国家，我们以矿难为例，介绍事故灾难危机管理与应急救援工作。

一、全面搜救被困人员

爆炸引发的房屋垮塌或矿难，往往导致大量人员被埋压在井下或废墟中，这与地震具有一定相似性。近年来我国较为重大的矿难事故，都导致了大量工人被困井下。此时应急救援工作，应第一时间搜救被困井下的人员，确定被困人员的大致方位，以便商讨和研究解救方案。

救援人员应使用生命探测仪移动探测，全方位搜救、寻找被困人员。一般应由专业救援队伍或矿山救援人员分区域进行搜索，不留死角，以尽力营救每一个被困人员。

二、快速打通生命通道

对于长时间被困废墟和矿井下的人员，应尽一切努力打通生命通道。2010年8月5日发生在智利的矿难，33名矿工被困地下700米处长达69天，创造了人类矿难救援史上的奇迹，其中重要一点就在于，地面救援人员于8月23日用细长的管子将饮用水和营养液送达了被困矿工手里。这条补给管就是生命通道，如果没有这条补给管道，矿工将不可能维持69天的生活。我国矿难事故多为瓦斯爆炸事故，爆炸往往导致矿工被埋压于井下，因此，如何快速打通生命通道，是该类事故减少人员伤亡的关键。

三、快速有效排出积水

从我国近年来发生的重大矿难事故来看，透水突水事故较多。矿井比地表低，一般处于地下几百米，一旦发生透水突水事故，必然导致矿井被淹、矿工溺亡。如何快速有效地将矿井中的积水排出、堵截水继续向矿井涌流，是该类事故紧急救援的关键和难点。排水的时候，还应侦察险情，防止冒顶、二次水灾等，应注意排除有影响的地表水体通过裂隙、断层、塌陷区等通道涌入矿井。

四、有效避免二次事故

矿难往往不是单一的事故，而是瓦斯爆炸、透水、坍塌、中毒、火灾等多种事故一起发生。如爆炸后可能引发火灾、中毒或坍塌，火灾后可能引发爆炸，透水事故可能伴有坍塌。因此，一旦发生矿难，矿工应尽一切努力进行自救或排险，避免二次事故发生，矿井管理人员或矿工班组长，应快速疏散转移矿工到安全地带或井下紧急避难所。

五、做好现场医疗急救

在事故灾难紧急救援中，应在现场备齐各种医疗必需的急救设备和急救药品。以矿难为例，被埋地下较长时间的矿工身体各个方面都难以适应地上环境，可能存在生理液缺失的状况，为避免矿工在被营救出井口后死亡的情况出现，应将各种可能的情况考虑周全，并做好预案，在现场备齐各种必需的医疗急救物品。2010年智利矿难救援中，在矿井现场有数百名支援人员，有工程师、心理学家、营养师、实验室人员等。智利甚至为每名矿工准备了一副造价450美元的太阳镜以保护眼睛，让矿工出井时佩戴。

第四节 案例分析：重庆市开县"12·23"井喷事故应急处置与救援

一、"12·23"井喷事故概况

2003年12月23日21时55分，位于开县高桥镇晓阳村的中国石油天然气集团公司西南油气田分公司川东北气矿"罗家16H"天然气井突发井喷，来势特别猛烈，富含硫化氢的有毒气体喷涌达30米高并迅速四溢。硫化氢浓度达到100ppm以上，预计无阻流量为400万—1000万立方米/天。失控的有毒气体随空气迅速传播，导致在短时间内发生大面积灾害。离气井较近的高桥镇、麻柳乡、正坝镇、天和乡4个乡镇9.3万余人受灾；以出事地点为圆心、半径5公里范围内的30个村、10,336户、38,702人直接受灾，其中243人不幸遇难，直接经济损失9262.71万元，这是开县有史以来的最大灾难。

二、"12·23"井喷事故原因分析

据有关专家介绍，井喷现象在石油天然气开采过程中十分常见，是钻井工程中的头等灾难。钻开油气层后，如果井底压力小于地层压力，地层流体将进入井筒并推动泥浆外溢，发生溢流。若对溢流处置不当或不及时，将产生井喷，严重时井喷失控，造成火灾或含硫油气大量外泄。

重庆开县"12·23"井喷事故是一起特大责任事故。有关人员对这口高产出的气井预测不足，对高含硫高产出的水平井钻井工艺还不够成熟，现场作业人员违章违规，在起钻过程中，泥浆的循环时间严重不足，现场作业人员不按规定进行灌注，没有及时发现溢流的征兆、采取有效的措施，这些是产生井涌、井喷的直接原因。有关人员违反有关规定拆除了在钻具中安装的回压阀，也就是防井喷的装置，导致了井喷的严重失控。井喷失控以后，没有及时对放喷管线实施点火，以致大量含有高浓度硫化氢的有害气体喷出，造成了这次事故的扩大和恶化。

三、"12·23"井喷事故危机管理实录

重庆开县高桥镇"12·23"井喷事故危机管理与救援备忘录：

● 12月23日21时55分，地处重庆市开县高桥镇小阳村境内的中石油西南油气田分公司川东北气矿罗家16H井起钻时，突然发生井喷，来势特别猛烈，富含硫化氢的气体从钻具水眼喷涌达30米高程，硫化氢浓度达到100ppm以上，失控的有毒气体随空气迅速传播，导致在短时间内发生大面积灾害。

● 12月23日23时左右，重庆市人民政府值班室接到市安监局关于川东北矿区发生井喷的报告，并于23时30分通知开县人民政府。开县县委、县政府高度重视，迅速反应，立即通知高桥镇党委政府，以最快的速度组织群众向安全地带疏散转移，并电告附近的正坝镇、麻柳乡，从人力、车辆方面进行支援。

图6-1 重庆市开县"12·23"井喷事故现场

(资料来源:新浪网新闻中心)

● 12月24日凌晨2时10分,县政府领导率领的包括公安民警、消防官兵、医务人员、抢险队员在内的50余人先遣队伍赶赴事故现场,与先期到达正组织疏散群众的高桥镇和周边乡镇的机关干部会合。当时,大量喷出的硫化氢气体正随风弥漫,刺鼻气味十分浓烈。先遣队迅速聚合人力,制订方案,调集和征用各种车辆,指挥场镇和钻井场周围的群众向3公里以外的齐力工作站、高升煤矿等安全地带疏散转移。由于23日事故发生时正值深夜,灾区交通通信不便,虽经多种努力,仍难保证灾区群众全部得到转移。在井喷未得到控制时,现场有毒气体浓度太高,无法组织力量进入现场施救。

图6-2 两名儿童眼睛被有毒气体伤害

(资料来源:新华网)

- 12月24日下午，重庆市时任副市长吴家农率10多个部门赶到开县，并担任"'12·23'天然气井喷事故抢险指挥部"指挥长。
- 12月24日15时，发生井喷的主管道成功封堵，16时防喷管线实施点火，硫化氢气体不再发生扩散，空气中硫化氢气体浓度逐渐降低。
- 12月24日晚，抢险指挥部立即研究进入灾区进行搜救，安排警力460名，消防车4辆，防毒面具100套，组成20个搜救组，展开搜救行动。
- 12月24日22时，从现场撤出的人员中，发现65人中毒，其中8人经抢救无效死亡，其余57人得到全力抢救。
- 12月25日凌晨，一名婴儿在前往医院途中死亡，死亡人数增至9人。
- 12月25日早晨6时，公安部门落实进入高桥镇小阳村、高旺村两个重灾区开展搜救工作的线路及程序。上午10时20个组携带石油部门提供的硫化氢探测器进入小阳村、高旺村。
- 12月25日，胡锦涛、温家宝、黄菊等同志作出重要批示，要求地方和有关部门全力搜救中毒和遇难人员，防止有毒气体继续扩散，尽量减少伤亡，组织疏散周围群众，安排好群众生活，做好善后工作。同时决定派出以时任国务委员兼国务院秘书长华建敏为组长的工作组赶赴现场，组织抢险救灾。工作组当天下午乘机赶赴现场。
- 12月25日，重庆市时任市委书记黄镇东、市长王鸿举赶赴开县。

图 6-3　重庆市时任市长在现场办公

（资料来源：新华网）

- 12月25日13时30分，发现尸体62具，累计死亡人数达到71人。下午，继续搜寻。截止到14时35分，新发现尸体39具，累计死亡人数达110人。截止到17

时 05 分，新发现尸体 54 具，累计死亡人数达 164 人，救出中毒群众 39 人。

● 12 月 25 日 18 时，进入重灾区小阳村、高旺村两个村进行逐户搜救的 20 个小组全部返回，新发现尸体 27 具，伤员 55 人。至此，累计死亡人数达 191 人，救出中毒者 159 人，其中危重 4 人。

● 12 月 25 日晚 19 时 10 分左右，国家安全生产监督管理局组成的调查组抵达重庆开县，顾不上食宿，立即奔赴事故现场，展开调查。

● 12 月 25 日晚，卫生部新闻发言人紧急约见新华社记者，对重庆川东北气矿天然气井喷事故造成大量人员伤亡表示密切关注。卫生部新闻发言人表示，卫生部时任副部长黄洁夫已赶赴出事地点。由于现场出现大量硫化氢气体，并导致中毒事件，卫生部随时准备派出专家组指导当地救灾及抢救治疗工作。

● 12 月 26 日凌晨 1 时 15 分，时任国务委员、国务院秘书长华建敏，受党中央、国务院委托，率国务院有关部门组成的工作组到达重庆市开县。国务院工作组抵达开县后立即召开会议，传达了胡锦涛总书记、温家宝总理对井喷事故抢险救灾工作的重要指示，代表党中央、国务院对重庆市开县受灾群众和参加抢险救灾的广大公安干警、武警官兵、医务人员以及基层干部群众表示慰问。随后，华建敏听取了重庆市委、市政府及有关单位关于"12·23"天然气井喷事故抢险救灾工作的汇报。

根据党中央、国务院领导同志的指示精神，华建敏对下一步抢险救灾工作作出了部署。华建敏要求，要尽最大努力抢救中毒人员，从清晨开始，立即组成由公安、消防、武警、解放军官兵参加的 80 个搜寻小组，在毒气扩散严重的区域进一步展开拉网式的搜寻抢救，尽最大努力救治伤员。要继续做好受灾群众的疏散转移工作，妥善安置好受灾群众的生活，保证他们有饭吃、有水喝。要维护好治安秩序，切实保持社会稳定。

华建敏强调，在抢险救灾中，各级党组织、党员干部要以对人民高度负责的精神，尽力抢救受伤群众，搜寻遇难者；要充分发挥各级党组织的政治优势和组织优势，越是有困难、有危险，党员干部越要冲锋在前；要加强组织协调工作，顾全大局，统一行动，确保抢险救灾工作紧张有序地进行。

● 12 月 26 日，国务院工作组与重庆市和中国石油天然气集团公司协商后决定，把川东北天然气矿罗家 16H 井井喷事故压井方案的实施时间从 26 日上午推迟到 27 日上午 10 时，便于进一步搜救中毒人员。

● 12 月 26 日早晨，80 个搜救小组开始新一轮拉网式搜救。新华社记者随同搜救队员穿越井喷中心区。记者看到：事故现场的抢险工作正紧张有序地进行。现场附近行路较为困难，消防、救护、运送救灾物资的各种车辆密集，各种人员各司其职。

- 12月26日上午,华建敏一行慰问受灾群众,检查各项施救、善后工作。
- 12月26日上午11时45分,驻渝某集团军防化兵营赶至事故现场。
- 12月26日15点45分,华建敏一行奔赴川东北气矿井喷事故现场,查看井口及周边情况。距离井口只有50米左右时,记者感到了巨大的热浪,浓烟在人们头顶升腾,燃气燃烧时发出巨大的噼啪声。事故现场附近有救护车、物资车等各种各样的车辆。
- 12月29日上午,开县召集县属有关部门部署"12·23"事故灾民安抚善后工作。会议要求,灾民返乡工作必须在12月30日前完成;理赔和抚恤工作锁定在灾民返乡后的一周之内,在2004年1月8日以前完成。开县时任县委书记余明哲介绍说,灾民安抚善后工作一定要明确任务,锁定时间,倒计时作业。要围绕一个前提、两个重点开展工作。一个前提是把灾民安全送回家;两个重点,即理赔和抚恤。
- 12月31日下午,居民已恢复正常生活,商店正常营业。据开县有关工作人员介绍,开县救灾工作的重点已转移到高桥镇。除死难者家属和住院治疗的伤者外,所有灾民都已返家。重庆市时任副市长、川东北气矿井喷事故抢险指挥部指挥长吴家农和开县时任县委书记余明哲及重庆开县有关人员进入高桥镇看望灾民,指挥灾后正常工作和生活秩序的恢复。大批救灾食品也在源源不断地运往高桥镇。
- 2004年1月2日国务院事故调查组宣布"12·23"井喷是一起特大责任事故后,重庆市公安机关当日正式立案侦查,从市公安局刑警总队、法制处、二处、开县公安局抽调40余名精干民警展开侦查工作。专案组根据国务院专家组提出的认定意见和解释,围绕产生溢流到井喷、导致井喷失控以及造成重大损失的三个直接原因,对全案进行了分析研究。将四川石油管理局钻采工艺研究院定向井中心工程师王建东、川东石油钻探公司二分公司12队技术员宋涛、川东石油钻探公司钻井12队副司钻向一明、川东石油钻探公司钻井12队队长吴斌、川东石油钻探公司副经理吴华、罗家16H井录井房工作人员肖先素(女)等人列为此案的重点侦查对象。并对事发当日当班的井队工人、钻采院工作人员、录井队工作人员和与此相关的各单位领导管理人员进行了调查访问,全面收集和固定相关证据。在十余天时间里,专案民警兵分数路对整个现场的概貌、发生事故的中心现场和关键部位的细目进行了照相、摄像,制作了规范的现场勘查笔录,并对涉及井喷事故的重要物证进行了就地封存。同时进行了详细的分析、筛选,调查走访260余人,形成笔录100余份。
- 截至2004年1月4日22时,井喷事故死亡人数已经升至243人。同时,事故死难赔偿工作有序进行,死难者遗体认领火化工作也在同步开展。部分中毒危重病人经抢救无效死亡是死亡人数增加的主要原因。这些病人大多因为中毒过重,导致器官最终衰竭而亡。到 1 月 4 日，事故受伤人员中尚有 396 人正在住院接受治疗，其中危重病人还有 27 人。中石油公司方面正在积极组织展开事故赔偿及各项善后工作。负责现场赔偿工作的开县时任副县长陈彩范告诉记者，到 1 月 4 日下午，死难者遗体的认领工作基本结束。与此同时，事故死难赔偿工作也正有序进行，一些死难者家属已经签订了赔偿协议，并得到相应赔付。另据了解，来自社会各界的募捐正源源不断地到达重庆开县灾区，灾民生产生活逐步恢复正常，灾区的学校也全部恢复正常教学。截至 1 月 4 日，开县灾区已经收到 1100 多万元人民币的捐赠。

● 2004 年 1 月 6 日上午，中石油川东钻探公司"12·23"特大井喷事故遇难者理赔工作全面展开，共有 190 户遇难家属得到理赔，赔偿金额共计 3000 万元。重庆开县农业银行为"12·23"特大井喷事故赔偿工作所设立的专门工作区，由律师、公证人员和政府机关干部共同组成的工作组随时受理遇难者家属的理赔。这次事故中遇难者补偿标准为：七十岁以下补偿二十年，七十岁以上的每增加一岁减少一年，但补偿年限最低不少于十年。每人每年补偿七千二百三十八元。此外，当地政府还对灾民损失的牛、马、猪、羊、鸡等财产设立了高于当地市场价的补偿标准。目前进行的主要是对遇难者的理赔，对其他损失财产的赔偿工作预计将于 1 月 7 日展开。

● 2004 年 1 月 7 日，重庆市公安机关以涉嫌重大责任事故罪，对吴斌等 5 人采取刑事拘留或监视居住的强制措施。重庆市检察院及其第二分院、开县检察院组成的 11 人联合办案组已适时介入此案。经过初步侦查，重庆市公安机关以涉嫌重大责任事故罪，对四川省石油管理局钻采工艺研究院工程师、开县高桥镇 16H 井现场负责人王建东，川东钻探公司钻井二公司 12 队技术员宋涛等 2 人采取刑事拘留的强制措施；对川东钻探公司钻井二公司 12 队队长吴斌、副司站向一明，川东石油钻探公司分管安全生产的副经理吴华等 3 人采取监视居住的强制措施。

● 2004 年 1 月 8 日，川东北"12·23"特大井喷事故遇难者善后赔偿工作基本结束。截至 1 月 8 日，已签订赔偿协议 241 份（未包括两名遇难石油职工），除因个别亲属不在当地外，已支付赔偿金 218 份，累计支付赔偿金 3300 多万元。开县救灾指挥部为做好遇难者亲属工作，先后组织 102 个所属部门开展"一帮一"活动，每个单位对一至二名遇难者的亲属进行帮助，解决他们的生活困难，对他们进行心理安抚，给他们提供法律咨询等，这对赔偿工作产生了积极的影响。另外，灾民财产损失赔偿进展顺利，截至 1 月 8 日下午 5 时，应兑付的 30 个村中，已有 25 个村开展兑付工作，完成 17 个村、2427 户灾民的财产损失兑付。

● 2004 年 1 月 16 日，重庆市公安局宣布，经过继续侦查和对责任事故原因的分析调查，15 日，专案组依据相关法律对"12·23"井喷特大责任事故负有直接责任的吴华、吴斌、肖先素等3名犯罪嫌疑人执行逮捕。此前,中石油川东钻探公司王建东等3名犯罪嫌疑人已被逮捕。

四、"12·23"井喷事故的政府危机应对

(一)各级领导迅速批示

灾难消息紧急上报中央以后,胡锦涛、温家宝、黄菊同志分别在呈送的急件上作出批示,要求地方和有关部门全力搜救中毒和遇难人员,防止有毒气体继续扩散,尽量减少伤亡,组织疏散周围群众,安排好群众生活,做好善后工作。同时决定派出以时任国务委员兼国务院秘书长华建敏为组长的工作组赶赴现场,指导救灾。华建敏一行以最快的速度奔赴开县。在重庆市时任领导同志陪同下乘车直抵开县。此时正值凌晨1点,寒气袭人。华建敏立即召开会议并果断部署:当前最重要的事情是继续搜救中毒人员。他要求各级党组织发挥政治优势和组织优势,越是有困难、有危险,党员干部越要冲锋在前,尽最大努力救死扶伤。

重庆市时任市委书记黄镇东、市长王鸿举接报后立即批示:尽力配合协助石油部门解决毒气泄溢问题;时值严冬,对疏散出来的群众要妥善解决住宿问题;处理好其他善后和群众稳定工作。市委发出通知部署救灾工作,并委派时任市委常委、市委秘书长何事忠,副市长吴家农率市级相关部门负责人赶赴开县组成指挥部现场指挥。时任市委书记黄镇东、市长王鸿举、副书记姜异康赶到开县,亲临第一线指挥,提出一定按照国务院工作组对下一步救灾工作的要求,妥善安置好受灾群众,让大家能够早日重返家园,过好元旦春节,同时积极配合事故原因的调查工作。

(二)成立事故应急指挥部

得知事故发生,开县县委、县政府立即召开紧急会议,决定设立一线指挥部,下设交通控制、后勤保障、医疗救护、片区抢险等5个组,分别由县级领导担任组长。

2003年12月24日凌晨2时左右,开县时任副县长王端平带领安全、公安、卫生等部门的负责人和消防、医务人员到达高桥镇,听取了四川石油管理局钻井公司人员和高桥镇党政领导的简要汇报,组成了现场指挥部。

24日10时30分左右,四川石油管理局钻探公司救援队伍抵达现场,在齐力重新成立了指挥部,由井队分工负责现场搜救和技术工作,地方政府分工负责安置转移群众,保证灾民生活和中毒人员救治,保持社会秩序稳定。

24日12时，重庆市主要领导得知事故灾情继续扩大，现场已有2万余名群众转移的情况，立即委派吴家农副市长带领有关部门负责同志和矿山救护队，携带空气呼吸器、医疗药品等抢险救灾物资赶往事故现场。

24日15时55分，16H井放喷管线点火成功，至此高含硫化氢天然气持续喷出了18个小时。

24日21时左右，重庆市吴家农副市长带领救援队伍和抢险救灾物资赶到开县天和乡（当时警戒线位置），成立了"中石油川东钻探公司'12·23'特大井喷事故重庆市抢险救灾指挥部"。

25日下午，时任市委书记黄镇东、市长王鸿举赶到事故现场指挥抢险救灾。

26日，指挥部决定全面认真清理现场：在井口5公里处设立警戒线，出动2100多人，组成82个搜救组，对井口5公里半径内的近80平方公里地区实施逐户搜救，将900多名仍滞留危险区的群众撤离至安全地带。

（三）动员社会积极帮扶

一方有难，八方支援。"12·23"井喷事故牵动了全国人民的心，国内外有856个单位和4.2万名个人向开县灾区捐赠。捐物价值334.7万元，其中，衣裤109,144件，价值64.2万元；棉被20,712床，价值111.2万元；方便食品4973件，价值7.5万元；矿泉水3959件，价值5.9万元；大米40吨，价值6.4万元；面条13.25吨，价值2.7万元；其他物资（包括稻谷、水果、粮油种子、猪、兔、兽药、洁手晶露等）折合现金价值136.8万元。现金2398.3万元，其中民政部门接收2168.3万元（县内209.3万元，县外1959.0万元）；红十字会接收捐赠230万元。

同时，法国、俄罗斯、日本、韩国、朝鲜、古巴、乌兹别克斯坦、缅甸、德国、越南等10多个国家的元首、政府首脑向我国领导人发来慰问电，对事故遇难者表示深切哀悼。在开县，共收到国内外慰问信140多件。

五、"12·23"井喷事故现场应急处置与救援

（一）紧急转移灾民

2003年12月23日2时52分，现场作业人员在仅进行了35分钟泥浆循环（应该循环90分钟）的情况下，就开始起钻作业。

23日12时，因机械故障停止起钻操作，用了4个多小时进行检修。在16时20

分检修结束后，没有下钻进行泥浆充分循环即继续起钻作业。

23日21时55分，录井员发现泥浆溢流，向司钻报告发生井涌，司钻发出井喷警报，井队采取多种措施未能控制局面。至22时4分左右，井喷完全失控，高含硫化氢天然气大量逸出。

23日23时左右，高桥镇政府听到晓阳村方向传来类似群众燃放爆竹和洪水声响，镇党政领导派人前去查看。同时电话询问晓阳村情况得知井场出了事故。镇里随即通知群众转移。

23日23时20分左右，开县安全生产监督管理局电话询问高桥镇得知在晓阳村一组的气井发生事故。5分钟后，开县安全生产监督管理局再次来电，通知高桥镇组织疏散群众。高桥镇党政领导分工负责组织转移当地中学800多名住校学生和高桥镇居民；同时要求镇机关全体干部利用电话和手机拨打井场附近各村能打通的号码，通知人员撤离。

23日23时45分左右，高桥镇接到县政府办公室电话：高桥井队发生井喷，副县长已率领有关部门人员前往现场，要求镇政府组织疏散群众。

24日凌晨2时，约有1万人到达距离井口2公里的齐力。

24日3时50分左右，硫化氢气体扩散到齐力，指挥部调集车辆，组织所有群众再向距离井口5公里外的高升煤矿转移，并将集体行动的800多名学生先行转移到天和乡。

24日8时左右，指挥部对距井口7公里左右的麻柳乡下达准备转移命令。当时，以井口为中心半径5公里范围内重点涉及28个村，人数约3.1万人，正坝方向转移到敦好约1.4万人，齐力方向转移到高升煤矿约1.3万人，另有部分群众转移到四川省宣汉县，麻柳乡转移人员待命。

24日13时左右，监测报告齐力硫化氢浓度升高到危险程度，指挥部后撤到高升煤矿，并决定组织群众由高升煤矿向天和乡转移。

24日15时55分左右，16H井放喷管线点火成功。截至点火成功，除到四川省宣汉县方向的人数无法统计外，转移群众约33,100人。

27日11时，截至压井成功，在事故中撤离灾区的群众总计65,632人。

（二）控制毒气扩散

井喷产生大量的硫化氢气体，硫化氢为无色气体，有臭鸡蛋味，经黏膜吸收快，对动物有极大杀伤力。人吸入70—150毫克，1—2小时后出现呼吸道及眼刺激症状；吸入760—1000毫克数秒钟后，出现急性中毒症状，呼吸加快，最后因呼吸道麻痹而死。这次井喷相当于投放了巨量的化学武器，随着该气体的迅速四溢，死神的阴影笼罩着大地。灾难来得突然，让人措手不及，如果不及时采取措施，死亡面将迅速扩大。

24日13时，指挥部和钻井抢险队经过数小时的周密筹划、艰苦作战，果断采取措施，对主管道进行了封堵，成功地对防喷管线实施了点火，有毒的硫化氢气体不再扩散，事态得到初步控制。

（三）搜救中毒人员

根据中央领导的指示，把人民群众的生命放在第一位，按照工作组的安排部署，为实施压井做好准备，最大限度地避免群众伤亡。24日12时，重庆市主要领导得知事故灾情继续扩大，现场已有2万余名群众转移的情况，立即委派吴家农副市长带领有关部门负责同志和矿山救护队，携带空气呼吸器、医疗药品等抢险救灾物资赶往事故现场。26日上午9时30分，市县共出动搜救人员2000人，组成80余个搜救组，对以井口为中心的5公里范围内逐户实施拉网式搜救。截至26日21时，又搜救出900多名群众，为27日开始实施的压井工作打下了良好的基础。

（四）及时救护伤员

接到县政府的命令后，开县卫生局立即启动应急机制，迅速成立了临时指挥部，组织医疗队赶赴事故现场开展抢险救灾和医疗救治工作。在重庆市卫生局和有关专家的支援、指导、帮助下，先后设立18个临时医疗救治站，10个巡回诊疗组，抽调1600名医护骨干，全力投入医疗救治工作。医疗卫生人员顶着刺鼻的毒气，冒着生命危险，深入事故核心区抢救中毒灾民。共救治灾民26,272人，收治住院2142人。"12·23"井喷事故发生后，疾病控制和卫生监督人员也积极行动，奔赴灾区，对灾民集中安置点进行消毒和卫生监督，确保了灾民点无疫病流行和食物、饮水中毒事件发生。

（五）安置救助灾民

转移到县内的群众中，到政府安置点的38,923人，分别安置在政府机关会议室、党校、学校等15个安置点。为积极妥善地安排好灾民的吃饭住宿等基本生活问题，确保他们"有饭吃、有水喝、有地方住、不挨冻、不受饿"，累计供应大米192吨、稻谷16.5吨、面条45.45吨、菜油30.5吨、方便食品66,261件、矿泉水7589件、单份食品39,200份、榨菜202件、水果654件、衣服85,363件、棉被35,282床、帐篷30个、钢丝床180台、雨伞12,000把、学生衣服460套，调运柴油620吨。

（六）成功实施压井

在发生井喷之后，一个重要的抢险措施就是压井，也就是通过往井里灌注泥浆，抵消地下的压力，把向外喷的油气给顶回去。这是控制井喷过程中最关键也是最危险的环节，必须掌握适当的节奏，如果灌注泥浆速度太慢、压力太小就不起作用，而速度太快、压力太大又会出现压下一块喷出另一块的情况。灌注泥浆之后再跟进的是快干水泥，迅速凝固以最终控制井喷。12月27日11时，经过一番紧张鏖战，度过了惊心动魄的10分钟，几十车泥浆堵住了疯狂的喷气口。"压井成功！"人们迸发出热烈的欢呼。井喷成功得到了控制。

六、"12·23"井喷事故善后工作

（一）组织灾民有序返乡

12月27日11时，施工抢险人员对罗家16H井的两条放喷管线实施截堵，"压井"获得成功。环保人员立即开始监测重庆开县灾区的水环境和大气环境，他们用自动监测车在高桥镇离事故矿井200米处设了一个固定监测点。另有7个监测组沿着东南西北四个方向采用合围方式流动采样监测。检测结果表明，事故井实施压井后，核心区内大气、地表水的环境质量整体已经达到安全值，群众返乡工作可以进行。28日上午8时，在确保灾区环境万无一失的情况下，县委、县政府采取有力措施，按照"不伤一人、不掉一人、不亡一人"的大返乡目标，组织了125辆车、600多人护送6万多名灾民有序地返回家园。

（二）事故赔偿及善后

灾民返家后，整个抢险救灾工作的重心从抢险转移到稳定灾民情绪、组织群众恢复生产、对遇难群众的理赔等善后工作上。市委办公厅、市政府办公厅为此专门下发了《关于做好中石油川东北气矿特大井喷事故善后工作的意见》，开县县委、县政府针对实际情况制定了落实市委、市政府文件精神的具体贯彻意见。截至2004年1月10日，243具遇难者遗体全部火化完毕，赔偿协议和公证协议基本签订完毕，赔付资金3624万元。按照工作组干部、驻村干部、村社干部、银行人员和公安干警"五到场"的办法，采取"一步到位、分户兑现、上门赔付"的方式，开展财物理赔工作。

27日压井成功后。实施"48小时内完成灾区的卫生学处理"方案，13个流调消

毒小组、6个检测采样组、2个后勤保障组奔赴灾区，开展紧张的流调消毒和对事故现场周围有毒有害气体的监测工作。消毒面积62.25万平方米，清理并指导焚烧、深埋畜禽尸体6899头（只）。各小组于1月1日再次进行地毯式消毒，同时向灾民家中发放健康知识宣传单5000余份，确保灾民返乡后的生活安全、身体健康。

（三）事故责任处理

鉴于这起事故人员伤亡和损失惨重，造成重大社会影响，国务院决定给予中石油集团分管质量安全工作的副总经理任传俊行政记大过处分，同意接受马富才辞去中石油集团总经理职务的请求。对事故负有直接责任或主要责任的川东钻探公司副经理吴华等6人移交司法机关处理，并待司法机关做出处理后，由相关单位给予相应的党纪、行政处分；同意给予对事故负有主要责任或重要责任的四川石油管理局局长陈应权等28人相应的党纪、行政处分。

本章课程思政设计

课程思政目标：掌握事故灾难危机管理与应急救援的策略，事故灾难应急处置与救援的要求。

课程思政案例与阅读材料：矿难救援奇迹

中国矿难救援奇迹：王家岭矿难救援

2010年3月28日13时40分，山西省吕梁山最南端的乡宁县与河津市交界的王家岭煤矿，发生严重的透水事故，导致153名矿工被困井下。

事故发生后，党和国家领导人以及相关部门高度重视，立即组织救援队伍进行紧急救援。本着"不抛弃、不放弃"的原则，只要有一线生的希望就要尽百分之百的努力。据初步统计，截至2010年4月7日中午，首批救援队员工作的时间超过240小时，其劳动强度超出平时的3倍，抽水17万余方。3000多人直接参加抢险救援，数万人外围提供支持，十几个国有大型企业、十几个山西厅局有序参与救援。

不惜一切代价，永不放弃，调集全国精兵强将，以及最先进的救援设备，集中力量救援，科学救援。在矿井内环境情况稍有好转后，4月3日下午1点10分，救援先遣小组下井开始搜寻被困人员，经过三十多个小时的搜索，到4月4日晚上10点，救援队正式下井展开救援。5日凌晨0点35分，第一名被困工人成功升井，到5日下午5点，总计115名矿工安全升井，成功获救，创造了中国乃至世界矿山救援史上的奇迹。

最终，经过十多个昼夜的不懈努力，被困9天8夜，近190个小时之后，井下被困的115名矿工被成功救出，随后被安排转入太原的三家大型综合医院进行全面检查及精心救治。遗憾的是，另外有38名矿工不幸遇难。

智利创造人类矿难救援史上的奇迹

2010年8月5日，智利北部沙漠的圣何塞铜矿发生塌方事件，有33名矿工被困在地下近700米深的矿井里。当天，地面救援人员开始挖掘救生井。

8月22日，矿难后的第17天，搜救方得到矿井下的一张纸条，上面的信息显示33人全部幸存。纸条被拴在深入地下调查的探杆上。几天后，救援人员与被困矿工进行了通话，通过打通的管道为他们带去了食物与水。

由于矿井复杂，救援队多个钻井一起钻探，却没能打到地下的安全区，第一次偏离了，白白打了十多天。经过两个多月的艰苦奋战，钻井的救生舱到了矿洞。终于在10月13日，当地时间0点10分，被困矿工们开始穿越622米的地下救生隧道，得以重见天日。在长达69天的等待后，33名矿工全部获救，创造了人类矿难救援史上的奇迹——矿难最长生还时间世界纪录，这些矿工成为迄今为止全世界矿难中井下生存时间最长的人。

智利矿难能创造救援奇迹，得益于以下几个因素：一是井下建有避难所，二是最先进的高科技救援设备，救援现场有数百名支援人员，从工程师、心理学家到营养师、实验室人员。三是政府穷尽了一切办法，请求世界各国支持，世界各地的25家顶尖采矿公司，投入了人力与设备，其中包括中国制造的400吨起重机。美国宇航局派出了4人专家组，根据他们应对宇航员在太空舱里面的饮食及身心状况的方法，来协助矿工渡过难关，等等。政府采取了科学、务实、准备充分、恰当的救援措施。四是被困矿工团结互助，努力自救，其中一名叫培尼亚的矿工每天井下跑10公里。

思考题

1. 阅读材料中的两个案例都是比较成功的事故灾难救援案例，请你阅读这两次矿难救援的相关资料，说说这两次救援运用了哪些应急救援和危机管理策略？

2. 说说这两次矿难救援，体现了哪些公共危机管理的原则？（提示：生命至上、人民至上、及时救援、积极自救、科学救援、集中力量救援等）同时思考一下如何将这些原则贯彻到未来的实际工作中去？

第七章
突发公共卫生事件危机管理

☞ **本章主要内容**

从 2003 年非典危机到 2009 年 H1N1 甲型流感，从 2015 年韩国中东呼吸综合征疫情到 2018 年以来的非洲猪瘟疫情，从 2014 年及 2019 年非洲埃博拉疫情到 2019—2020 年美国的流感和至今在全球肆虐的新冠肺炎疫情，近年来，突发公共卫生事件频繁爆发，成为世界各国共同面对的公共危机。本章以近年爆发的非典危机、新冠肺炎疫情等为主，介绍突发公共卫生事件的内涵与特征，突发公共卫生事件应急处置与救援等相关知识。

第一节 突发公共卫生事件概述

一、突发公共卫生事件

根据国务院发布的《突发公共卫生事件应急条例》，突发公共卫生事件，是指突然发生，造成或者可能造成社会公众健康严重损害的重大传染病疫情、群体性不明原因疾病、重大食物和职业中毒以及其他严重影响公众健康的事件。从这一界定，可以看出突发公共卫生事件主要包括四类，即传染病疫情、不明原因的疾病、食物与职业中毒、其他影响公众健康事件，新冠病毒肺炎疫情属于第一类，是典型的突发公共卫生事件。

近年来发生的传染病疫情主要包括新冠疫情、非典、禽流感、超级细菌、甲型

H1N1流感、韩国中东呼吸综合征疫情、非洲埃博拉疫情、2020年甘肃兰州布病（布鲁氏菌病）事件、2018年以来的非洲猪瘟（动物疫情），等等。食物与职业中毒主要包括食物中毒、食源性疾病、食品污染等。

其他影响公众健康事件，主要指食品药品安全事件，即因为食品或药品等质量问题对公众健康造成影响，近年来发生多起这类事件，如2008年三鹿奶粉事件、2020年湖南大头娃娃（由于婴儿食用劣质奶粉等而造成的病症）事件、2003年阜阳劣质奶粉事件、2011年双汇瘦肉精事件、地沟油事件、镉大米事件、2017年长生生物疫苗事件、2016年山东疫苗事件，等等。

二、突发公共卫生事件的特征

（一）引发原因复杂

突发公共卫生事件发生后，人们往往短期内难以查明致病或引发疫情的原因。无论是非典、非洲猪瘟疫情、流感，还是当下的新冠病毒肺炎疫情，都难以快速或至今仍未研究清楚引发的原因。目前，新型冠状病毒到底来自穿山甲、蝙蝠还是其他原因，也没有明确的结论。

（二）传播速度极快

突发公共卫生事件往往发展、传播速度极快。非典在我国快速传播，H1N1甲型流感也以极快的速度蔓延到世界各大洲。人类历史上最大的一次鼠疫甚至在短时间内导致了近1亿人死亡，其传播速度之快，难以想象。就新冠肺炎来说，2010年1月10日武汉正式将此前"不明病毒肺炎患者"确诊为"新型冠状病毒病例"，到1月30日西藏自治区卫健委公布新型冠状病毒感染肺炎病例，新冠肺炎用了20天时间传播蔓延到中国全境，其传播速度比非典更快，抗击新冠肺炎疫情也被称为新中国成立以来前所未有的"非常战役"。

（三）传播路径不明

对于突发公共卫生事件中的传染病疫情和群体性不明原因疾病，其传播路径并不十分清楚，尤其是事件发生初期。如新冠肺炎疫情，在暴发初期因为不知道人传人，而致使很多医护人员感染。了解其人传人后，是接触传播、飞沫传播，还是血液传播，人们一时不清楚。而后，有媒体报道新冠病毒可通过气溶胶传播。而切断传播路径是控制传染病疫情的关键,这就给防控带来了难度。

（四）发展难以预测

突发公共卫生事件何时何地发生,以何种方式发生,新冠肺炎疫情为何在冬春之交暴发于武汉市都难以预测。同时,这种疫情发生后,因为各种原因,其发展趋势也难以评估,加之春节人流大,春节后的返工、复工,使疫情可能反复,难以预测,增加管控难度。

（五）产生连锁反应

突发公共卫生事件具有蝴蝶效应,容易产生连锁反应。这次新冠肺炎疫情暴发后,各级政府在党中央国务院领导下,及时采取"封城"、隔离、中断铁路民航、禁止聚集等有效措施。长此以往,势必导致国民经济处于瘫痪停滞状态,影响交通运输、旅游餐饮、出口外贸、消费等各行各业的发展。据统计,到2020年2月18日为期40天的春运结束,全国铁路、道路、水路、民航累计发送旅客14.76亿人次,较上一年同期的29.8亿人次相比下降50.3%。这势必会直接影响交通、旅游、航空、餐饮等行业。

（六）防控难度极大

突发公共卫生事件一旦蔓延传播开,在缺乏有效治疗药物的情况,可能导致失控,后果将不堪设想。这次新冠肺炎疫情暴发后,如果不是及时采取强有力的管控措施以及我国制度优势体现出来的强大动员能力,其结果恐怕也不容乐观。从新冠疫情后来在全世界的情况来看,在日本、韩国以及欧美发达国家,几乎疫情都失控了,仅有中国能及时有效地扑灭局部暴发的零星疫情。

（七）导致大量病亡

突发公共卫生事件往往致病性强、致死率高,导致大量伤亡。公元6世纪的鼠疫,死亡将近1亿人。非典一度在全球各地快速扩散,超过8000人染病,超过900人死亡。截止到2021年7月31日,全球新冠肺炎疫情累计确诊病例超1.97亿例,累计死亡超过420万人。同时,突发公共卫生事件引发的疾病治愈难度也较大,就新冠肺炎而言,目前国家卫健委已经出台了《新型冠状病毒肺炎诊疗方案（试行第八版）》,各国科研机构和研究团队多路径研究新型冠状病毒,尽管疫苗以较快的速度研制出来了,但疫苗的保护作用也难以达到100%,现在也没有特别有效治疗新冠的药物。

(八)导致社会恐慌

突发公共事件往往导致社会恐慌,这也是世界各国重视突发卫生事件应急管理的一个重要原因。非典危机期间,一度引发了社会抢购风潮,社会恐慌,谣言四起,认为世界末日即将到来。H1N1甲型流感暴发初期,也引发社会恐慌。突发公共卫生事件发生后,不法分子利用现代通信设备,发布谣言和不实信息,在不明真相的人们之间传播,使问题更加复杂化。新冠肺炎疫情暴发后,同样出现多起谣言,各地物价上涨,口罩等防护物资被抢购一空。

表7-1 部分突发公共卫生事件一览表

突发公共事件	发生时间	波及范围	伤亡情况
第一次鼠疫（黑死病）	公元6世纪	地中海地区及欧洲	死亡近1亿人
非典	2002年—2003年	全球	超过8000人染病,超过900人死亡
H1N1甲型流感	2009年	世界各大洲的170多个国家和地区	感染人数超过209,438例,已造成2000多人死亡
韩国中东呼吸综合征疫情	2015年	韩国	100多人感染,30多人死亡
非洲埃博拉疫情	2014年及2019年	西非;刚果民主共和国等地	至2014年12月17日,世界卫生组织（WHO）发表数据显示埃博拉出血热疫情肆虐的利比里亚、塞拉利昂和几内亚等西非三国的感染病例（包括疑似病例）已达19,031人,其中死亡人数达到7373人; 至2019年8月21日,刚果（金）已累计报告埃博拉确诊和可能病例2934例,其中死亡病例1965例
美国流感病毒	2019年—2020年	美国多地	美国疾病控制与预防中心（CDC）数据显示,2019年秋至2020年2月,已有2600万美国人感染流感病毒,25万人住院,1.4万人死亡
新冠肺炎疫情	2019年—2021年	全球	全球累计感染197,505,580人,死亡4,212,116人（截至2021年7月31日）

（资料来源：作者整理）

第二节 突发公共卫生事件医学管理措施

无论是传染病、疾病、中毒,还是其他影响公众健康事件,都会损害公众健康,甚至对公众生命造成威胁,因此,突发公共卫生事件发生后,急需对受到影响的公众进行紧急医疗救治，这更多的是医学和药学的专业知识，在此不做论述。

本节主要以新冠肺炎疫情等传染病疫情为例，介绍一下突发公共卫生事件中主要采取的一些医学管理措施。

一、隔离治疗

从非典、禽流感、新冠疫情等防控经验来看，对确诊患者进行医学隔离治疗，同时对疑似病例、密切接触者也进行隔离观察，是防止类似传染病快速传播，切断传播路径的有效措施。2020年武汉防控新冠疫情期间，快速修建雷神山、火神山医院和方舱医院，都是为了快速达到隔离治疗的目的。尽管隔离措施会限制被隔离者的部分自由，但就社会公共利益而言，隔离仍是非常必要的措施。

二、隔离观察

因为病毒有较长的潜伏期，对密切接触者、次密切接触者进行集中隔离或居家隔离观察，是疫情防控的重要措施。新冠疫情期间，各地都建立了定点隔离观察点。在后期新冠疫情防控中，工作重点转为外防输入、内防扩散，多地实行了14+7+7隔离政策，即对入境的人员首先进行14天的集中隔离观察，没有异常的话，再进行7天居家隔离观察和7天社区健康检查监测。

三、完善诊疗方案

随着新冠肺炎疫情的发展，国家卫健委印发了多版《新型冠状病毒肺炎诊疗方案》，作为诊疗标准，对指导各地治疗这种新型肺炎，同时统一全国新型冠状病毒感染的肺炎出院标准等规范，对防控疫情的蔓延、扩散起到了良好的效果。从管理学的角度来说，这其实是一种标准化、规范化的管理策略。

四、救治重症患者

在任何突发公共卫生事件中，包括中毒事件，及时救治重症患者都是极其重要和优先的策略。集中优质医疗资源和专家，救治重症患者，有助于提高治愈率、降低死亡率，缓解社会恐慌情绪。从国家卫生健康委员会公布的数字来看，2020年我国在防控新冠疫情时,从 2020 年 2 月 19 日开始,新增重症患者每天在逐渐减少,疫情防控形势也逐渐向好。

五、追踪接触者

从传染病学和流行病学角度来说,追踪确诊患者和疑似患者的密切接触者,对于传染病的防治和切断传播路径,具有重要意义。2020 年 7 月,世卫组织总干事谭德塞也表示,追踪接触者是遏制病毒传播的关键工具之一。

追踪密切接触者,需要流行病调查人员开展流行病学调查,要与病人(确诊患者)进行面对面的交流,了解他们最近去过什么地方,坐过什么交通工具,接触过什么人,如家人、朋友、同学、同事、工友等,要进行详细的询问和记录。因为要面对患者,这是一项危险性极高的工作。在 2020 年 4 月 8 日武汉解封以后,我国疫情基本控制住后,各地出现散发疫情,其中一项重点工作就是追踪密切接触者。

六、分离病毒

分离病毒对研制疫苗和治疗药物、阻断传播路径具有重要作用。新冠疫情暴发后,医疗团队加快科研攻关,国内的不少医疗团队从新冠肺炎患者的粪便、尿液、眼泪及结膜分泌物中分离出病毒。病毒毒株分离出来,对研制疫苗、有针对性地进行药物筛选具有重要作用。随着新冠疫情的发展,后期病毒变异后,分离病毒毒株也是极为重要的工作。

七、开展病理解剖

简单来说,病理解剖就是临床医师为了解病因,而对病人所做的解剖。主要目的是根据病人的内脏病理变化,来说明临床症状与机能变化。医院病理科的常规解剖主要是对生病的器官或者切除的组织进行病理检查,以明确疾病的诊断,指导临床的治疗。

2020 年 2 月 29 日国务院联防联控机制新闻发布会介绍,对 11 例病例进行了病理解剖(对死亡患者遗体解剖),病理解剖对探索新冠肺炎的临床病理改变、发病机制,寻找新冠肺炎的致病、致死原因,寻找有效的治疗方案,具有重要指导意义。

八、研制疫苗

最终彻底战胜病毒和疫情,需要有效的疫苗。新冠病毒疫苗研制工作,分多条技术路线进行。当地时间 2020 年 2 月 28 日,世卫组织总干事谭德塞在日内瓦表示,目前全球共有 20 多种新冠肺炎疫苗正在研发阶段,一些治疗方法正在进行临床试验,预计几周内将获得首批结果。

至 2021 年年初,从新冠疫苗正式上市、接种来看,中国的多款疫苗安全性较高、保护作用较好,疫苗对应对和防控新冠病毒还是起到了良好的作用。

第三节 突发公共卫生事件应急处置与救援

为了有效应对突发公共卫生事件,将事件的影响及疫情控制在一定范围内,相关职能部门(卫健部门为主)应及时采取有效措施,下面主要以新冠肺炎疫情应急管理为例进行论述。

一、切断传播路径

防控传染病疫情的有效措施就是切断传播路径。新冠肺炎疫情暴发后,从 2020 年 1 月 23 日 10 时起,武汉市和周边的鄂州市、仙桃市、潜江市、黄冈市、荆门市等相继宣布暂停运营城市公交、地铁、轮渡、长途客运,暂时关闭机场、火车站、高速公路等离开通道,严防武汉新型冠状病毒疫情扩散。其后大部分村、社区、小区也都实行了不同程度的封闭管理措施。勤洗手、戴口罩等日常防护措施也是为了切断传播路径。如前所述,2020 年春运客流下降了 50% 以上,可见效果是明显的,这些措施目的就是切断传播路径,减少人员流动、减少交叉感染。

2020 年 2 月 12 日,湖北省十堰市张湾区新冠肺炎疫情防控指挥部发布了《张湾区全域实施战时管制的紧急通告》。当然,从学理和法理来讲,这一提法是存在严重问题的,从宪法等法律来看,区一级政府是无权决定战争状态的宣布,战争状态下,可以采取战时管制措施。因此,地方政府的"战时管制"至少应加引号。

二、及时公开信息

新冠肺炎疫情暴发后,国家卫生健康委员会决定从 2020 年 1 月 11 日起开始每天更新疫情最新动态,从 1 月 20 日起,每天汇总发布各省新增病例数量,而后将坚持每天及时发布信息,直到不需要再发布信息。当然各省市自治区发布的时间、内容并不完全统一。同时国家卫健委、国务院新闻办、各省市自治区政府都及时召开了新闻发布会,有的地方政府已召开数十场新闻发布会。召开新闻发布会是笔者最推崇的网络舆情引导方式。另外各级政府的新冠肺炎疫情防控指挥部(或领导小组)也及时发布各种通(公)告,公开信息对减少谣言起到了良好的作用。

三、强化统一领导

统一领导、统一指挥是公共危机管理的基本原则。2020 年 1 月 25 日,习近平总书记主持中央政治局常委会会议,会议决定成立中央应对新型冠状病毒感染肺炎疫情工作领导小组,在中央政治局常委会领导下开展工作,加强对全国疫情防控的统一领导、统一指挥。加上国务院联防联控机制、中央向湖北等疫情严重地区派出的指导组,同时,各级地方政府也成立了新冠肺炎疫情防控指挥部或领导小组,使新冠肺炎疫情防控做到统一领导、统一指挥、令行禁止、高效运行。

四、追踪接触人员

追踪确诊病例和疑似病例的密切接触者,是将疫情控制在一定范围内的有效措施。因为病毒有潜伏期,加之有的人病毒潜伏期较长,这项工作难度极大。追踪密切接触人员对于排查感染人员和疑似病例,消除社会恐慌情绪都具有重要作用。在此次应对新冠肺炎疫情中,各地政府、航空公司、铁路等交通运输企业、互联网企业都动用大数据、云计算、小程序等各种新兴技术和手段,对查询、追踪密切接触人员、同行人员起到了很好的作用,为防控工作带来了极大便利。

五、启动应急响应

新冠肺炎疫情暴发后,湖北省于 2020 年 1 月 22 日启动突发公共卫生事件二级响应，24日启动一级响应。截至2020年1月24日21时，全国有湖北、广东、浙江、湖南、天津、安徽、北京、上海、重庆、四川、云南、江西、贵州和山东等14个省市启动重大突发公共卫生事件一级响应。其后随着某些地方的疫情有所缓解，响应级别有所下调。根据《国家突发公共卫生事件应急预案》，我国突发公共卫生事件划分为特别重大（Ⅰ级）、重大（Ⅱ级）、较大（Ⅲ级）和一般（Ⅳ级）四级。其中，Ⅰ级响应级别是最高的。

六、实施对口支援

2020年抗击疫情进入到2月份以后，国家卫生健康委在原有外省医疗队支援的基础上，建立了16个省份（后增至19个省）支援武汉以外地市的——对口支援关系，如表7-2所示，以一省包一市的方式，全力支持湖北省加强病人的救治工作。到2020年2月29日，全国累计派出42,000余名医护人员支援湖北。建立对口支援机制，在汶川地震恢复重建、脱贫攻坚行动中进行了实验，成效极为显著。对口支援机制，落实各自的"责任田"，采用"一对一"援助方式，举全国之力攻坚克难，放眼全球很少有国家能有如此强大的动员能力。集中力量办大事，是我国的制度和国家治理体系的优势，也是我们应对重大突发事件的重要法宝。

表7-2　全国19个省市区支援湖北省对口支援关系

援出省区市	支援对象	援出省区市	支援对象
重庆市、黑龙江省	孝感市	内蒙古自治区、浙江省	荆门市
山东省、湖南省	黄冈市	山西省	仙桃、天门、潜江3个县级市
江西省、河南省	随州市	贵州省	鄂州市
广东省、海南省	荆州市	云南省	咸宁市
辽宁省、宁夏回族自治区	襄阳市	广西壮族自治区	十堰市
江苏省	黄石市	天津市	恩施土家族苗族自治州
福建省	宜昌市	河北省	神农架林区

（资料来源：作者根据相关报道整理）

七、加强军地协作

人民解放军在应对重大突发事件时，始终是中坚力量、骨干力量。2020年1月

29日，习近平对军队做好疫情防控工作作出重要指示后，陆军、海军、空军军医大学组成的医疗队共450人，便立即驰援武汉。2月3日，解放军驻鄂部队开始承担武汉市民生活物资配送供应任务。根据中央军委命令，2月13日凌晨，空军出动运-20、伊尔-76、运-9共3型11架运输机，分别从乌鲁木齐、沈阳、西宁、天津、张家口、成都、重庆等7地机场起飞，向武汉空运军队支援湖北医疗队队员和物资。这成为我国国产运-20大型运输机首次参加非战争军事行动，也是空军首次成体系大规模出动现役大中型运输机执行紧急大空运任务。军地双方密切协作，不仅增强了战胜疫情的信心，也缓解了连续作战的地方医护人员的压力和疲劳。

八、保障物资供应

一次性口罩、N95口罩、84消毒液，护目镜以及其他应急保障物资是防控疫情的重要物资，对保护一线医护人员具有至关重要的作用。由于临近春节，大部分企业都停工停产了，所以上述物资在抗击疫情前期极为紧缺。各级地方政府及时组织相关企业复工复产，各个运输物流企业、铁路航空公司等及时做好了医疗物资的运送，加之其他国家的支援和世界各地的华人华侨购买紧缺医用物资运回国内，春节后，物资紧缺的局面有所缓解。同时，各地对蔬菜、粮油、米面等也采取有力的措施确保供应。

2020年2月2日，中央应对新型冠状病毒感染肺炎疫情工作领导小组会议提出，所有紧缺物资实行国家统一调度，工信部立即建设国家重点医疗物资保障调度平台。联防联控机制物资保障组根据武汉疫情防控需求，对医用防护服、N95口罩、医用护目镜、负压救护车及相关药品实施统一管理，统一调拨。

九、完善诊疗方案

统一的诊疗方案有助于突发公共卫生事件应急管理的规范化和标准化，提高危机管理效率。随着新冠肺炎疫情的发展，国家卫健委印发了多版《新型冠状病毒肺炎诊疗方案》，作为诊疗标准，指导各地治疗这种新型肺炎，同时统一全国新型冠状病毒感染的肺炎出院标准等规范，对防控疫情的蔓延、扩散起到了良好的效果。2020年2月29日，国家卫生健康委员会医政医管局监察专员郭燕红表示，正在着手启动第七版新冠肺炎诊疗方案，即对第六版诊疗方案的修订工作。2021年主要使用的是《新型冠状病毒肺炎诊疗方案》第八版。

十、注重国际合作

地球村已然形成，人类是一个命运共同体，应对传染病疫情需要加强国际合作。疫情暴发后，中国做到信息公开、透明，积极与世卫组织等相关国际机构和世界各国共享疫情信息，协调防控策略，主动回应国际关切，为世界各国更有力应对新冠肺炎疫情提供条件，积极与其他国家科研机构进行合作。疫情出现后，我国第一时间采取措施，并向世卫组织作了通报。同时，中国也得到了俄罗斯、日本、韩国等世界各国的支援和帮助。后期我国新冠疫情控制住后，我们也向诸多国家提供大量人、财、物等方面的支援，助力世界各国共同应对新冠疫情。

最后，对于食品药品安全事件，如何开展应急处置与救援，危机管理人员也应有所了解，如封存有害食品药品、救治中毒或受伤人员、及时上报事故（2小时内）、做好信息发布与解释工作，等等。为做好具体工作，可阅读《国家食品安全事故应急预案》《药品和医疗器械安全突发事件应急预案（试行）》。

第四节　案例分析：2013年惠州市人感染H7N9型禽流感应急处置与救援

一、惠州市人感染H7N9型禽流感概况

H7N9型禽流感是一种新型禽流感，于2013年3月底在上海和安徽两地最早被发现。H7N9型禽流感是全球首次发现的新亚型流感病毒，当时尚未纳入我国法定报告传染病监测报告系统，截至2013年4月初尚未有疫苗推出。

人感染H7N9型禽流感潜伏期一般为7天以内。患者一般表现为流感样症状，如发热、咳嗽、少痰，可伴有头痛、肌肉酸痛和全身不适。重症患者病情发展较快，表现为重症肺炎，体温大多维持在39℃以上，出现呼吸困难，可伴有咳血痰；进一步发展会出现急性呼吸窘迫综合征、纵隔气肿、脓毒症、休克、意识障碍及急性肾损伤等。

2013年4月经调查，H7N9型禽流感病毒基因来自东亚地区野鸟和中国上海、浙江、江苏鸡群的基因重配。截至2015年1月10日，全国已确诊134人，37人死亡。

2013年8月8日，惠州市疾控中心流感监测网络实验室检测该市中心人民医院送检的一流感样病例H7N9呈阳性；9日，经省疾控中心复检检测H7N9呈阳性；10日下午，经中国疾控中心实验室复核H7N9病毒核酸检测阳性。根据国家卫生计生委《人感染H7N9禽流感诊疗方案（第2版）》，结合该病例临床表现、实验室检测结果及流行病学调查，省防控人感染H7N9禽流感专家组判定该病例为人感染H7N9禽流感确诊病例。①

患者陈某（女，51岁，惠州籍）一家3口在惠州市博罗县墟镇从事市场家禽宰杀多年。2013年7月27日，患者无明显诱因下出现畏寒、发热、伴有头痛等感冒症状，体温最高达39.8℃；28日，到当地镇卫生院就诊；8月3日，转至惠州市中心人民医院治疗；9日晚上，转至广州医科大学第一附属医院（广州呼吸疾病研究所）救治。②

二、惠州市人感染H7N9型禽流感应急处置与救援

有了非典危机的管理经验，面对突如其来的传染性疾病，广东省惠州市在危机管理方面做出了快速反应。

（一）启动防治应急预案

广东省委、省政府高度重视，时任省委书记胡春华和省长朱小丹分别作出指示，要求迅速查清来源，全力救治感染者。时任副省长林少春立即指示省卫生厅派出专家到惠州指导对病人的救治工作，进行流行病学调查，查清源头，采取措施，防止扩散，要求惠州市政府迅速组织力量，对患者所在农贸市场的家禽进行扑杀，对市场接触人群进行医学观察，要求省工商局指导全省各地农贸市场继续坚持实施"一天一清扫，一周一次大扫除，一月休市一天"，确保市场清洁。惠州市及时启动了人感染H7N9禽流感Ⅲ级疫情响应。

（二）紧急部署疫情防控

2013年8月9日下午，接报后，广东省农业厅紧急研究部署防控工作，将组织专家组到惠州市指导开展流行病学调查及家禽H7N9禽流感防控工作，并紧急下拨惠州市5吨消毒药品，用于消毒灭源。同时紧急下发《关于进一步加强H7N9禽流感防

---

① ［EB/OL］.（2013-08-10）［2021-08-31］. http://www.gdemo.gov.cn/gzyw/sn/201308/t20130810_183776.htm.
② ［EB/OL］.（2013-08-10）［2021-08-31］. http://www.gdemo.gov.cn/gzyw/sn/201308/t20130810_183776.htm.

控工作紧急通知》和《广东省 2013 年下半年动物 H7N9 禽流感监测方案》,要求各地农牧部门切实加强禽类 H7N9 禽流感防控工作。①

(三) 全力救治感染患者

广东省卫生厅及时派出了 H7N9 防控专家组赴现场指导临床救治、流行病学调查及防控等工作。② 广东省卫生厅迅速派出包括呼吸病、重症医学、感染病和医学影像等专业 5 位专家赶赴惠州市中心医院指导临床救治工作,并派出疾病控制专家指导流行病学调查及防控等工作。

(四) 及时公开疫情信息

2013 年 8 月 9 日确认疑似病例后,不少香港、中央和省级媒体赶到惠州采访。惠州市 8 月 9 日组织了专家发布会、召开新闻信息发布会、发布官方微博信息,第一时间公开发布了疫情信息及防控情况,为有效应对疫情、维护社会稳定营造了良好的舆论环境。

(五) 做好舆情引导工作

据不完全统计,截至 8 月 16 日惠州市终止Ⅲ级疫情响应,该市共发布关于 H7N9 禽流感病例的新闻通稿 10 篇,滚动发布微博信息 21 条。大量官方权威信息占领了舆论的信息管道,让主流舆论跑在了谣言和小道消息前面。因舆情引导得力,在该季度人民网发布的地市舆情应对排行中,惠州位列全国第六、广东第一。③

2013 年 8 月 11 日,惠州市公安机关依法查处两起有关 "H7N9" 网络谣言案件,并依法对违法嫌疑人吴某给予行政拘留 5 天的治安处罚,对违法嫌疑人蓝某(未成年人)给予批评教育。铲除了谣言滋生的土壤,缓解和避免了公众的恐慌情绪。

(六) 终止Ⅲ级疫情响应

2013 年 8 月 16 日,根据《惠州市人禽流感防治应急预案》有关规定,经市人禽流感疫情评估专家委员会建议、市卫生行政部门提请市人民政府批准,惠州市于 16 日 17 时终止Ⅲ级疫情响应,自 17 日起停止日报和零报告。截至 8 月 16 日 17 时,全

---

① 朱子荣,罗伊姗.广东惠州发生一例人感染 H7N9 禽流感疑似病例[EB/OL].(2013-08-09)[2021-08-31]. http://gb.cri.cn/42071/2013/08/09/6931s4212953.htm.
② 唐贵江,粤北信.惠州现人感染 H7N9 疑似病例 36 名接触者暂无异常[EB/OL].(2013-08-09)[2021-08-31]. http://www.chinanews.com/sh/2013/08-09/5146140.shtml.
③ 刘进.让主流舆论跑在谣言前面[N].南方日报,2014-04-09.

市抽检的禽类均未检出H7N9禽流感病毒，未发现人感染H7N9禽流感二代病例及新发病例，患者的所有密切接触者均已解除医学观察。接下来，卫生、农业、工商等部门将进入常态化管理。

| 本章课程思政设计 |

课程思政目标：掌握突发公共卫生事件管理的策略，明确应对突发公共卫生事件对公共管理主体（政府、企业、个人、非政府组织等）的基本要求。

课程思政案例与阅读材料：丰台区一私人诊所用虚假样本骗取核酸阴性报告[①]

2021年7月28日，据《新京报》报道，丰台区一私人诊所因给第三方机构提供虚假咽拭子样本进行检测，骗取核酸检测阴性报告被警方查处，4名嫌疑人被警方采取刑事强制措施。

丰台警方工作发现，丰台区一私人诊所为逃避北京市医疗卫生机构内部员工定期进行核酸检测的相关规定，自2021年5月起陆续向第三方检测机构提供未经实际采样的内部员工虚假咽拭子样本30余份用来检测，骗取核酸检测阴性报告，危害疫情防控工作。

2021年7月26日，丰台警方依法将嫌疑人郭某文（女，57岁，诊所负责人）、李某丽（女，38岁，诊所护士）、刘某森（男，24岁，诊所员工）、苏某峰（男，35岁，诊所员工）查获。目前，郭某文等4人已被丰台公安分局采取刑事强制措施，案件正在进一步工作中。

思考题

1. 结合2020年以来疫情防控的亲身经历和教材论述，说说我国在应对新冠肺炎疫情中，采取了哪些有效的策略和措施？

2. 上述案例违反了疫情防控的哪些法律法规和政策？公共事务管理（包括疫情防控）需要公共管理多元主体积极配合，请你结合实际，说说企业、非政府组织等应如何配合政府做好疫情防控？

---

① 张静姝.用虚假样本骗取核酸阴性报告，4名嫌疑人被警方采取刑事强制措施[N/OL].新京报，2021-07-28[2021-08-31].https://new.qq.com/rain/a/20210728A052P400.

第八章
社会安全事件危机管理

☛ **本章主要内容**

本章主要介绍社会安全事件的内涵与特征、预防与应对、恢复重建、应急处置和日常管理等。

第一节 社会安全事件概述

一、社会安全事件

《中华人民共和国突发事件应对法》（以下简称《突发事件应对法》）规定，突发事件包括自然灾害、事故灾难、公共卫生事件以及社会安全事件。这里将"社会安全事件"与"自然灾害、事故灾难、公共卫生事件"并列。

"社会安全事件"并非一个专用的法律术语，仅从字面上看"社会安全事件"是个中性词，就发生领域和影响范围而言，它专指发生在社会安全领域中的突发事件，法律中所指的"社会安全事件"就是"社会公共安全事件"，也就是说，社会安全事件是社会公共安全事件的简称。

我国现有的法律文书中较少使用"社会安全事件"一词，也没有统一、明确界定这一概念。如《国家突发公共事件总体应急预案》规定："社会安全事件主要包括恐怖袭击事件、经济安全事件和涉外突发事件等。"显然，该预案采用了列举的方法对社会安全事件的外延进行概括。

自《突发事件应对法》颁布以后，不少学者对社会安全事件进行解释，但定义也未统一。有的认为"社会安全事件，主要包括严重危害社会治安秩序的突发事件"。[①] 有的认为"社会安全事件的本质特征主要是由一定的社会问题诱发，主要包括恐怖袭击事件、民族宗教事件、经济安全事件、涉外突发事件和群体性事件等"。[②]

综合上述观点，我们认为，社会安全事件，是指在社会安全领域发生，因人为因素危及或者可能危及社会安全，需要采取应急处置措施的突发事件。社会安全事件是公共危机管理研究的重要问题，一般包括恐怖袭击事件、经济（金融）安全事件、涉外突发事件、治安事件、群体性事件、重大刑事案件以及其他社会影响严重的突发性事件。

社会安全事件除一部分是敌对矛盾外，大部分是由人民内部矛盾引发的。一旦发生可能会造成重大人员伤亡、重大财产损失或对局部地区的政治、经济、社会的稳定与安全构成重大威胁，并产生重大社会影响。

二、社会安全事件的特征

社会安全事件属于突发事件的范畴，它具有自然灾害、事故灾难、公共卫生事件等突发事件的共同特征，如突发性、破坏性、危害性等。但社会安全事件又具有与其他突发事件不同的特征。

（一）社会性

社会安全事件最主要的特点就是社会性，也即公共性，是指社会安全事件有社会公众参与、可能破坏社会公共秩序、引起或可能引起社会及新闻媒体高度关注，从而使社会安全事件成为舆论和网络舆情的焦点。社会安全事件一旦爆发，影响范围往往较大。如果不及时加以控制，可能导致更多人参与，甚至可能引发其他事故，也可能导致谣言扩散、引发社会恐慌。

（二）人为性

社会安全事件与自然灾害相比，显著的不同特点之一就是引发的直接因素具有人为性。就是说，社会安全事件是由人为因素直接引发的。自然灾害是由自然因素引发的，事故灾难是由人的生产生活引发的，是非故意的、失误或错误操作所致，社会安全事件往往是人的故（恶）意引发的。

---

① 李飞.《中华人民共和国突发事件应对法》释义及实用指南[M].北京：中国民主法制出版社，2007：62.
② 汪永清.《中华人民共和国突发事件应对法》解读[M].北京：中国法制出版社，2007：11.

职能部门及其人员处置不当也可能引发社会安全事件。自然灾害、事故灾难、公共卫生事件以及动乱、暴乱等社会安全事件的应对处置不当,可能引发社会安全事件。这里的处置不当,既非故意也非恶意,而是因疏忽大意、不作为、作为不当等方面的因素造成的,这种情况,往往会问责相关责任人。

(三)预谋性

对于制造社会安全事件的人而言,要经历从预谋策划,到产生实施的想法,到为实施行动做准备,再到付诸实施的阶段。每一个阶段,行为人都经过了深思熟虑的思考和布局。有的社会安全事件是社会经济发展失衡所致,经历了一个从量变到质变的过程,例如恐怖袭击事件,实施者需要长久酝酿筹划。对于社会安全事件的受害者,或者对于政府或公众而言,社会安全事件的发生令其始料未及,具有突发性、不确定性,而对于实施者而言,却是早已预谋好的。例如各种重大刑事案件,对于作案者而言显然是意料之中的。因此,社会安全事件表现出来的"出乎意料",主要是从管理者和公众的角度而言的。对于引发社会安全事件的主体而言,则是经历了一个严密的预谋、策划的过程。

(四)复杂性

社会安全事件的复杂性,是指事件的原因复杂、矛盾纵横交织。例如恐怖袭击事件,有政治、经济的原因,也有宗教的原因;有历史的原因,也有现实的原因;有群众被迷惑煽动的因素,也有敌对势力策划操纵的因素。群体性事件多是由人民内部矛盾引发的,而矛盾是极其复杂的,例如2002—2005年前后,因石油工人反对买断、反对退养、要求增发养老金而引发的多次群体性事件,有历史的原因,也有现实的原因,有体制的因素的,也有国企改革的因素,矛盾和利益错综复杂。近年来呈现上升趋势的、由经济(金融)诈骗引发的群体性事件,有职能部门管理滞后、监管不力的原因,也有群众防范意识较差、缺乏知识的原因。

正如时任贵州省委书记石宗源在反思贵州瓮安事件时所说,这次事件表面上、直接的导火索是女中学生的死因争议,但背后深层次的原因是地方政府在矿产资源开发、移民安置、房屋拆迁等工作中,侵犯群众利益的事情屡次发生,而在处置矛盾纠纷和群体性事件时,部分干部作风粗暴、方法简单,甚至随意动用警力。瓮安事件暴露了基层政府治理能力弱化、矛盾长期积累、干群关系紧张、政府缺乏信任力等问题。我们对这些问题不能听之任之、敷衍。

（五）政治敏感性

一些社会安全事件是犯罪分子、敌对分子蓄意制造的，如恐怖袭击事件、涉外事件以及一些涉及民族宗教问题的事件，这类事件带有明显政治敏感性。这些事件如果处理不当，再加上被某些别有用心的媒体、组织或个人加以渲染，往往容易上升为政治事件。一般的社会安全事件，往往也容易引起外媒的关注和报道，因此，公安机关在处理社会安全事件时，要注意严格控制局面，防止事态扩大升级。

三、主要社会安全事件

我国社会安全事件分布在诸多行业和领域，涉及城市治理问题、三农问题、民族宗教问题、经济金融问题等，比较多发的社会安全事件包括恐怖袭击事件、治安事件、群体性事件。

（一）恐怖袭击事件

恐怖袭击事件是指极端分子针对但不仅限于平民及民用设施的、采取不符合国际道义的攻击方式、人为制造的突发事件。恐怖袭击从20世纪90年代以来，有在全球范围内迅速蔓延的严峻趋势。近年来世界范围内主要恐怖袭击事件主要有：中国昆明火车站"3·01"严重暴力恐怖案、美国波士顿马拉松爆炸事件、"7·22"挪威奥斯陆爆炸枪击案、莫斯科多莫杰多沃机场遭恐怖袭击、莫斯科地铁爆炸事件、印度金融中心孟买连环恐怖袭击、伦敦地铁爆炸案、斯兰人质事件、马德里地铁连环爆炸案、"9·11"恐怖袭击事件等。恐怖袭击事件具有政治性、国际性。

（二）治安事件

治安事件是指个体或群体为了满足某种需要或者达成某种诉求，在特定场合引发冲突加剧、事态扩大、扰乱社会秩序、危害公共安全的越轨行为。严重的治安事件会触犯法律法规，构成违法犯罪行为，成为重大刑事案件，例如成都公交车燃烧事件、云南巧家爆炸案等。

（三）群体性事件

群体性事件一般是指由某些社会矛盾引发，在某种共同利益驱动下，特定群体或不特定人群聚合形成群体，形成规模性聚集，对社会造成负面影响、形成重要新闻效应的群体活动事件。群体性事件往往伴随言语或肢体上的冲突，表达一定的诉求和主张，或者争取和维护自身利益，或者发泄不满、制造影响，因而对社会秩序和社会稳定造成不利影响。群体性事件一般可以分为群体性暴力事件和群体性非暴力事件。群体性暴力事件表现为群体各方或群体与政府及公务人员之间的争执、打斗、对抗等；群体性非暴力事件没有激烈的对抗或破坏性行为，如集体上访、静坐等。

群体性事件具有群体性、组织性、仿效性、破坏性、反复性等特点。进入21世纪以后，我国群体性事件多发；自2012年党的十八大以来，群体性事件逐渐呈下降趋势。近年来全国发生的群体性事件主要有：2005年6月安徽池州"6·26"事件，2005年6月河北省定州市绳油村"6·11"事件，2007年6月广东河源群体性事件，2008年6月贵州瓮安事件，2008年7月云南省孟连"7·19"胶农事件，2008年11月甘肃陇南"11·17"打砸抢烧事件，2009年6月湖北石首事件，2010年4月黑龙江富锦市长春岭村群体性事件，2010年6月安徽马鞍山"6·11"事件，2011年6月广东潮安区"古巷事件"，2011年6月广东增城区"6·11"事件，2012年4月重庆万盛群众聚集事件等。

第二节 社会安全事件管理

社会安全事件的管理和处理，主要包括三个方面：

一、社会安全事件的预防

从制度和机制的角度来说，预防社会安全事件，主要应做好以下几方面的工作：

（一）完善法律制度

经济转型、体制转轨、社会快速发展，会形成一些结构性问题，会加剧社会冲突，引发社会安全事件。因此，必须强化政府宏观调控能力，加大惠民政策力度，完善相关的政策、法律和法规，加强法律制度建设，化解因结构性调整而引发的各种社会问题和矛盾，维持基本的社会公平正义，从根本上减少和避免社会安全事件的发生。简言之，当前主要是做好六保六稳工作，即保居民就业、保基本民生、保市场主体、保粮食能源安全、保产业链供应链稳定、保基层运转；稳就业、稳金融、稳外贸、稳外资、稳投资、稳预期。总之，人民生活幸福富足了，社会矛盾就会减少，社会安全事件也会减少。

（二）完善社会预警机制

社会预警机制是防范和化解社会矛盾的基础，是社会稳定、健康运行的监视器。建立社会预警机制，要建立多层次、覆盖整个社会面的情报信息网络系统，将职能部门触角延伸到各个行业、各个领域，及时、准确掌握社会矛盾和风险因素。成立矛盾纠纷预警组织，明确职责，制定化解措施。建立矛盾纠纷信息报送制度，充分利用人民调解组织会同综治、信访等部门定期开展矛盾纠纷排查化解活动，收集各类矛盾纠纷信息，完善纠纷报送途径，畅通纠纷报送渠道。建立矛盾纠纷分析制度，对排查收集到的各类矛盾纠纷信息，进行专门梳理归类、登记造册，会同有关部门组织召开分析会议，研究评判矛盾纠纷特点、性质和发展趋势，提出有效的预防处置措施和相关意见。建立矛盾纠纷预警报告制度。将分析后的预警信息和意见及时报送地方党委、政府领导和相关责任人，做到信息畅通，及时化解矛盾。整合资源、建立化解机制，发挥行政、司法、社会、企业等力量，共同化解矛盾纠纷。

（三）畅通公众利益诉求表达渠道

要畅通以下渠道：健全基层议事制度，增加化解矛盾冲突的制度安排；发挥人大和政协作用；培育和完善社会中介组织，发挥群众团体和其他社会组织的桥梁纽带作用；发挥新闻媒体的舆论导向作用，用正确的舆论引导社会发展方向；建立信息反馈机制，如媒体的读者/听众/观众来信、各部门设立的公开电话、投诉电话等，使群众表达渠道多样化；开展领导干部联系群众活动；建立领导接待群众制度、与群众面对面对话制度、民主评议干部制度、听证制度、公示制度等。

同时，完善科学民主决策机制，努力使决策更加符合广大人民群众的利益和愿望，避免决策出现重大错误，引发矛盾冲突，提高各级领导干部处理社会矛盾的能力，提升应对和处置突发事件的能力。

二、社会安全事件的应对

应对社会安全事件应坚持人民至上、生命至上、依法处理、及时处理、慎用警力、属地管理的原则，主要做好以下工作：

（一）快速控制事态

社会安全事件一旦发生，首先要做的就是尽快控制事态发展，防止其蔓延扩大。

争取事情由大变小，由热变冷，由强变弱，小事化了，把事态控制在一定范围内。

（二）提出整体方案和对策

社会安全事件尤其是群体性事件，往往参与者众多，参与者层次、思想和利益诉求各异，处理事件的人员要了解事态起因，参与人群情况，有针对性地作出应对策略，及时拿出切实可行的整体方案和对策，使事件尽快平息下来。

（三）统一指挥、统一行动

平息较大规模的突发事件，要在地方党委和政府主要领导或主要负责人的统一领导下，精心组织部署，明确责任分工，各方协同行动，形成合力和战斗力，避免分歧或口径不一，才能有效地解决问题，平息事态。

（四）与主要参与人直接对话

社会安全事件尤其是群体性事件一般属于人民内部矛盾问题，是具体利益和问题的矛盾，地方党委和政府的主要领导或责任人要及时出面，直接与群众对话，认真倾听群众的意见和反映的问题，解答群众的疑虑，阐明政府的态度和诚意，获取群众的理解和信任，消除误解和对立情绪。

（五）引导舆论导向

充分利用各种主流媒体，对事件进行积极正面的宣传报道，及时公布信息，引导舆论导向，及时查处责任人，公布相关案情，减少和消除不实谣言的负面影响。

（六）运用组织纪律进行约束

处理社会安全事件时，要注意利用各种组织的联系和影响，约束或劝阻相关成员，使其终止参与相关事件，放弃过激行为，最大限度地减少参与事件的人数规模。例如党政机关公务人员参与相关事件的，可以由相关公务人员去做其家属或亲戚的解释、劝阻工作。

（七）运用法律措施

如果社会安全事件出现了违法行为，按照违法必究的原则，依法处理。司法机关和执法人员必须严格依法办事，打击违法犯罪，保护公民合法权益。如在群体性事件中，有人不听劝阻，煽动或肆意打砸抢烧，必须依法对其进行从快从重处理。

三、社会安全事件的恢复重建

社会安全事件的恢复重建主要包括以下内容：对突发社会安全事件进行评估，总结经验教训；恢复社会秩序，找漏洞，完善相关法律和政策；对因事件遭受损失的相关人员，进行赔偿或补偿；调查事件发生的原因、评估事件造成的损失、提出对策建议，改进相关工作；继续利用各种渠道对参与社会安全事件的人员进行教育引导和善后工作，防止事件再次发生；解决遗留的相关问题，标本兼治，消除引发事件的根本原因；采取措施，使受到事件影响的组织和个人恢复到正常生活状态；追究事件相关责任人的责任；对受到社会安全事件冲击的人员，进行必要的心理安抚和干预，等等。

第三节 社会安全事件的应急处置与救援

恐怖袭击事件、经济（金融）安全事件、涉外突发事件、治安事件、重大刑事案件等，一般由比较专业的职能部门应对和处置。如果事件造成了人员伤亡，其应急救援工作与自然灾害、事故灾难的救援并无太大差异。而群体性事件因为多数涉及群众切身利益，往往需要多个职能部门协同应对处置。因此，这里主要以群体性事件为例，介绍如何做好社会安全事件的现场应急处置工作。

一、社会安全事件的应急处置原则

（一）人民至上、生命至上

社会安全事件的应急处置，要坚持人民至上、生命至上，把保护人民生命安全摆在首位。为保护人民生命安全和身体健康，要不惜一切代价，坚持以人为本、生命第一，先救人、后救物。

（二）统一领导、属地管理

社会安全事件发生后，所在地的党委和政府领导应当担负起领导责任，特别是在处理规模较大的群体性事件时，应当确立一把手总负责、分管领导抓落实的领导体制，协调相关各部门行动，并对处理结果负政治责任，绝不能上下推卸责任。

（三）依法处理、慎用警力

要维护法律法规的权威性和政策的严肃性，严格按照国家法律法规和政策妥善解决人民群众反映的问题，妥善处置群体性事件，依法行政、严格执法。要及时解决群众的合理要求，一时不能解决的，要限期解决，对于不符合法律政策的要求，要做好宣传解释工作。

警力用得好，能平息事态；用得不好，可能于事无补，甚至激化矛盾。因此，在处置过程中，对人民群众要坚持慎用警力，慎用强制措施，慎用武器警械，防止矛盾激化和事态扩大。

（四）预防为主、防患未然

做好日常防范工作，积极预防。了解社情民意，及时解决群众反映强烈的突出问题，注重从源头上减少人民内部矛盾。完善处理社会矛盾的工作机制和预警机制，防患于未然。

（五）四早原则、及时缓解

坚持四早原则，尽早化解矛盾冲突，即早发现、早报告、早劝阻、早处理，及时消除诱发群体性事件的各种因素，力争把矛盾化解在萌芽状态、解决在初始阶段，把事态平息在发生阶段。坚决防止侵害群众利益的事发生，坚决防止因决策失误、工作粗糙、执法不当引发群体性事件。

二、社会安全事件的应急处置

社会安全事件范围广，类型繁多，有群体之间的，有干群之间的，有的涉及矛盾纠纷，有的涉及利益冲突。因此，没有适合所有场景的、万能的方法和策略，要具体问题具体分析，分别采取不同的策略。我们认为社会安全事件应急处置的总体策略是：控制事态为要，做到息事宁人；化解矛盾为上，以求和解共生；调解协商为主，达到心平气和；排忧解难为重，照顾各方权益。具体应做好以下几个方面的工作：

（一）第一时间上报信息

一旦发生社会安全事件，尤其是大规模群体性事件，要第一时间上报主要领导和上级政府。一般来说，事件发生后，应在2小时内上报。不要因为害怕追责，而隐瞒不报，隐瞒不报往往会使事态扩大，导致局面失控。在现代信息社会，不要因侥幸的心理，而瞒报突发事件信息。

（二）利益补偿、利益置换

社会安全事件，尤其是群体性事件，大多涉及利益诉求。当人民群众的某种利益受损时，可以采用利益补偿或置换策略，给予相应补偿，或者用其他同等的权益补偿。举个简单的例子，如果农民的耕地被征用了或者房屋要拆迁，可以补偿其耕地和农作物，用几套房子置换其宅基地。当然，在面对人民群众的现场，不要轻易承诺，承诺补偿或置换，就一定要做到，否则会失信于人，后续会引发新的矛盾冲突。

（三）疏通引导、化解矛盾

坚持不要把干部和群众对立起来，坚持疏通化解干群矛盾。例如面对乱摆摊设点的问题，可以在一些地方划定可摆摊的区域，进行规范管理。又例如，城管执法时，一些城管不是简单采取打砸摊位、收缴摊位的办法，而是帮助摊主正确摆放摊位，采用笑脸相迎、柔性执法，更显露出人情与温情，摊主也积极配合，城管与摊贩的矛盾也就迎刃而解了。也有的采用"眼神执法"（几个城管队员盯着摊贩），都不至于导致城管与摊贩发生正面的矛盾冲突。

（四）控制事态、息事宁人

要劝解当事各方互让一步，做到息事宁人，以有效控制事态；平复有关人员情绪、倾听诉求；分析事件原因，理清关系，制定调解处理方案；以情动人、以理服众，依法、依情、依理对有关当事人进行调解；阐明违法闹事的严重后果，等等。

（五）缓兵之计、暂缓冲突

缓兵之计，是延缓敌人进攻，借指使事态暂时缓，同时积极想办法寻找应对之策。这种方法可以暂缓矛盾冲突，留下一段时间，可以寻找应对之策，避免冲突发生。例如有人民群众聚集到政府大楼，就某事讨要说法，相关责任人可以到场，对群众进行说服、劝解，让人民群众暂时回家，并承诺政府几天之内给出解决办法，并通知相关人员，如果到时问题没有得以解决，可以找相关责任人。但注意相关人员的承诺一定要做到，即使问题没有解决，也要将相关情况通知到场的所有人。

（六）现场疏导、避免恐慌

做好现场疏导工作，可以避免引发恐慌、避免引发踩踏等群体性事件。2004 年

2月5日，北京市密云彩虹桥事件，事后调查处理认定：部分责任人工作严重不负责任，未按规定派出警力到云虹桥两端对游人进行疏导、控制，以致云虹桥发生游客拥挤时，现场没有民警进行疏导，发生挤压死伤事故。2014年12月31日上海外滩事件，也与现场警力不足、疏导不及时有关。因此，有人群聚集的时候，一定要用扩音设备做好现场信息宣传和人员疏导工作。

（七）换位思考、理解群众

从群众中来到群众中去是党的群众路线。换位工作法，换位思考，将心比心，增进彼此之间的理解，化解了矛盾，使各项工作开展起来如鱼得水、得心应手。例如有的地方城管为摆摊设点的摊贩办理执照、证件，为其经营做好服务工作。从群众的角度出发，执法部门的工作思路从一棍子打死变成了服务、疏解。又如夏季违章占道烧烤，一直是个老大难问题，以前是简单地罚款、没收工具，现在变成帮助摊贩改进烟道，使摊贩可以在室内经营，一些摊贩在城管的帮助下有了安稳的经营环境。

（八）做好舆论引导工作

处置社会安全事件，要做好舆论引导工作，避免引发谣言，避免事态升级扩大化。例如成都市"6·5"公交车燃烧事件爆发后，网络上有宣称其是恐怖事件的各种说法。成都市政府采用召开新闻发布会的方法，对媒体和公众进行引导，舆情引导方法科学，效果良好，从而使网络谣言失去了滋生的土壤。此次事件的舆情引导是比较成功的。

（九）服务而不是管理

在日常工作中，要去除官本位思想，坚持民本位，社会本位，把党政干部始终视为仆人，把群众视为主人。坚持为人民群众服务而不是去管控人民群众。举个例子来说，人民群众因自然灾害房屋受损、农作物受灾、生活困难，找村委或镇政府，干部首先要问自己：为了解决群众的问题，我能为群众做一些什么事情、帮一些什么忙？而不是想着去管控群众让其不上访，急群众之所急，解决了群众问题和后顾之忧，群众自然不会上访、聚集。

（十）教育宣传贯穿始终

坚持思想教育宣传、防止矛盾激化。要加强对群众的说服教育、情绪疏导，引导群众以合理的方式表达利益诉求。要注意工作方法和策略，综合运用政策、法律、经济、行政等手段和教育、说服、疏导、沟通、协商、调解等方法处置群体性事件,把一般的矛盾按人民内部矛盾处理,防止矛盾激化和事态扩大。

三、社会安全事件防范与日常管理

从基层日常管理的角度来说,化解社会矛盾冲突、防范社会安全事件,主要应做好以下几方面工作:

(一)排查社区不稳定因素

为确保社区稳定,杜绝社会安全事件发生,尽早发现和消除各类不稳定因素和安全隐患,要定期对辖区内所有重点场所和人员密集场所进行全面排查,对重点风险场所或企业,进行重点检查,发现隐患,及时上报。

容易引发突发事件的社会不稳定因素较多,常见的如企业欠薪、房屋拆迁、建筑工程质量问题、征地问题、集资诈骗、暴力执法与执法不当、就业安置、环境污染、医疗纠纷,等等。

(二)了解社区主要矛盾

乡镇街道、社区(村委)等基层管理组织和工作人员,应了解辖区的主要矛盾,并及时化解处理,做到底数清,并做好详细记录。社区(村)常见的引发矛盾的问题如养宠物、搭建违章、晨练和广场舞的噪音、高空抛物、楼道或街道垃圾乱堆乱放,要及时发现并解决。

(三)绘制社区风险地图

基层管理人员可以就自己的辖区绘制风险地图,如辖区的积水点、火灾隐患点、危险化学品、环境污染等。对这些风险点,管理人员应做到底数清,并定期检查,制定要相关的应急预案,有备无患。

(四)化解邻里纠纷矛盾

居民常常因为生活琐事引发矛盾,若处理不及时、不恰当,可能酿成大祸。管道堵塞、修建村路、孩子顽皮,等等,都可能引发邻里纠纷。基层工作人员要及时掌握辖区的邻里纠纷矛盾,并及时调解化解,确保邻里团结和谐、互谅互让、相互帮助。优秀的村官或社区工作人员,往往都善于化解邻里纠纷。

（五）调解居民家庭矛盾

家家有本难念的经，每个家庭多多少少都会有些矛盾，如婆媳矛盾、夫妻矛盾、在孩子教育问题上的分歧，等等。若家庭矛盾处理不当，也可能引发突发事件，有的家庭可能因为这些矛盾而破碎，所以家庭矛盾化解不容小觑。基层管理人员要了解辖区居民的家庭矛盾，并协助调解，避免矛盾升级，甚至引发悲剧。

（六）为居民排忧解难

基层管理人员要时刻关注、关心居民诉求，了解居民需求，及时帮助解决日常生活问题，如出行不方便、用水困难，等等。尤其是2020年新冠疫情暴发以来，实行居家隔离和小区封闭管理等政策，要及时有效地解决居民的基本生活问题，才能更好地化解矛盾，助力抗击疫情。

（七）掌握辖区常发突发事件

基层管理人员要掌握自己所在辖区经常发生的突发事件，例如山区的塌方、泥石流，城市社区经常发生火灾的区域，等等。要了解事件的类型，经常发生的位置，并采取预防措施，做好相关应急预案，一旦出现突发事件，也可减少伤亡。

（八）学习突发事件应急预案

职能部门和基础管理人员要经常学习各类突发事件应急预案，增加应对与处置突发事件的常识和专业知识。如学习供热、食品、工程施工等行业的突发事件应急预案，以及当地地方政府制定的详细预案，尤其是要熟悉自己分管或负责的领域的相关应急预案，做到有备无患。

第四节　案例分析：南京市江宁区汤山镇特大投毒案应急处置与救援

南京市江宁区汤山镇特大投毒案是一起重大刑事案件，伤亡较大，社会影响面较广，除了要尽快破案外，还要采取应急处置与救援措施。

一、应急处置与救援启动

2002年9月14日清晨,南京市江宁区汤山镇发生严重食物中毒事件。从当日早晨5点多钟起,300多名作厂中学学生和和东湖丽岛工地民工因食用了油条、烧饼、麻团等食物后陆续发生中毒,多名中毒者生命垂危。事发突然,案件紧急,一场生死营救就此展开。

二、事件应急处置

(一)各级领导作出紧急救援重要批示

得知南京市江宁区汤山镇发生严重的食物中毒事件后,党中央和国务院领导非常重视,立即作出批示,要求江苏省委、省政府和有关方面迅速采取紧急措施,尽最大努力抢救中毒人员;要求卫生部、公安部立即派人赴南京,组织抢救和指导协助事件的处理及案件的查处。卫生部、公安部遵照党中央、国务院领导的指示,立即组织人员赴南京帮助开展工作。

省、市及驻宁部队高度重视。省委书记回良玉,省长季允石和省委副书记、常务副省长梁保华作出指示,要求迅速组织全力抢救每一名中毒者,控制毒源;要求公安部门组织一切力量,迅速侦破案情,查明中毒原因;要求各有关方面妥善做好死者家属的善后工作,确保社会稳定。原南京军区政委雷鸣球、副司令员马殿圣等驻宁部队领导和省、市领导李源潮、孙安华、张连珍、罗志军等迅速赶到现场,带领有关方面人员,到各医院检查指导抢救工作。

(二)成立现场总指挥部,指挥紧急救援

中毒事件发生后,南京市委书记李源潮、市长罗志军立即赶赴现场指挥抢救,要求集中一切力量,采取一切措施,不惜一切代价全力抢救每一个生命。随即,南京市迅速成立了以罗志军市长为总指挥,由省、市有关部门领导组成的现场总指挥部,并成立了由江苏省、南京市有关部门领导负责的5个工作小组,迅速采取措施全力抢救,同时开展事故的调查、处置工作。军地双方在第一时间内组织7支医疗队伍,35名专家赶赴现场,全力进行抢救。省、市卫生部门及承担救治任务等医疗单位紧急组织专家调集相关设备、药品进行抢救工作。各项抢救、善后、调查等工作迅速展开。

（三）成立专案指挥部，全力侦破案件

在事件发生、救援工作紧张进行的同时，公安机关的案件侦破工作迅即启动。公安部副部长白景富多次打电话询问案情，予以指示，并派出有关部门负责人和专家协助开展工作。江苏省公安厅厅长裴锡章、副厅长黄明立即率领刑侦局局长徐珠宝、政委吴大有赶赴现场，全力开展案件侦查。

面对这一严重的社会安全事件，迅速成立了省、市公安机关领导组成的专案指挥部。指挥部本着"全警动员、全力以赴、只争朝夕、尽快突破"的指导思想，精心组织，周密部署，全力侦破案件。9月14日晚，公安部专家组冒雨赶到南京，他们在听取专案指挥部的案件侦查情况汇报和对现场进行复勘后，对江苏省公安机关作出的案情分析判断予以肯定。

（四）公安机关第一时间控制案发现场

此次中毒事件发生后，当地派出所的民警就立刻对发生中毒事件最集中的和盛豆业连锁店进行了控制，该店已被卫生部门封闭；并对整个汤山镇的水源安基山水库也进行了严格的警戒，还控制了油店、粮店等从事食品行业的店面。同时，为了安全起见，还停掉了整个镇上的自来水。

（五）食物毒源确定为"毒鼠强"

根据专案指挥部的调度，公安民警兵分数路、各就各位，迅速展开工作。根据调查，和盛豆业连锁店的烧饼来自陈宗武的"正武面食店"。他的烧饼被供应到镇上的和盛园豆浆连锁店、学校和企业。于是，公安立即对"正武面食店"采取封查措施，防止闲杂人员进入现场，从现场提取了有价值的检材。专案指挥部当即调集省、市卫生监督部门和公安部门有关专业技术人员迅速开展仔细的检验分析。经过化验，检验人员从现场提取的面粉、芝麻、白糖、食盐和油等检材中检出了毒药成分，从中毒人员吃剩的麻团、油饼及呕吐物中也检出了相同的毒药成分，并确定其成分为"毒鼠强"。"毒鼠强"是一种被称为"三步倒""闻到死"的高毒药物。

三、中毒人员应急救援

（一）紧急抢送中毒患者入院

由于对"毒鼠强"尚无特效解毒剂，主要是减少毒物的吸收，促进毒物的排泄，

血液净化及对症治疗，因此争取抢救时间可以有效地降低患者的死亡率。一场从死神手中争夺生命的战斗首先在抢送病人的阵线上展开。

汤山医院最早是在9月14日凌晨5时许接到了中毒者。6时45分以后，又有许多中毒者源源不断地被送过来，7时过后，医院里仅有的30多张床位全部躺满了中毒者，不到半个小时，医院里的空地上也全部躺满了急需抢救的中毒者。30多个医生拼命工作，快速检查中毒者的病情轻重，然后立即将中毒者送往南京市区各大医院。江苏省人民医院、军区总医院等11家医院，受命紧急救护中毒者。

由于事件发生太突然，医院救护车严重不足。一时间，汤山镇上的出租车全部承担了救护车的角色。最后叫不到出租车时，大卡车、拖拉机都成了救治中毒者的运输工具。公安部门也特地派出警车开道，一路护送。从汤山医院的门口，到南京各家医院门口，每隔10米，就有一位警察指挥交通，保证救护路途畅通。

（二）医院总动员紧急救护患者

中毒者及时被送往南京地方和部队的10余家医院抢救，各院都成立了由院长挂帅的抢救小组，所有在家休息的医护人员一律上班，暂停对普通病员的救治，全力抢救中毒者，共动员500多名高素质的救护队伍施救。军地卫生部门及承担救治任务的医疗单位组织专家全力以赴，用最好的设备、药品进行抢救工作。

在原南京军区总院，中毒者均是从事件发生地的汤山医院和八三医院转送过来的，最小的中毒者只有几岁。中毒者的症状均表现为：口吐白沫、鼻孔出血、四肢抽筋。由于送来的病人太多，医院只好将中毒者放在急诊大厅地上。大量的民警在现场维持秩序，把人分开，留出救护车进出的道路。在南京市第一医院，抢救室里放满了担架床，医生手拿各种各样的医疗仪器，忙碌地奔走于担架床之间，争分夺秒抢救病人。抢救室外，患者家属将医院围得水泄不通。在八一医院，上午9点30分，20多位警察和30多位医护人员等候在从院门到急救室组成了一道数十米的绿色通道。每一辆车一停下来，医护人员便跑上前紧急救护。截至10月14日，除42人因病情较重外，其他患者均被成功救护。

四、案件定性与嫌犯抓捕

（一）案件为特大投毒案件，确定侦破方向

专案指挥部根据现场勘查、检材化验结果和现场内外初步调查走访等情况综合分析，认定这是一起性质恶劣的特大投毒案件，并推断出犯罪嫌疑人作案的大概时间，发现毒物为粉末状。犯罪嫌疑人作案因生意竞争或矛盾积怨而加害对方的可能性较大。

据此分析，专案指挥部迅速组织警力，对"正武面食店"店主陈宗武及八名雇工依法留置盘查，分别询问。同时，调集警力开展外围调查走访，在全市进行地毯式排查摸底。排查中，公安民警以汤山镇地区为重点，突出对重点场所、重点行业的管控。经过对汤山镇其余六家早点店的调查，专案民警发现，"正武面食店"因食品口味好，加上店主经营有方，该镇大部分学校和单位都乐意批量订购该店食品，常常门庭若市，而其他六家早点店却生意清淡。专案组对汤山镇地区和全市所有非法销售违禁毒药的店主和从业人员进行深入排查。江苏省公安厅还于案发当天连夜向全省公安机关和相邻省市公安机关发出紧急协查通报，要求各地警方加强查访、协查各类相关线索。

（二）抓捕罪犯，案件告破

在调查走访中，办案民警获悉了一条重要线索：在案发现场附近的另一家早点店的店主陈正平，于案发当天上午突然告知房东，说要回老家看望生病的父亲，并从银行提取部分现金后离去。据进一步了解，警方发现陈正平与陈宗武有矛盾。至此，陈正平的嫌疑逐步上升。经警方缜密侦查，在摸清陈正平出逃的去向后，办案民警火速出击。9月15日凌晨5时左右，陈正平在1659次列车上被乘警抓获，并于16日被押解回南京。经过30个小时的艰难审讯，陈正平交代了作案的全过程，对投毒犯罪的事实供认不讳。陈正平因生意竞争，对"正武面食店"业主心怀恨意，投毒作案。至此，南京"9·14"特大投毒案历经公安机关78小时的艰苦侦查，案件真相终于水落石出。

（三）嫌犯抓捕经过

南京汤山特大投毒案犯罪嫌疑人陈正平，是2002年9月15日凌晨5时在1659次列车上被乘警抓获的。

据郑州铁路局客运公司洛阳分公司有关负责人介绍，9月15日凌晨2时40分，由洛阳客运分公司负责的上海开往洛阳的1659次列车在徐州车站即将开车，列车乘警长崔万鸿接到车站值班民警传达的紧急通知：南京汤山特大投毒案犯罪嫌疑人陈正平可能乘坐1659次列车逃逸，请列车工作人员协助抓获，并提供了犯罪嫌疑人的相貌特征、身份证号等重要信息。

接到通知后,列车长郭喜梅立即意识到事情的严重性,她只有一个念头,绝不能让犯罪嫌疑人在自己负责的车上溜走。列车乘务人员立即组织拉网式排查小组。他们根据警方提供的相貌特征,以查票的名义,首先将南京预留的9号硬座车厢列为重点开始查找,对每位旅客认真比对,对厕所和座席下仔细查看,不放过任何蛛丝马迹和可以藏人的角落。

列车在夜色中飞驰,直至4时50分,列车从商丘站开车后仍一无所获。尽管一阵阵困意袭来,排查小组不敢有丝毫松懈。当他们查到12号硬卧车厢1号铺位时,看到一名男旅客侧着身子朝里酣然入睡,乘警长崔万鸿轻轻推醒该名男子,该名男子转过身,拿出1张从南京到郑州的车票,惺忪的睡眼透露出不安。

借着卧铺车厢微弱的灯光,崔万鸿发现眼前的这人正是要查找的涉案人。不等他反应过来,崔万鸿一个虎扑将其扑在铺位上,在其他人员的协助下,将犯罪嫌疑人制服。

崔万鸿迅速报告洛阳铁路公安处,并对犯罪嫌疑人进行简单询问。为防止意外出现,崔万鸿等人对陈正平寸步不离,严加看管。7时29分,1659次列车正点抵达郑州车站,崔万鸿等人将陈正平移交给守候在站台上的郑州铁路公安处车站公安段。车站公安段进行初步审讯后,随即与南京方面联系,移交给南京警方。

五、事件善后,恢复重建

(一)统一销毁污染物

"9·14特大食物中毒事件"发生以后,南京市卫生系统反应迅速,和部队同步投入精兵强将,不惜一切代价地抢救中毒人员,挽救了绝大多数中毒者的生命。各有关医院在紧张有序地救治中毒病人的同时,各疾病预防控制机构加强对各种样品检测以及中毒病人污染物的统一销毁处理工作,各卫生监督机构也组织力量强化食品卫生安全的监督保障工作,各项善后工作有条不紊地进行。

(二)全城封杀"毒鼠强"

案件发生后,省、市有关部门都要求加强对剧毒品杀虫灭鼠药的管理。南京警方也加强了对"毒鼠强"的管理力度。公安部门组织警力全力封杀"毒鼠强",下到辖区内逐户向居民宣传"毒鼠强"等剧毒品的危害,要求居民主动交出家中的这类鼠药。

（三）依法理赔中毒人员

针对这一特大食物中毒案，事发当天上午，中国太平洋人寿保险股份有限公司（下文简称为太保寿险）南京分公司接到报案后，立即召集紧急会议，会后，小组成员赶到事发现场，认真进行查实；同时，该公司理赔人员分两组前往救治医院了解情况。翌日，太保寿险南京分公司领导带着营养品到有关医院慰问正在抢救中的客户。并于事件发生的第3天中午先将3万元给付款送到因食物中毒身亡的客户家中。随后又陆续开展了其他赔付款的理赔工作，为遭受劫难的家庭送去一丝安慰。

（四）及时严惩犯罪分子

经法院审理查明，被告人陈正平，32岁，初中文化，系南京市浦口区乌江镇商业村人，1992年曾因犯盗窃罪被判处有期徒刑两年6个月。陈正平在南京市江宁区汤山镇经营"菊红面食店"期间，为琐事与汤山镇"正武面食店"业主陈宗武发生矛盾。陈正平见陈宗武的面食店生意兴隆，遂怀恨在心，意图报复。2002年9月13日晚11时许，陈正平潜入"正武面食店"，将携带的剧毒鼠药"毒鼠强"投放到该店食品原料内，造成300多人因食用有毒食品而中毒，截至10月14日已死亡42人。经过78小时的侦查查证，迅速破获此案，抓获犯罪嫌疑人陈正平。陈本人对投毒事实供认不讳。南京市人民检察院及时批捕，依法向南京市中级人民法院提起公诉。

2002年9月30，南京市中级人民法院公开审理南京"9·14"汤山特大投毒案，该案致42人死亡，300多人中毒，依法判处被告人陈正平死刑，剥夺其政治权利终身。一审宣判后，陈正平提出上诉。江苏省高级人民法院经审理认为，被告人陈正平为泄私愤，投放有毒物质，危害公共安全，造成多人中毒及死亡的特别严重后果，其行为已构成投放危险物质罪，依法应予严惩。一审判决认定事实清楚、证据确凿、充分，定罪准确，量刑适当，审判程序合法。裁定驳回被告人陈正平上诉，维持原判。根据最高人民法院的授权，依法核准对被告人陈正平的死刑判决。

2002年10月14日，经江苏省高级人民法院核准，南京汤山特大投毒案犯陈正平在南京市被执行死刑。

六、事件的经验与教训

政府组织是社会安全事件应急处置与救援的主要力量。由于社会安全事件影响的广泛性，其他组织和普通民众往往不具备承担紧急救援重任的能力，而需要政府组织全面地掌控应急救援工作。总结这次特大投毒事件，有以下经验和教训，值得我们学习。

（一）建立高效的紧急救援领导指挥体系

建立高效的紧急救援领导指挥体系，是紧急救援顺利开展的关键所在。事件发生后，省市及相关部门高度重视。南京市时任市委书记李源潮、市长罗志军立即赶赴现场指挥抢救，要求集中一切力量，采取一切措施，不惜一切代价全力抢救每一个生命。南京市成立了以罗志军为总指挥的现场指挥部，省、市卫生部门及承担救治任务等医疗单位组织专家，用最好的设备、药品进行抢救工作。良好的领导指挥系统，是这次救援行动成功的重要条件之一。

（二）制定翔实科学的紧急救援预案体系

在这次救援行动中，政府及时启动了紧急救援预案，这是保证政府组织与各相关紧急救援参与部门（包括地方医院和部队医院）在面临复杂多变、任务艰巨的紧急救援任务时临危不乱、快速反应、科学组织、高效应对并取得最终胜利的前提。

（三）建立一支训练有素的紧急救援队伍

救援队伍由消防、医疗、治安、交通等各个部门组成，紧急救援队伍表现出了高度的专业性，具有紧急救援的技能和专业知识，是这次救援行动成功的关键之一。

（四）确保充足先进的紧急救援保障

在这次救援行动中，通信保障、现场救援保障、交通运输保障、医疗卫生保障、物资保障等显得尤为重要，例如从广州当天运送过来的药品，就真正成为救命药。救援保障是这次紧急救援成功的重要原因之一。

（五）迅速成立紧急救援现场指挥部

南京市政府成立紧急救援总指挥部，立即做出响应，各相关部门领导参加现场指挥和协调工作，是行动成功的原因之一。

（六）政府主要领导人稳定公众情绪

作为一次重大的人为事件，容易引起人民群众的不满，甚至引起局部地区社会动荡，或者导致社会恐慌。事实证明，政府主要领导人及时的讲话可以有效地降低突发事件带来的消极负面影响，可以增加公众对政府的信任与支持。

（七）指定紧急救援医疗机构，紧急救治伤者

政府组织可以指定突发事件紧急救援定点医疗机构，以确保紧急医疗救援力量的常备、高效。事件发生后，医疗机构及时启动了紧急救援预案，迅速组织医护人员，准备医疗设备、药品、运输工具等，对中毒者进行紧急医疗救治。

（八）成立善后组织机构，高度重视善后工作

完成事件应急处置与救援工作后，更为重要的工作是善后工作。事后，太平人寿保险公司及时地进行了理赔，对群众的物质、精神损失进行了补偿。政府相关部门还做认真扎实地做好了其他相关善后工作，没有留下后遗症。

（九）迅速侦破案件，尽快抓捕严惩犯罪分子

人为造成的突发事件发生后，遭受重大损害的受害者情绪极为激动，想尽快知晓事件原因、相关责任人以及事件的处置结果。因此，公安机关立即成立专案组，迅速侦破案件，抓捕责任人或犯罪嫌疑人并交由司法部门予以审判，还受害者一个交代，消除不良社会影响。这次事件发生后，公安机关只有用了78小时就将犯罪嫌疑人抓捕归案，从事件发生到将陈正平执行死刑，刚好耗时一个月。

（十）主动学习，掌握紧急救援知识与技能

人民群众应积极学习应急救援的知识和技能，提高自救能力。比如面对这次事件，人民群众应了解中毒的症状，采取正确的急救措施，在平时应掌握一些基本的常识，可以减少伤亡。

| 本章课程思政设计 |

课程思政目标：掌握社会安全事件应急处置与救援的策略，明确处理社会安全事件的基本要求。

课程思政案例与阅读材料：一把手处理群体性事件不力被撤[①]

2016年6月25日，湖北省仙桃市居民因抗议垃圾焚烧发电厂建设，走上街头。抗议民众认为，该垃圾焚烧发电厂在建设施工中未打标语，附近居民甚至

[①] 刘南中，陈凌墨.向"不担当不作为"等顽疾亮剑：湖北强力整治形式主义、官僚主义突出问题[J].中国纪检监察，2017（15）：2.

都不知晓其用途。官方仅在网上公示相关信息，许多居民无从知情。

因冯某在处置此次重大群体性事件中领导不力、工作失职，造成恶劣影响，湖北省委严肃追究了冯某的责任，免去其中共仙桃市委书记职务（副厅级），终止其提拔任用程序。同时，对仙桃市市长周某和市委秘书长郑某进行诫勉谈话处理。

冯某作为仙桃市委主要负责人，在问题发生后，待在离仙桃90多公里的武汉家中，进行长达20多个小时的遥控指挥，导致事态持续升级，使事件从百余人的小型集会演变为千余人的非法游行事件，产生恶劣影响。

思考题

1. 结合案例说说如何应对和处置社会安全事件（群体性事件）？在现场应如何处理？

（提示：在地方党委政府领导下，统一指挥、统一行动，主要责任人与参与人员直接对话，等等。）

2. 为防范发生社会安全事件，结合案例说说应如何做好日常管理工作？

（提示：科学决策、决策公示、信息公开，等等。）

第九章
网络舆情危机管理

▷ **本章主要内容**

网络舆情危机是网络舆论致使政府、其他组织或个人等处于舆论的风口浪尖上，使其处于舆论的危机状态中，需要相应的政府、组织或个人加以回应和应对的一种新型危机。下面从网络舆情危机引发因素、网络舆情危机管理误区、网络舆情危机管理原则、网络舆情危机管理技巧与艺术、网络舆情危机管理与方法等方面介绍网络舆情危机管理的相关知识。

第一节 网络舆情危机引发因素

网络舆情危机是社会发展到一定阶段的必然产物。从宏观方面来说，网络舆情产生的根源，有社会、政治、经济、文化、法律、制度、技术等各个方面的原因。从实践来看，网络舆情危机的"导火索"和直接触发因素，主要在于表9-1所示的几个方面，下面进行简要论述。

一、突发事件引发网络舆情危机

一般将突发事件分为自然灾害、事故灾难、公共卫生事件、社会安全事件四大类。一旦发生突发事件，媒体会进行大量报道，必然引发社会各界广泛关注，各个门户网站也会竞相进行报道或转载，由于网络的方便快捷性，网民会通过网络了解突发事件的相关信息，并进行转发、评论、跟帖等，从而引发网络舆情。同时，突发事件处置不当也会引发网络舆情。突发事件引发网络舆情也是最常见、最重要的因素之一。这方面的案例如汶川地震、青岛市中石化东黄输油管道泄漏爆炸、西非国家埃博拉疫情、成都市公交车燃烧事件等。

表 9-1 引发网络舆情的因素

引发网络舆情的因素	案例
突发事件	汶川地震、青岛市中石化东黄输油管道泄漏爆炸、西非国家埃博拉疫情、成都市公交车燃烧事件
负面报道	厦门大学博导诱奸女生、海南部分救灾面包发霉
不当言论	"我爸是李刚"
不当举止	陕西省延安市车祸后官员微笑、汉中市房管局副局长被曝笑对业主下跪求助
视听材料	雷政富艳照门事件
反常理事件	佛山小悦悦事件、红十字会三伏天向琼粤桂台风灾区送棉被
传闻、谣言	"蛆橘事件""皮革奶粉"、山西地震谣言
政府丑闻	武汉经适房六连号事件
人为因素	纸馅包子事件、"秦火火"等制造谣言
不（当）作为	警察未及时制止歹徒、城管围殴花店夫妇

（资料来源：作者自绘）

二、负面报道引发网络舆情危机

广播电台、电视台、报纸、网络媒体等媒体针对政府或有关组织进行的负面报道，往往是引发网络舆情较为普遍的情况，是目前引发网络舆情最主要的因素之一。这方面的案例如厦门大学博导诱奸女生、海南部分救灾面包发霉等。海南部分救灾面包发霉事件被媒体进行图文报道，引发广泛关注。面对舆论的压力，有关部门不得不立即吊销经销商的工商营业执照，对民政厅救灾处处长作出停职检查，并将其调离工作岗位。

三、不当言论引发网络舆情危机

党政机关公务人员的不当言论往往是引发网络舆情的重要因素之一。这些言论包括针对下属的，也包括针对人民群众的，或者针对社会不特定对象的，有些言论即使不是公务人员说的，但与党政机关或公务人员有关，例如轰动全国的"我爸是李刚"事件。不当言论被媒体称为雷人雷语，语不惊人死不休，必然会直接引发网民的关注，甚至遭到网友攻击，触发网络舆情。例如（2009年6月）郑州市城市规划局副局长逯军质问中央人民广播电台记者"你是准备替党说话，还是准备替老百姓说话"的言论引发广泛关注，触发网络舆情。其中有网友评论，"历史会记住这个人，他的名字叫：逯军。"①

四、不当举止引发网络舆情危机

举止、手势等可能包含一定的文化内涵。行为举止也能真实地表达人的内心想法和感受。行为举止必须得体，否则可能引发言论攻击，甚至冲突。篮球场、足球场都严格禁止"竖中指"，原因即在于此。党政机关公务人员尤其要注意自己在公共场合的行为举止，不仅要符合行政礼仪的基本要求，而且要符合现场的氛围，否则极易引发网络舆情，这方面的案例主要有陕西省延安市车祸后官员微笑引发网络舆情、汉中市房管局副局长被曝笑对业主下跪求助引发网络舆情等。

五、视听材料引发网络舆情危机

随着技术的发展，人们对各种言行、事件等可以全程录音、拍照、摄像，这些材料既可以长久保存，还可以复制、传播。录音、摄像可以在对方毫不知情的情况进行，既可以录拍到极为真实的场景，也可以录拍到极为私密的场景。正因为这些视听资料的真实和私密性，一旦被曝光，就会使舆论哗然，引发网络舆情。近年来爆出的多起录音门、艳照门事件就是典型案例，如雷政富艳照门事件。

六、反常理事件引发网络舆情危机

违反常理的事件往往成为触发网络舆情的重要因素。这里的反常理是指违反了人们的正常思维逻辑，违反既定社会规范，挑战传统道德伦理底线的事件，如殴打辱骂老师违背了尊师重教的传统道德规范，情节严重就可能引发网络舆情。例如佛山小悦悦事件引发网络舆情在于，见死不救的冷漠背离了人们认可的救死扶伤的道德底线，

---

① [EB/OL]．（2009-06-20）[2021-08-31]．http://news.hsw.cn/system/2009/06/20/050215043.shtml．

红十字会三伏天向琼粤桂台风灾区送棉被引发网络舆情在于，违反了人们的常识性认识——棉被是冬天的急需物品。

七、传闻或谣言引发网络舆情危机

随着网络的普及，近年来谣言时有发生。有时，谣言、传闻、小道消息，不胫而走，成为触发网络舆情的重要因素。突发事件爆发后，往往谣言四起，反过来，谣言的传播往往会引发群体性事件等突发事件。因此，近年来如何应对谣言成为网络舆情工作的重要内容之一。"蛆橘事件""皮革奶粉"对整个行业产生了负面影响，2010年2月山西关于地震的谣言导致百万人露宿街头，都是典型的案例。

八、政府丑闻引发网络舆情危机

政府丑闻是指涉及党政机关及其公务人员的不道德、不合法、不光彩的行为或事件。政府丑闻势必成为媒体和公众关注的焦点，是近年来引发网络舆情的重要因素之一。例如武汉经适房六连号事件，在2009年下半年一直是人们关注和热议的话题，引发网民广泛讨论。

九、人为因素引发网络舆情危机

某些人主观、人为、故意制造新闻，从而引发网络舆情，主要包括一些网站炮制新闻、网络大V制造谣言等，从而引发网络舆情。例如"秦火火"等在网络制造谣言从而引发舆情，2007年的纸馅包子事件（人为制造的虚假新闻）不仅刺激了食品安全脆弱的神经，也引发了网民的广泛议论和关注。

十、不（当）作为引发网络舆情危机

政府部门不作为或不当作为，往往引发舆情，成为媒体和公众言论攻击的焦点。2013年8月18日（周日）下午，安徽省蚌埠市两名警察面对歹徒持刀捅少女，没有及时出面制止，导致少女身亡，引发了广泛的质疑。2014年10月13日媒体报道了江西城管收缴鲜花引发冲突，十余人围殴花店夫妇的事件，在很短时间内，相关的网络评论就达到了14万条。这些都是典型的案例。

上文论述了网络舆情的主要触发因素，引发网络舆情的因素是复杂多样的，并不仅仅限于上述因素。正是网络舆情产生原因的复杂多样性，促使各级政府部门越来越重视网络舆情工作，也警示公务人员要注意自己的日常言行举止。

第二节　网络舆情危机管理误区

背离网络舆情危机管理的指导思想和原则，会使舆情管理工作出现诸多问题和误区。随着网络的发展和网络舆情的不断出现，各级政府相关部门都建立了相应的舆情工作机制，制定了相关的制度，采取有效措施以应对网络舆情，处理各种突发事件和危机。但从现实的舆情工作状况来看，还存在诸多误区和问题。思想观念会无形地影响人们的行为，错误的观念会给工作造成极大的危害和障碍。目前，网络舆情危机管理工作主要存在以下观念上的误区，是我们在工作中应极力避免的。

一、事实真相应该可以掩盖

面对突发事件或敏感问题引发的网络舆情，某些政府部门或企业，害怕事实真相暴露、矛盾升级，首先想到的是封锁消息，并主观地认为，只要保密工作做得好，应该可以掩盖事实真相。传统政府是指封闭保守型的政府，习惯于封锁消息，遇到突发事件便采取封堵措施。随着我国政府追责制度和引咎辞职制度的逐步建立和完善，某些政府部门或政府官员，因为害怕追究责任，也倾向于封锁消息，掩盖事实真相，甚至不惜捏造事实。我国频繁发生的矿难事故中谎报、瞒报伤亡人数的情况时有出现。

三鹿奶粉事件发生后，就有媒体曝出石家庄三鹿集团股份有限公司曾经想给某网络媒体300万元封口费，以封锁消息。2008年7月14日，河北蔚县矿难事故发生后，也爆出当地政府及企业，给记者封口费，以瞒报矿难真相，[①]最终收取封口费的记者也受到了法律的惩处。[②]我们想说的是，纸终究是包不住火的，"封口费"是封不住真相、封不住事实的。总之，无论是网络舆情，还是现实社会舆情，简单封堵、一堵了之的时代一去不复还。一味删帖、封堵信息、压制舆论不可能解决问题。

---

① 田国垒.260多万元封住了哪些记者的嘴[N/OL].中国青年报，2010-02-01. http://zqb.cyol.com/content/2010-02/01/content_3067781.htm.
② 田国垒.十余名收取封口费的记者获刑[N/OL].中国青年报，2010-02-01. http://zqb.cyol.com/content/2010-02/01/content_3067791.htm.

二、政府完全可以指令媒体

舆情或突发事件一旦爆发，面对各路媒体的质疑、提问及其采访报道要求，政府并不是以平等的心态，主动满足其要求，对于自己不想公布的信息，而是采取打压手段。因为在计划经济时代很多媒体属于事业单位，某些公职人员便认为可以指令媒体，让其保持沉默、让其"闭嘴"。这反而激起媒体和公众的愤怒，使质疑批评之声不绝于耳，流言小道消息不断，事态不断扩大升级。这种观念是官本位思想的体现，党政部门应摒弃这种观念，将媒体和公众置于与自己平等的位置上。

媒体在西方被称为第四权力，具有与政府相等的权力和地位，政府无权干涉其新闻报道，更没权力指令媒体，这是中西方观念和传统的差异。而随着我国改革开放的不断推进以及新闻媒体监督力量的增强，媒体逐渐觉醒，这种观念已经不适时宜了。可以讲，在西方国家如果命令媒体"闭嘴"，是极其危险的。对于我国来说，随着事业单位改革的推进，大多媒体已经不是政府的下属单位了，应更新观念，不能对其指手画脚。

三、公布事实就是公布结论

信息公开是舆情引导的基本原则，信息公开只需要公布已经调查清楚、查证核实的信息，而不是下结论、给事实定性、给事件盖棺定论。舆情引导工作是严肃而认真的事情，在没有调查清楚真相前，就草率地发布结论，转移舆论焦点，不仅不利于舆情引导，还会引起网民和公众的更多质疑与不满，进而成为网上舆论攻击的对象，成为网络舆情的焦点。

在杭州"飙车案"中，交警在案情通报会上称"当时车速在70码左右"，引起了网友的质疑，最后杭州市公安局不得不对此公开道歉。在此案件里，"当时车速在70码左右"还很难直接看出是一个结论性的言论，而其关键之处在于，车速快慢是案件的关键点，是舆情争论的焦点，涉及事件责任承担问题，会受人质疑和反问。"70码左右"明显带有主观臆断的倾向，换一种说法就成为事实了，如：经过调查取证（经过雷达测速），当时车速为71.5码"。在舆情引导工作中，面对质疑和反问的时候，回答提问带有结论性质，舆情引导及新闻发言人应引起高度重视，切忌草率作答回复。

四、舆情乃是宣传部门的事

舆情引导工作涉及诸多主体，包括公安部门、宣传部门、新闻办、共青团、青联、教育部门、企业、行业协会以及事件主管部门等。在有些部门或公务人员中存在一个观念误区，认为舆情引导只是宣传部门或者新闻办的职能，自己完成本职工作即可。尤其是对于网络舆情，有的部门或工作人员认为，我们工作不接触网络，甚至单位只有内网不能连接外网，网络舆情工作与我何干？

但事实上，舆情引导工作是需要多个部门协同配合完成的，而不是某个部门能独立有效应对的。任何舆情一般都会至少涉及宣传部门、新闻办、新闻出版部门、事件主管部门。我们知道，国安部门一般是不允许连接外网的，而对于涉及反恐、国家安全、反革命以及政治敏感问题的舆情处置工作，国安部门却是最重要的舆情应对处置部门之一。总之，不能有事不关己、高高挂起的心态，只要与部门业务和职能相关，舆情引导就是其不可推卸的职责。

五、小事化了，勿惊动上级

很多地方政府部门都有"大事化小、小事化了""多一事不如少一事"的心态，于是尽量避免发布相关事件或舆情的信息。同时，害怕事情"捅出去"了，上级会怪罪、责怪，会受到上级的惩罚，于是采取鸵鸟政策，或心存侥幸、犹疑观望，或一拖再拖，或岿然不动、不理不睬。而网民和媒体最受不了的就是"不被重视"，当他们吸引不到眼球的时候，便会"发难"，最终导致"小事拖大、大事拖炸"，使舆情爆发，不可控制。

我们强调将突发事件、信访案件等尽量化解在基层，就地解决。但一旦爆发突发事件，出现舆情，并不能采取私下化解、瞒报压制等措施，这是不利于事件处置和舆情应对的。我们更赞赏与群众平等地、平心静气地、公开地交流沟通，从而有效处理事件，化解舆情。

六、重视事件，却忽视舆情

由于我国处于社会转型时期，各种社会矛盾突出、多发，因而近年来群体事件也屡次发生。各级地方政府对群体事件的应对和处置极为重视，危机管理能力和应对突发事件的能力也不断地得到提升。在突发事件和舆情的应对中，有些政府部门重视突发事件本身，却忽视舆情的引导和应对，普遍存在这么一种心态——事件我们已经处理好了，网上管它怎么说去吧；事件我们已经处理得近乎完美了，公众还能说什么。

这是一种极为错误的观念，在处置突发事件的整个过程中，始终都伴随着网络舆情的应对和处置，须及时总结，在事件处置过程还应及时了解网络舆情的焦点、动向，及时回应网民的关切问题，合理引导网民舆论，同时，应以最快的速度将事件处理进展、处理结果，及时通告媒体，让网民知晓，可以平息很多不必要的舆论。2008年1月7日，面对湖北省天门市发生的城管殴人致死事件，尽管当地政府当即组织调查并进行处理，但过了几天才公布事件真相及调查处理结果，致使不实传言通过网络炒作演变成社会现实舆情，引发上万人游行。

七、事实已明了，沉默是金

部分地方政府在应对突发事件和舆情的时候，存在这么一种认识：事实真相已经查明，无须再多言，媒体和公众可以通过相关网站或公告查询，这时沉默是金，言多必失；或者会认为事实明摆着，大家自己看吧，我们不讲。但是公众和媒体即使知道事实了，他们也希望事实是从政府权威部门的口中说出来的。这时政府不能害怕讲，而应主动讲、大胆讲、大声讲、多讲，让更多的人知道事实真相。例如2010年2月20日至21日山西的地震谣言，就需要政府部门通过各种形式，诸如网络、电视、报纸、广播、短信、公告、新闻发布会等进行辟谣，在这种情况，如果保持沉默，或是只通过网络发布相关信息，结果可能是灾难性的。

八、网民不讲理，不予理睬

某些政府部门，在突发事件或舆情爆发后，常常抱怨公众或网民不明真相、被人利用，不讲道理，甚至认为事实清楚，案情明了，于是对部分公众或网民的质疑、"无理取闹"不予理睬，置之不理。有的政府部门认为，事实已经调查清楚，事件已经平息，就万事大吉了，殊不知舆情就像野火一样，一有风吹草动，点点星火又会死灰复燃。这种不理不睬势必会激怒媒体和公众，激发其逆反心理，导致事件和舆情升级。

从现实实践来看，诸多群体性事件都是由于对小的舆情不重视，对公众的合理要求不闻不问，矛盾积压，一拖再拖，最后导致事件升级。甘肃陇南"11·17"打砸抢烧事件、贵州瓮安"6·28"事件、云南省孟连"7·19"胶农事件、河北省定州市绳油村"6·11"事件，部分原因都是未及时处置舆情和矛盾。有媒体对贵州瓮安"6·28"事件勾画出了"七年—七天—七小时"的发展脉络，即七年的矛盾积累，死者死亡七天无人过问，打砸抢烧七小时。总之，民事民情无大小，用心去重视、关心、回应群众提出的每一个"小问题"、每一个"小要求"。

九、舆论即曝光，挑刺揭短

有的政府部门或公务人员认为，舆论及时曝光，就是媒体来挑刺的、揭人短处的。这些部门和公务人员出于这种心理和看法，害怕接触媒体，常常与媒体对立，怀疑媒体的意图，不信任媒体，常采取不理智或过火的言行。国内已发生多起打砸媒体记者及其报道器材的事件，就是这一问题的最好例证。因为害怕曝光，害怕媒体挑出更多问题，这些政府部门或公务人员就会尽量不让媒体报道、知晓相关事实，而面对媒体的时候，也采取尽量不说少说为宜的策略，使公众难以了解事件真相。而媒体面对这一情况总会不断追问，如此便会形成恶性循环。

盘根问底，报道事实真相是媒体的基本职责和权力，也是媒体存在的根本基础。因此，不要误解媒体报道是在挑刺揭短，报道事实真相、揭露社会问题、追查问题原因是媒体的职能，与政府部门应履行自己的职责、做好分内之事一样。当然，我们也要求媒体不能捏造事实、报道虚假信息。

十、家丑不外扬，内部解决

"家丑不可外扬"是中国几千年的传统思想观念，随着社会的发展，信息传递方式的改变，"家丑"已经难以不外扬了。因为受这种思想的影响，一些政府部门，在出现问题后，常常寻求办法尽可能内部解决或者在一定范围内解决，私下解决，使相关信息也只在内部或一定范围内传递，可是往往最终信息还是可能走漏。

消息一旦走漏，舆论哗然，必然导致事件升级，引爆舆情；即使消息一时没有走漏，也会引起网民猜疑、媒体质疑，必然出现谣言和小道消息，也会引发网络舆情，导致事件升级。因此，做不到"家丑"不可外扬，就不能寻求内部解决问题，"家丑"一旦传出去会放大负面问题和问题的负面影响。总之，在现代社会，政府或其他组织在出了问题后，一开始就应主动暴露"家丑"，彻底公开信息，公开解决问题，更有利于事件处理和舆情应对。

阅读材料：

（1）舆情引导的六种常见错误心态[1]

家丑不可外扬的面子心态；

沉默是金的自保心态；

媒体可控的自负心态；

为民做主的刚愎心态；

不给领导添乱的保镖心态；

不惜一切代价的维稳心态。

（2）舆情引导的六种常见错误策略[2]

"鸵鸟"策略：充耳不闻，装聋作哑，不敢承认面对事实；

"泥鳅"策略：害怕，不知如何应对媒体，逃散敬而避之；

"袋鼠"策略：掩盖事实真相，遮掩躲闪，轻描淡写，"无可奉告"；

"壁虎"策略："丢车保帅""大事化小""小事化了"，舍小存大，舍末留本；

"麻雀"策略：推诿指责，口径不一，互不通气，随意下定论；

"鹦鹉"策略：缺乏自己的主张和观点，照搬文件，鹦鹉学舌。

第三节　网络舆情危机管理原则

网络舆情危机管理工作涉及面广，头绪繁多，局面复杂，应遵循一定的原则性要求。网络舆情危机管理原则是舆情引导工作在没有先例可循或找不到明确可行的应对办法时，应遵循的主要准则、规范和要求。我们认为舆情危机管理工作的原则应包括以下主要内容：

一、以人为本、生命第一原则

以人为本是科学发展观的基本要求，坚持以人为本，就是要尊重人的特性和本

---

[1] 官方回应中的6种常见心态[N/OL].燕赵都市报，2013-02-23[2019-10-13].http://epaper.yzdsb.com.cn/201302/23/427725.html.

[2] 王晴川，沈荟.面对突发公共事件，政府如何发布信息[J].新闻爱好者，2011（9）：3.

质，把人民的利益作为一切工作的出发点和归宿；把人作为经济社会发展和现代化建设的动力和目的，一切为了人，一切依靠人，不断满足人民多方面的现实需要和实现人的全面发展。从本质上讲，以人为本就是一切从"中国最广大人民的根本利益"出发，促进人的全面发展，不断满足人民群众日益增长的物质文化、精神生活和政治民主的需求。以人为本，就是要求政府把关心人、尊重人、解放人、发展人作为社会经济发展的目的。这就要求在网络舆情应对过程中，要从人民的利益和需要出发，满足其物质、精神文化生活需求，而非简单地堵住舆论的"枪口"。

在全国宣传思想工作会议上，习近平指出，"坚持人民性，就是要把实现好、维护好、发展好最广大人民根本利益作为出发点和落脚点，坚持以民为本、以人为本"。

在处理突发事件和重大安全事故的舆情引导过程中，应及时报告，第一时间出现在现场，第一时间报道现场；把人的生命健康权放在首位；在信息发布过程中，多发布如何尽一切最大努力地抢救和挽救生命，先救人后救物的情况。这也是近年来，各国在重大安全事故后，停止部分娱乐电视节目，而及时播报事故、伤亡及救援情况的原因。

二、依法引导、合乎情理原则

在舆情引导的过程中，要坚持以国家相关的法律法规为依据和准绳，符合宪法、法律、法规和其他规章制度的要求。宪法明确了公众的言论自由和舆论监督权，宪法第27条第1款规定："一切国家机关和国家工作人员必须倾听人民的意见和建议，接受人民的监督。"第41条进一步规定，"中华人民共和国公民对任何国家机关和国家工作人员，有提出批评和建议的权利"。在依法保护公众知情权、监督权的同时，要依法规范公众及网民的监督行为，对那些恶意散布虚假信息、诬陷他人、危害国家利益以及对网络监督压制、打击、报复的行为，对违反有关网络管理或侵犯公民人身权、隐私权、名誉权的行为，有关主管机关要依据情节轻重和危害程度，应依法追究法律责任。我国出台了诸多关于互联网的规定和管理办法，例如《互联网信息服务管理办法》等，是网络舆情应对工作的法律依据。

舆情引导还应做到合乎情理，不仅对待网民和公众要合情合理，而且公布的事实真相、事件细节要合情合理，符合常理，经得起推敲，否则必然引起网民的质疑，甚至攻击。

三、及时引导、积极面对原则

舆情信息的最大特点就是传播迅速，网络舆情更是不受时空限制，可以在短时间内传播到世界各地。随着手机上网用户的增加、微博的普遍使用，突发事件、热点新闻、爆炸新闻等传播更是神速。因此网络舆情一旦爆发，相关部门应坚持"黄金一小时"原则，第一时间做出反应，及时应对。从近年来的经验看，凡是有关政府某部门的负面新闻一旦出现，该部门就应立即进入网络舆情引导状态。

网络舆情一旦发生，基层相关部门应第一时间做出快速反应，相关人员应通力合作，根据经验，在自己的职责范围内开展舆情引导和先期处理工作，而不是消极地等待上级部门来引导，或是等上级过问后才开展引导工作。在网络时代和信息时代，消极抱怨或者简单地"瞒""捂""堵"等做法是极其危险、错误和愚蠢的。也不要抱有"息事宁人""大事化小、小事化了"的心态，这将会使自身在网络舆情引导工作中处于不利和被动的位置。

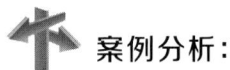 案例分析：

伪造国家机关公文——47号公告 ①

2011年8月12日，有网站刊登《国家税务总局关于修订征收个人所得税若干问题的规定的公告》即所谓"国家税务总局2011年第47号公告"并做了解读，公告文中标记发布日期为2011年7月31日。由于涉及时下备受关注的"年终奖税收"计算方式，经国内多家媒体转载、放大，引起社会广泛关注和议论。

15日，国家税务总局发布声明称，近日，有人盗用税务总局名义，对外发布了"《国家税务总局关于修订个人所得税若干问题的规定的公告》（2011年47号）"并作解读，该文及解读内容在媒体刊登后，严重误导了纳税人。税务总局表示，税务总局从未发过该文件及解读稿，此文件及解读稿系伪造。税务总局将依法行使追究伪造公文者法律责任的权利。

10月25日，国家互联网信息办公室网络新闻宣传局通报，在网络上流传的"国家税务总局关于修订征收个人所得税问题的规定的47号公告"已查明属于编造的谣言，国家互联网信息办网络新闻宣传局、公安机关已责成属地管理部门依法依规对制

---
① 黄庆畅，张洋.网络谣言害人害己 社会公众勿信勿传——近年来在社会上产生严重后果的十起网络谣言案例[N].人民日报，2012-04-16.

造和传播这些谣言的责任人和网站予以惩处,经公安机关查明系上海励某杜撰而成。公安机关对在网上伪造国家相关文件并传播的励某依法作出行政拘留 15 天的处罚。

案例评述　舆情引导不及时

如果主管部门有相关的网络舆情监测或预警软件,应可以监测到在网络疯传的相关文件和信息,应于第二日或者更早获知相关信息,及时给予辟谣,但国家税务总局于 8 月 15 日才发布相关声明。网民是否会质疑:对于中央级国家机关的红头文件都可以伪造,还有什么是值得我们信赖的?显然,这是会影响政府公信力的一个网络舆情。如果遇到更具危害性的网络谣言,恐怕后果不堪设想。

操作提示　有效监测舆情,准确研判,及时引导,快速反应,以应对谣言或虚假信息。

四、把握时机、抢占先机原则

舆情一旦发生,相关部门应通过媒体,主动宣传、营造有利的主流舆论态势和社会氛围,例如主动准备新闻通稿等新闻稿件,主动联系有关媒体发布与事件相关的公告或信息,而不是以"主人"姿态坐等媒体调查事实真相,进行现场报道。尤其是对重大敏感事件、突发事件的新闻报道和舆论引导,要努力抢占先机,把握话语权,赢得主动权,为舆情引导和应对工作营造良好的舆论氛围。

在网络舆情形成初期,网民有实现话语权的欲望,有附和情绪和盲从心理。因此,在其形成初期,有效的主动引导可以防止网络群体性事件的发生,为网络舆情应对工作抢占先机,抢占"制高点"。网络舆情爆发后若没有官方的声音,没有官方的消息,各种猜测、曲解必将给事件的处理带来阻力,导致事件处置和应对工作的被动。主动发布权威信息,"在媒体还没来得及报道时",发布相关信息,可避免公众盲目猜测、恶性炒作以及媒体虚假报道。

五、公开透明、互动沟通原则

信息公开、透明,是应对舆情的基本原则。从信息传播的角度来说,信息公开是对付小道消息和谣言的最好办法。事件发生或舆情爆发后,应公开事实真相、事情经过、伤亡情况、已采取的措施、已查明的事件原因(未确定原因的事件不要随意假想、臆断)等,让网民想知道、想了解的情况都能通过公开的渠道和信息找到,而不要让网民想要获取舆情信息，却无从获取或查找，致使网民主观臆断或造谣。

在信息沟通和传递过程中，应平等、公平地与网民和媒体互动交流、沟通，了解他们在想什么、想获取哪方面的信息，对媒体、公众一视同仁。舆情爆发，群情涌动，如果居高临下，自说自话，会激起公众的质疑和反感，形成对立。无数群体性事件的应对经验表明，对话胜于对峙。舆情引导者和应对者只有放下架子，积极与媒体沟通，平等地与公众交流，以信息公开消除谣传猜测，才能赢得信任支持，才能有效引导舆情，妥善处置事件。

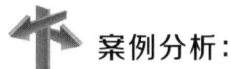 案例分析：

陕西省延安市车祸中的"微笑官员"

（一）事故概况

2012年8月26日凌晨2时许，陕西省延安市境内的包茂高速公路化子坪服务区南出口200米处发生一起特大交通事故，一辆车牌号为蒙AK1475的双层卧铺客车和一辆车牌号为豫RHD6962的罐车（装有甲醇）追尾，并致两车起火。发生事故的客车核载39人，实载39人。事故发生后有3人逃生。车祸现场极为惨烈。

图9-1 陕西省延安市车祸现场

（资料来源：新华网）

（二）官员事故现场微笑

2012年8月28日相关媒体报道，陕西一官员在交通事故现场，因面含微笑被人拍照上网，而招致网友不满。该官员随后卷入争议漩涡，网友关注点也转移到了他在不同场合所戴的手表上。

尽管现场的官员面带微笑的照片只是现场一个片段，不能说明真实情况，但改名还是遭到大量批评。网友关注的焦点也从微笑转移到了他的腕表上。有网友搜集了有关该官员出席各种活动和会议的公开报道,将这些图片对比发现,其在出席不同的活动时,经常更换自己的手表,至少有 5 块不同的表。① 文中同时配发了该名官员戴不同手表的三幅图。

腾讯网于 8 月 28 日上午以《陕西车祸现场"微笑官员"曾戴多块名表》为题,② 进行图文报道,配发了该名官员 6 幅图片,其中 5 幅图片为其在不同场合戴的手表,并附有放大特写。还有网友在请教专家后,分别对这 5 块手表进行了市场估价。关于官员事故现场微笑的相关报道成为当天各大网站头条新闻。

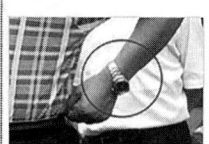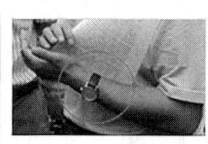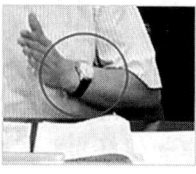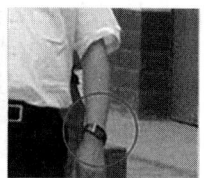

图 9-2 网友搜索的某官员在不同场合所戴的手表

(资料来源:截图自腾讯网)

(三)相关部门及人员的网络舆情应对

8 月 28 日下午晚些时候媒体报道,陕西省安监局工作人员认为车祸现场微笑表情被放大了③。有媒体记者上午致电陕西省安全生产监督管理局监察室,该室工作人员表示,虽然他们已经看到了网上的评论,但是他们并未收到群众或者工作人员的材料举报,因此对此事没有评论,具体情况要咨询办公室。

随后,记者再次拨打办公室电话,多次拨打后,对于官员在事故现场的笑脸,一位工作人员表示,是网友把该名官员在某个特定场合的表情给放大了说事。

对于网上流传的几块价值数万甚至几十万的手表,该工作人员表示:"对此事,不好评论,具体事件我也不清楚,最好问本人。"

8 月 29 日媒体报道,该官员称工作忙,最快今日回应。④

8 月 30 日媒体报道,该官员称现场微笑是想让基层同志放松。29 日晚,该官员在微博上与网友互动,公开回应质疑。对网友作出解释和回应,并多次向公众表示道歉。

---

① 王世宇,王银超. 延安车祸现场微笑官员被指曾戴多块名表[N]. 南方都市报,2012-08-28.
② 陕西车祸现场"微笑官员"曾戴多块名表[EB/OL].(2012-08-28)[2021-08-31]. http://news.qq.com/a/20120828/001020.htm#p=1.
③ 李洪鹏. 陕西安监局回应局长在车祸现场笑:表情被放大[N]. 法制晚报,2012-08-28.
④ 刘刚. 陕安监局长向组织报告车祸"微笑门"对于所戴手表问题最快今天上午回应[N]. 新京报,2012-08-29.

网友对该名官员微博回应质疑的做法表示支持和肯定，认为通过微博互动是一种很好的沟通，"有诚意""有勇气面对质疑"，是一次不错的"危机公关"，更有网友呼吁这样的互动将来越多越好。但也有网友对此表示谨慎乐观，"杨局长说法是否属实？各方都请用证据说话。"①

新京报概括了这次微博互动的五大焦点："面带微笑"为让工作人员放松；10年用合法收入买5块表；微博访谈"来晚了，很抱歉"；"尽管批评我，不要牵连家人"；公务人员被监督合理正常。②

（四）网络舆情引导简评

该舆情本不是这次车祸事故舆情的关键性内容，我们反对对一个微笑表情刻意放大，事故应急救援中也无需整天哭丧着脸。当然，在如此惨烈的车祸中，对事故的处置和善后也应坚持以人为本，生命第一的原则，应有体恤怜悯之情。2012年12月某学者在做客央视一节目解读两起民工冻死事件时，在节目过程中，该学者面带笑容，也遭到了网友的指责和猛烈攻击。上述事件表明：党政官员、公众人物，应随时注意自己在公众场合的言行，应时刻注意三思而后行，谨言慎行。

同时，针对网络舆情本身，相关部门不能采取不问不闻，不做任何评论，或采取沉默，置之不理的做法，会使网民错误地认为相关部门和人员有高高在上、不屑一顾的心态，可能会激发网民的逆反心理，网民从一个微笑片段就"人肉"出了官员出席各种活动和会议的照片及其详细情况就是一个例证。我们更赞赏相关部门和官员站出来主动回应网民，说明当时情况，诚恳道歉或请求网民原谅，请网民继续监督部门做好工作。一个道歉对相关部门和官员来说并不会损失什么，而置之不理的态度可能会使舆情升级。

当事人及时地与网民进行微博互动，应该说是成功的，得到了网民的肯定和谅解，算是一次较成功的媒体公关活动的尝试，网民也希望以后多进行这种互动。从这些事实来看，公开信息、主动回应、互动沟通在网络舆情应对中并没有坏处。我们认为当事人的回应还是稍显缓慢了一点，可以更加及时地引导舆情，工作繁忙并不能作为回应缓慢的借口。

当然，当事人后续的查处已经有了结果，我不便评论，但其及时的微博互动沟通，值得肯定。

---

① 刘刚."微笑局长"：一不留神，表情有些放松[N].新京报，2012-08-30.
② 刘刚."微笑局长"：一不留神，表情有些放松[N].新京报，2012-08-30.

六、回应质疑、主动引导原则

现实社会一旦发生突发事件或探讨焦点问题,网络舆情便会逐渐形成。对于突发事件,网民会有各种疑问,会关心细节,关注事件走势,质疑事件的原因以及来龙去脉。因此,舆情一旦爆发,仅仅发布信息是不够的,还必须迅速了解和把握现实社会和网上的舆情信息,迅速回应公众疑问,如果对网民的疑问和质疑置之不理、漠不关心,很可能导致舆情升级。

在回应公众或网民疑问的同时,还应主动引导舆情及舆论方向,将网络的评论、跟帖、讨论引导到正确的方向上来,引导网民理性、客观的评价和看待事件,不能让非理性、偏激的观点占据主流。对涉及政治等敏感性问题,更是应向正面引导,避免舆情向反动的方向发展。也可以利用舆情专员或舆情评论员,监控、跟踪网络舆情,参与跟帖、评论、讨论,影响网络论坛,进而影响网络舆情走向,将不利舆情引导到主流舆情上来。

七、信息准确、细节真实原则

真实准确是信息之本。准确真实的信息才不会误导公众,错误虚假的信息比没有信息危害更大,会给事件处理和舆情引导工作带来极大的危害。信息准确、细节真实,还原真相、还原全貌,尽量不让事件留下疑点,力争不给公众带来困惑,做到客观公正、取信于公众,唯有如此才能促使问题尽早解决,舆情尽早平息。

2012年5月10日发生在云南巧家县的爆炸案,前期因为案件在没有查清的情况下,公安局有关人员表示愿以前途担保爆炸案为赵登用所为,引发了网民、媒体的诸多质疑,提出了多个疑点,导致网上激烈争论,各种关于爆炸的真相版本散布于网络,致使后期在案件处理和网络舆情引导方面处于完全被动的境地。如果及时发布正在调查侦破案件的消息,在及时调查清楚案件后,还原案件过程、细节和真相,或许不至于此,而最终结果却是雇用赵登用的邓德勇、宋朝玉因为不满征地补偿制造的这起爆炸案,相关部门是难辞其咎的。

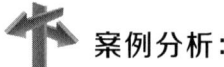 **案例分析：**

甘肃派出所未及时出警事件及舆情应对

（一）甘肃派出所未及时出警事件报道[①]

2012年6月30日，庆阳市环县车道乡苦水掌村村民张学平与同村村民王凤斌发生纠纷，张学平持羊铲将王凤斌致死，又持尖刀将王现锋、王晓阳杀害后自杀。案发后，死者家属反映车道派出所接到报案后未及时出警，致王现锋、王晓阳被张学平杀害。而环县车道派出所所长韩仲辉因接警16分钟仍未出警，构成失职行为被免职。

接到死者家属反映后，环县县委、县政府高度重视，组织县乡工作人员对家属进行慰问安抚，并成立县纪委、监察局、检察院进行联合调查。

联合调查　晚出警16分钟

记者了解到，联合调查组首先调取了相关人员的通话记录。张学平在第一现场持羊铲将王凤斌打倒时，被同村村民王全军看见，王全军即于6月30日上午9时零6分用手机给王凤斌的邻居王凯亮打了电话，让王凯亮告诉王现锋，其父被张学平打伤，据此王凤斌被害时间为9时零5分。9时15分，被害人王现锋的妻子王彩文给丈夫的哥哥王宪云打了一个电话，但王宪云未接。结合王彩文证言，并与北京时间对比，发现王彩文的手机时间比北京时间慢3分钟，据此，张学平开始侵害王现锋、王晓阳的时间是9时18分。王全军于6月30日9时24分41秒给车道派出所所长韩仲辉打电话报案。车道乡卫生院院长林树里证言，医院于9时30分左右接诊，经简单检查处置后，先打120，后打110。经查电话记录，打110时间为9时40分40秒。

其次，调查组对案发现场相关的距离和车辆行驶速度、步行速度进行了测量。车道乡派出所距张学平行凶第一现场的距离为2100米，第二现场即张学平侵害王现锋、王晓阳地点在第一现场的前方300米处，也就是说从派出所到第二现场的距离为2400米，当日因下雨道路泥泞，车辆实测以每小时20公里的速度需7分钟才能到达。张学平在第一现场行凶后，将羊赶回家，持尖刀赶到王凤斌家对面的林地，即第二现场，此路段共856米，步行时间约13分钟，根据现场模拟测试，王现锋、王晓阳被害时间约为9时21分左右。

此外调查证实，韩仲辉于9时24分接到报案，自车道乡卫生院院长林树里于9时40分给110报警止，共16分钟时间没有出警，已构成失职行为。

[①] 李杨，吴树权.未及时出警，派出所所长被免职[N].西部商报，2012-07-15.

调查处理　派出所所长被免职

根据调查结果，环县县委、县政府决定，一是免去韩仲辉车道派出所所长职务，进一步接受组织调查处理；二是做好死者家属的安抚工作，成立案件善后处理工作组，妥善解决死者家属生产生活中的困难；三是即日起在公安机关开展"警风警纪警德"专项教育活动。

（二）甘肃派出所未及时出警事件舆情引导简评

这是一起涉及警务的舆情，有关派出所未及时出警的相关报道，并没有在网络引起太大的波澜。当地政府的及时、正确处理，使这起舆情处理堪称一个经典案例，值得我们在处理其他突发事件舆情的时候借鉴学习。

成立联合调查组，及时处理。县委、县政府在接到街道家属反应后，及时成立由县纪委、监察局、检察院等组成的联合调查，展开调查。在事件发生后，半个多月内将事实真相调查清楚，向社会公布。

精确的调查结果，精确还原时间。调查组通过各种现代科技手段，将报警后的16分钟进行精确还原，甚至精确到秒。经过多方印证，将可能出现的时间错误（王彩文的手机时间比北京时间慢3分钟）也都加以说明和计算，令公众信服。

精确地实地测量，现场模拟测试。对两个行凶现场进行实地测量，对车辆速度、步行速度等进行实地测量，最后综合上述结果，做出处理，并借此进行作风整治教育，具有较大的示范意义。

如果对群众、舆论有争议的事件或场景，能像上述事件一样，进行精确还原，并如实全部向社会公开，对取信于民具有至关重要的作用。概言之，做到真正的信息公开、透明，是政府应对舆情、面对质疑最有力的武器，是应对和引导舆情的基本原则。

八、部门联动、协同引导原则

舆情引导工作涉及面广，会牵扯多个部门，引导工作需要部门之间有效联动，协调行动，共同应对。部门联动、协同引导是指与舆情相关的政府主管部门及其他相关职能机构联合行动、分工协作、彼此配合，对舆情进行引导和应对等，从而化解舆情危机，促进舆情涉及的事件或问题有效解决。

部门联动既指舆情引导的各主体之间联合行动，如宣传部门、公安部门、工信部门等，也指上下级部门之间、政府与企业之间的联合行动，甚至包括与媒体之间的有效联动和沟通。各个部门之间高效的联合行动需要有效的沟通协调，做到步调一致、口径一致、行动一致，才能提高舆情的引导效果。三鹿奶粉事件发生后，相关地方政府部门之间、上下级之间、政府与企业之间都缺乏有效的沟通和协调行动，是致使事件和舆情恶化的一个重要原因，最终导致出现我们大家都不愿意看到的结果。

九、分级引导、分工协作原则

属地管理与分级管理是我国政府管理的基本原则，这也是舆情引导工作的原则。根据舆情危急、紧急的程度以及舆情涉及事件的大小分别由不同层级的相关政府部门负责引导和应对，启动相应的应急预案。坚持归口管理，尽量就地解决，将舆情及舆情反映的事件化解在基层。

同时，各级宣传部门、公安网监部门、国安部门、工商部门、教育部门、共青团（青年思想政治教育）等部门和网络运营商要担负起各自的互联网管理职责，按照职能分工协作，发挥各自的优势，齐抓共管，共同营造文明健康的网络文化氛围。有关企业及其他社会组织在涉及本单位的舆情和安全事件爆发后，应积极配合有关部门，做好引导工作，避免矛盾激化。

十、统一指挥、统一领导原则

舆情一旦形成，应立即明确主管部门、主管领导及其责任，统一指挥、统一领导舆情引导工作，避免相互掣肘。尤其是对于突发事件而引发的网络舆情，在危机状态下，领导指挥机构有权调动各个部门的人力、物力，以便统一行动，从而将危害程度降到最低，同时应在领导指挥机构设立新闻工作组负责事件的媒体接洽、对外宣传、舆情引导工作。

四川省成都市"6·5"公交车燃烧事件发生1小时后，9路公交车燃烧事件的相关信息和图片便开始在网络论坛、QQ群里迅速流传，无数的网民开始用电话或搜索引擎求证信息。一时间，议论纷纷，关于事故发生原因的猜忌、疑虑漫天飞。成都市快速启动了宣传应急预案，构建了由宣传、公安、消防、安监、卫生、民政、交通等部门负责人组成的宣传信息组，在省委宣传部门的统一指导下，全面开展新闻发布、舆论引导、网络舆情监管和社会舆情收集等工作，及时公开信息，牢牢把握了舆论的主导权。宣传信息组的构建、宣传部门的统一领导，使这次突发事件的舆情应对工作取得了良好的效果。

第四节 网络舆情危机管理技巧与艺术

简而言之，网络舆情危机管理就是有关部门或个人与媒体、公众打交道，传递信息，交流思想的过程，打交道的过程是需要一定的技巧的。

一、新闻发布，议程引导

正如前文所说，对于重大突发事件、重大舆情等，我们更倾向于采用多次召开新闻发布会的形式进行舆情引导。用发布会议程主导和把控舆论导向，有利于掌握舆情引导的主动权。新闻发布会可以"牵引"着媒体走，让媒体或公众希望了解的信息，都可以通过新闻发布会或媒体传递出去。

面对重大突发事件、重大舆情，事件处置部门与媒体、社会、公众之间形成一个无形的管道，这个管道需要信息来填满，当没有信息来填满这个管道的时候，谣言、小道消息便会出现，占领这个管道。在重大突发事件爆发后，有了新闻发布会，媒体、公众、网民有了获取信息的正常渠道，就会主动地关注新闻发布会，期待下一次新闻发布会，从而实现舆情自动引导。成都公交车燃烧事件的舆情引导工作处理得恰当，就在于充分利用新闻发布会进行舆情引导。2014年1月15日温岭鞋厂火灾事故、2014年4月20日浙江苍南县城管打人事件，都可以采用召开新闻发布的形式进行舆情引导。

二、早说事实，慎说原因

在突发事件处置和舆情引导进程中，无论是面对媒体还是公众，都应详细地说明事件现场的客观事实，尽量镜像式地说明现场状况，或者还原现场，对事件的时间、地点、已经掌握的伤亡情况等不能存在误差，可将事件的调查与处置过程以全景式、立体化的方式呈现在媒体和公众面前。

2005年11月21日中午，哈尔滨市政府获悉松花江上游污水团将于30小时内到达哈尔滨市，通过电视向社会发布政府公告，宣布因"市政供水管网检修"全市停水4天，导致市民的猜疑和谣言四起，引发市民疯狂抢购水。11月22日凌晨，哈尔滨市政府发布了第二次政府公告，向社会公开了由于上游化工厂爆炸导致松花江江水污染的消息，并告知市民政府正在想方设法采取各种应急措施，保障居民生活用水。市民了解事实和真实消息后，各种谣言开始消散，恐慌情绪也慢慢消除。

一般来说，出现突发事件的原因是多方面的、复杂的，事件原因在短期内是不可能彻底查明、彻底调查清楚的。因此，在媒体或公众询问事件原因的时候，不能随意地说出事件原因，也不能主观地认定事件原因。同时，也不能以不知道事件原因为由，拒绝回答。而应以委婉的语气请求媒体、公众耐心地等待事件原因的调查结果。例如可以说：事件原因相关部门（公安机关）还在进一步调查，一旦有了结果，会及时通过新闻媒体向社会公开。

成都公交车燃烧事件、云南巧家爆炸案、马航MH370失联等事件的原因都是极其复杂的，要经过长时间的调查、分析，不能轻易下结论。如果政府部门前后发布的事件原因不一致，甚至完全相反，会造成恶劣的影响和难以挽回的损失。近年来已经发生多起因草率说明事件原因而使事件或舆情恶化的案例，应引起突发事件处置和舆情工作人员的警惕。2009年6月湖北石首事件的舆情恶化，部分原因就是政府有关部门妄下结论所致的。

三、承认错误，正视问题

在处理突发事件或舆情引导进程中，相关部门或个人可能出现这样或那样的错误，或者因为管理方面的失误或某种疏忽大意导致了突发事件的发生，此时，就应通过媒体或其他方式公开承认错误，正确面对问题，而不是逃避、退缩。

2013年11月24日，湖南一名26岁女子被警方抓获，12月6日被带到青海，之后发现该女子并非犯罪嫌疑人，而是身份信息被盗用。12月10日，青海西宁警方在官微西宁网安发布了"跨省追捕湖南女子"的情况说明，并向该女子及其家人道歉。

发现问题后，西宁市人民街派出所积极应对，一是未将其送往看守所羁押，并依据法律规定办理了释放手续；二是为其安排食宿，并与刘丽本人进行沟通，说明情况，取得谅解；三是对刘丽及其家属公开道歉，消除对其造成的社会影响。同时，西宁市公安局城中分局对于此事作出了处理意见：一是责令人民街派出所迅速纠正错误行为，立即释放当事人并对其讲明情况、赔礼道歉。同时做好善后处理工作。二是对责任民警张军治作出停止执行职务30天的决定，并组织纪委等部门成立调查组，对此案进行全面调查。同时对刘丽及家人予以公开道歉，对造成的经济损失依法给予赔偿，并且组织专门力量对此案进一步侦查，力争抓获真正的犯罪嫌疑人。[①]

---

① 梁超.青海警方就跨省抓错女子道歉，责任民警被停职30天[N].京华时报，2013-12-11.

四、主动道歉，承担责任

在处理突发事件或舆情引导进程中，承认错误的同时，还应向公众或受到伤害的人主动道歉，并承担相应的赔偿等责任。这在上述民警错误抓捕人和北京市老外撞人事件中都有所论及，不再展开。道歉和承担责任，与承认错误可以是同时进行的，但并不是完全重叠的行为，拒绝承认错误的人，是不会道歉的，即使道歉也不是发自内心、真诚的道歉。道歉可以是公开道歉，也可以是私下当面道歉，为表诚意，应尽可能当面道歉，承担责任，采取实质性的行动，减少或消除伤害，例如在媒体发布公开道歉信、赔偿受害人。责任人需要做出实质性行动，而不是将承认错误的想法"埋藏"在心底。

五、公开透明，细节真实

公开透明是突发事件处置和舆情引导最基本的原则性要求。公开事实，还原现场的时候做到细节真实，符合常理，才能使媒体和公众信服。这在舆情引导工作原则及甘肃环县派出所未及时出警事件的处置中有所论述，不再展开。

六、抚慰群众，请求监督

在处理突发事件或舆情引导过程中，尤其在处理造成重大伤亡或经济损失的突发事件中，相关部门、媒体都应有意识地抚慰群众悲伤的情绪。同时，请群众监督政府相关部门做好突发事件的处置工作，为了畅通意见表达和监督渠道，还应设立相应的意见箱或电子信箱。

例如处理马航MH370失联事件、"5·12"地震等突发事件时，应有专业人员负责群众心理抚慰工作，针对人们劫后余生，心理极度恐惧；失去亲人，心情异常悲痛等情况，要与群众谈心交心，增强群众战胜困难、重建家园的决心和信心。在地震遇难人员的安葬过程中，充分考虑到遇难人员家属的悲伤心情和当地群众安葬逝者的传统风俗，也是抚慰群众心理的做法。

在新闻发布会现场或事故现场，要表达对灾民或家属真诚的关切，认真倾听群众发牢骚、诉苦，甚至是群众的谩骂、愤怒、发泄，都应认真倾听，这是理解群众特殊情景中的心理的需要，相反，不能以同样的方式对待群众。

七、解决问题，关心难处

在突发事件或舆情发生后，尤其是灾难性突发事件或其他有人员伤亡的事件发生后，伤亡人员的家属有诸多的问题、难处或诉求，需要解决或解答，因此，在舆情引导过程中，应尽力解答有关人员的问题，回应有关人员的诉求，关心有关人员的需求、痛苦和不便。如果有关人员的问题没有获得较为合理的解决，就可能引发上访或群体性事件。

就马航MH370失联事件而言，对于这种罕见的重大突发事件，应该说马航和马来西亚政府在突发事件的处置、危机公关、媒体应对、家属安排等方面已经尽力了，但还是受到了来自公众、媒体、家属的诸多质疑，部分原因就在于马航没有有效地解决家属关心的问题，没能回答媒体关心的问题，没有设身处地地关心家属的难处和痛苦。上海住宅楼倒塌事故和PX项目引发的群体性事件，部分原因就在于群众对自身最基本的住宅环境和生活环境受到威胁而感到恐惧。

这里需要提醒各级各类党政机关公务人员，马斯洛需要层次理论警示我们：当人的衣食住行等基本需求问题受到威胁或得不到保障的时候，人可能会采取各种极端行为甚至誓死要求确保问题解决，例如征地问题、拆迁问题、摊贩刺死城管问题等，从某种意义上说，这都是人的基本生活受到了威胁。

八、以情感人，以理服人

在处理突发事件或舆情引导进程中，要从维护群众的利益出发，耐心解释有关政策、法律和制度。通过摆事实、讲道理、说原因，化解民众的不满情绪，尽可能地做好安抚和善后工作，做到以情感软化人，以道理说服人，圆满解决问题。

2009年6月27日，上海闵行区莲花河畔景苑13层在建住宅楼倒塌事故发生后，该楼业主纷纷要求补偿，周边几幢楼房业主纷纷要求换房、退房。上海市委、市政府对该事件非常重视，上海市委书记俞正声和市长韩正迅速作出重要批示，"要求市建交委、市安监局、闵行区政府等有关部门和专家立即组成联合调查小组，彻底查清事故原因。从规划、施工许可、招投标、资质管理、施工图审查、工程监理等各个环节逐一审查，并依法公开严肃处理"，并要求"严肃追究事故责任，维护人民群众合法权益，及时向社会公布查处情况的相关信息"[①]。事件发生后，上海市和闵行区政府做了许多调解工作，耐心向业主解释倒楼的原因，会同开发商提出了具体的赔偿方案和换房措施。直至2009年11月，赔偿工作基本结束。直接相关的41户中居民有18户退房，另外23户在小区内换房，事件得到了较为圆满的解决。

九、保持理性，避免过激言论

在处理突发事件或舆情引导进程中，面对媒体、公众、家属等的质疑、询问、追问，有关部门或个人难免有难以应付或难以回答的情况。但是面对各种情况，都应时刻保持理性，以平静、平和的心态，以换位思考的方式来对待提问，避免出现过激言论。近年来，出现多起因有关人员言论过激的情况，被称为"雷人雷语"。"雷人雷语"可能出现于处理突发事件的进程中，也可能因一句"雷人雷语"引发舆情，或者致使事件处置、舆情引导处于不利境地，各级党政机关公务人员应引以为戒。

下面整理了近年来的部分"雷人雷语"，期望对舆情工作人员具有启迪和警示作用。

> **"雷人雷语"：**
> "不管你信不信，反正我信""你怎能用政府给你配的车带老百姓上访？""对拆迁维权的围观和声援，会制造更多的鲜血和悲剧""没有强拆就没有新中国""请报道正面新闻，否则我可以不接待""你知道我是谁吗？我是局长！""食品安全要靠市民花钱买回来""你们（记者）无权了解真相""你知道什么叫恶不？跟政府作对就是恶！""我只为领导服务，你们算个啥""如果我们不拆迁，你们这些知识分子吃什么？""我想怎么剁就怎么剁""我躺下来都比你高""我是粗人""小心你的命！""替党说话，还是替老百姓说话""这个事不好说太细""为什么不公布老百姓财产""房地产商来我市投资，赔了算我们的""法院是习惯性这么做的""没时间跟你闲扯""你是哪个单位的""是不是拉屎也要告诉你啊""你是不是党员""我没有受贿动机，是为了发展""在大草原上拉了一堆屎，有点臭，算不算污染""一楼二楼别去啊，要去就去五楼（跳）"。
>
> 参见：http://news.dsqq.cn/kbtt/tttj/2011/07/30151721731.html.

[①] 市领导就闵行楼房倒塌作重要批示　要彻底清查[N/OL].新民晚报，2009-06-27［2020-10-1］.http://sh.xinmin.cn/shizheng/2009/06/27/2155124.html.

> "一条披着记者羊皮的狼""越发达地区水越黑""人民网算什么东西?那是电子垃圾,人民网记者都是混蛋""准备抓两个网民,公开审理一下""我是管文化的,你敢在新华网曝光,我就叫它关闭""我掏钱买文凭,你有啥资格管我""为什么不公布老百姓财产""法院是习惯性这么做的""这事我不好再说太细""你是替党说话,还是替老百姓说话""看病最不难是中国,看病最不贵是中国"。
>
> 参见:http://news.hsw.cn/system/2009/07/16/050242933.shtml.

十、查处责任人,平息公愤

及时查处、处罚责任人,平息民怨公愤,是处理突发事件或舆情引导的重要策略性技巧之一。如果迟迟不查处相关责任人,甚至是包庇责任人,一旦被媒体或公众知晓,将可能导致舆情升级,情况严重的话,可能引发群体性事件,这在近年来的多起群体性事件中得到了证实。对重大突发事件来说,对负有领导责任的人应追究其领导责任,这也是推行引咎辞职制度的原因之所在。

2011年10月广东佛山小悦悦事件、2013年3月长春盗车杀婴案引发了人们的大讨论和波澜壮阔的舆情,甚至引发了人们自发的悼念活动。部分原因在于事件挑战了传统伦理道德的底线(救死扶伤、尊老爱幼、爱护婴儿)。对于上述刺痛人们神经的事件,如果不及时查处责任人,不快速侦破案件,就可能引发新的舆情,网民便可能在网上谩骂、攻击政府相关部门,而人们在现实世界聚集悼念,也可能引发群体性事件。

 **阅读材料:**

舆情引导"十不"

不能慢:反应敏捷,以快制快;

不能怕:直面矛盾,沉着应对;

不能瞒:尊重事实,公之于众;

不能推:协同作战,通力合作;

不能躲:坦然相见,以诚相待;

不能假:实事求是,有错必纠;

不能压：平等互信，合作共赢；

不能和：坚持原则，不和稀泥，不无原则的和；

不能狠：加强对话，讲究技巧，不说狠话、气话；

不能拖：雷厉风行，速战速决。

第五节　网络舆情危机管理策略与方法

简言之，网络舆情危机管理就是做好舆情引导工作，需要解决说什么（内容、What）、怎么说（如何、How）、什么时候说（何时、When）、跟谁说（谁、Who）、为什么说（目的、Why）等几个问题。因此，本节重点论述舆情引导的方法和策略，主要涉及说什么、怎么说、什么时候说的问题。

一、召开新闻发布会

新闻发布会也称记者招待会，简称发布会，是一个组织直接向新闻界发布有关该组织信息、解释重大事件而举办的媒体活动，是一种主动传播该组织相关信息，以谋求新闻界对该组织或该组织的活动、对某些重大事件进行客观而公正报道的一种沟通方式。接受媒体专访也属于这种舆情引导的方法。

对于企业来说，新产品上市、重大纪念活动、庆典、促销活动、赞助公益事业、兼并重组都可以召开新闻发布会。国务院新闻办、外交部、证监会等党政部门不仅每周会召开例行的新闻发布会，针对重大事件还会临时召开各种新闻发布会。

对于舆情引导和应对来说，召开新闻发布会适用于以下情况：重大突发事件、重大舆情、人员伤亡或财产损失较大的事件、暴力恐怖事件、涉外事件等。

召开新闻发布会的优点在于：会议隆重、形式正规，有较多新闻界的人士参加；沟通效果好，双向互动，一般先发布新闻，然后请记者提问，有关部门或人员回答；影响范围大，传播迅速，报纸、电视、广播、网站相关工作人员都到现场，集中发布（时间集中、人员集中、媒体集中），迅速传播、扩散到目标受众。

召开新闻发布会，应重点做好以下准备工作：

第一，选择合适的时间、地点。对于突发事件的舆情引导来说，发布会时间没有固定的模式，若事件重大，那么在事件发生后，越尽早召开越好，若事件紧急，晚上甚至深夜召开也可以，这有别于例行发布会。关于地点的选择，可以选择在户外（突发事件现场），也可以选择在室内（马航MH370失联事件后，马航在首都国际机场附近的北京丽都饭店召开新闻发布会，被家属和记者指责场地太小，空气不流通。）。选择发布会场所的时候，要考虑议厅容纳人数、主席台的大小、投影设备、电源、布景、麦克风、相关服务、住宿、饮料的提供等因素。

第二，会场准备。一般要在发布会现场标出会议主题、会议召开的时间、地点和主办单位等信息。

第三，现场布置。注意席位摆放方式，发布会现场一般是正面主席台加下面的课桌式摆放的形式。主席台人员一般需摆放席卡，以方便记者记录发言人姓名。摆放原则是职位高者靠前靠中，以左为尊。参会人员除了发言人、主持人外，可以增加几人，以备回答记者或现场观众提问，在主要人员回答后，其他参会人员还可以补充。

第四，新闻发布会现场外围布置。一般在大堂、电梯口、转弯处有导引指示欢迎牌，可事先安排礼仪小姐或者安排工作人员做引导工作。

第五，会议资料准备。提供给媒体的资料，整理妥当，按顺序摆放，在新闻发布会前发放给新闻媒体（也可以放于桌上，如果会议有签到，也可在签到处发放）。资料一般包括会议议程、新闻通稿、发言稿、发言人的背景资料介绍（包括头衔、主要职责或分管工作等）、空白信笺和笔（方便记者记录），具体准备哪些资料，应根据突发事件或舆情的具体情况来确定，资料可以用文件袋装起来。

第六，发言人确定。如果单位或部门有完备的新闻发言人制度，可以直接确定新闻发言人。发言人也可以是主管或分管领导，有权代表单位讲话的人，或者是其他非常熟悉业务的人。新闻发言人的知识面要丰富，语言表达清晰明确，有加强现场调控能力，有良好的倾听能力，思维反应敏捷，参会人员着装要整洁、大方得体，与会议主题保持一致。

第七，现场提问。通常在发言人发言之后，有一个回答记者问的环节。在答记者问时，一般由一位主答人负责回答，如涉及专业性强或者是不熟悉、不是自己分管的问题，可以由他人回答或补充。在发布会的过程中，对于记者的提问应认真作答，对于无关或过长的提问可以委婉地、礼貌地制止，不要采取"无可奉告"的方式。对于复杂而需要大量的解释的问题以及尖锐、敏感的问题，可以先简单答出要点，邀请其在会后探讨。对于重大突发事件，发布会主办方要提前准备记者答问备忘提纲，预想记者或公众可能会问哪些问题，提前做好准备，参与发布会的人员事先取得一致意见，达成共识，避免口径不一。

第八，媒体邀请。一般来说，对于重大突发事件或重大舆情，如5·12汶川地震、马航MH370失联事件等的新闻发布会，国内外主流媒体、各大门户网站等网络媒体都会参与，只要公布了新闻发布会的时间、地点，这些媒体都会参加。邀请的时间一般以提前 3 到 5 天为宜（对于情况比较紧急的突发事件，可能只能提前几小时）。主办方在发布会前一天可做适当的提醒，既可以直接电话邀请，也可以对相对不是很熟悉的媒体或发布内容比较严肃、庄重时采取书面邀请函的方式邀请。注意新闻发布会前不能透露新闻内容，注意一定需要邀请新闻记者，而不是邀请媒体的广告业务部门人员。从舆情引导和应对突发事件的角度来说，只要主动邀请参与新闻发布会的媒体都应允许其参加，同时，应该邀请的媒体应全部邀请到，不能遗漏，否则会"剥夺"媒体的发言权，当有的媒体失去了话语权，必然发难。云南省巧家县爆炸案发生后，警方仅邀请三家媒体的记者共同观看了部分现场爆炸录像，随后便被其他媒体质疑。

总之，召开新闻发布会涉及很多内容和准备工作，诸多细节不可能一一论及，舆情工作人员也可以经常登录国务院新闻办公室网站，观摩新闻发布会现场，学习召开新闻发布会的方法和知识。

阅读材料：

新闻发布会现场沟通建议

1. 做好准备工作，在新闻发布会前，找出最难回答、最尖锐的问题，做好准备；
2. 精心准备几个问题，设置提问的主要方向；
3. 少讲官话，语言简练，概况几个要点，便于媒体报道；
4. 回答问题时间不要太长，一般不要超过 3 分钟；
5. 借力第三方，请在场其他人或专家学者回答；
6. 不随意承诺，不主观推测。

阅读材料：

如何应对媒体采访和敏感问题？①

接受媒体采访，一般包括约访、会访、电话采访、"截访"，约访和会访一般会事前申请，可以提前做好准备。

面对"截访"，应随机应变，想法让记者等候片刻，如可以说，"记者同志，您

---

① 参见史安斌教授博客：http://blog.sina.com.cn/s/blog_81651ac20101ov42.html。

工作辛苦了，等了很长时间，但我现在确实很忙，你到休息室去等候一下，我去换一身衣服，因为着装不适合上电视（不适合与记者见面），需要换一下衣服，或我刚到请允许我先休息片刻（请允许我先喝点水）"。然后请示领导或与同事商议。

面对电话采访，不能随意挂断或拒绝采访。首先应通过中国记者网（http://press.gapp.gov.cn/）了解并核实对方身份。然后可以在电话中回答自己确定的封闭式问题（是、不是、有、没有），或者说"详细的信息稍后会给你传一份新闻稿"，在电话中不透露细节信息。

应对敏感问题的方法：

归位法：回归常识、回归正常，做合理解释；

桥梁法：将问题引到一个具有更高关注度的问题；

亮旗法：提醒记者关注最关键的核心信息；

反问法：可反问记者，让记者从他的角度来思考这个问题；

共鸣法：引发记者的共鸣，让记者感同身受，引起记者的同情。

案例分析：

各地规定突发公共事件须召开新闻发布会

1. 江西省 2007 年规定突发公共事件要举行新闻发布会[①]

2007 年 1 月 12 日江西省在南昌召开的全省对外宣传工作会议，将建立和完善新闻发布与新闻发言人制度列为 2007 年对外宣传工作重点。会议明确要求各地各部门，"突发公共事件发生时，都要及时组织新闻发布会"。

"要让老百姓更快了解突发事件。" 11 日，时任江西省委书记的孟建柱在全省宣传部部长会议上说，"以前，我们传统的做法是出了事情不报道，现在再这样不行了！正常渠道信息堵塞，小道消息就会泛滥"。

省委外宣办、省政府新闻办主任、省委外宣工作领导小组副组长郜海镭在全省外宣工作会议上说："要进一步明确新闻发布的任务和内容，进一步提高新闻发布的质量和水平。"

随着国内大环境的日益开放和江西崛起日渐受人关注，境外、国外媒体对江西的关注正在日益上升。统计显示，2006 年江西共接待境外、国外记者 300 多批次，共计 2100 多人。与此对应，全省省市政府共举行新闻发布会 233 次。

---

① 魏传举. 江西规定：突发公共事件都要举行新闻发布会[EB/OL]. （2007-01-12）[2021-08-31]. https://news.sina.cn/c/2007-01-12/164010986623s.shtml.

全省对外宣传工作会议进一步要求,今后,凡涉及广大公众切身利益的决策、政策、法规,政府都要及时发布,以争取理解与支持,努力提高新闻发布的针对性、时效性和权威性。在发生重大自然灾害、事故灾难、公共卫生和社会安全等突发公共事件时,各地各部门更要及时组织新闻发布会。

郜海镭说,"去年,在省政府举办和参与的重大活动之外,全省各市还就经济发展、粮食收购、农资价格、教育收费、社会保障、医疗卫生等老百姓关心关注的问题,进行了大量的新闻发布"。

至2007年1月,江西省市两级已明确新闻发言人220名。江西省还将加强新闻发言人的培训,提高新闻发布工作的能力和水平。

2. 江西省2013年出台了新闻发布工作30条,重大突发事件须两小时内发布新闻[①]

2013年12月江西省出台了新闻发布工作30条,规定全省各地、各部门要利用政务微博及时发布各类权威信息,对重大突发事件要两小时内发布新闻,对不发声的单位将进行通报。

各地、各部门组织召开的新闻发布会须经同级党委宣传部(政府新闻办)审批同意。未经审批同意的,各媒体不得报道。尚未设立新闻发言人的省委有关部门、省直有关单位要尽快设立,新闻发言人由熟悉本系统、本部门情况,具有较高政策理论水平和较强沟通表达能力的同志担任。与宏观经济和民生关系密切以及社会关注事项较多的省政府部门的主要负责同志原则上每年应出席一次省政府新闻办的新闻发布会,新闻发言人或相关负责人每季度至少出席一次,本部门原则上每季度至少举办一次新闻发布会。

同时规定,突发事件涉事地方或单位可视情况,采取政务微博发布信息或召开新闻发布会,政务微博应在半小时至两小时内发布相关内容,新闻发布会应在4小时内召开。要按照"主动、及时、真实、准确、有效"的原则,采取多种形式,客观公布事件进展、政府举措、公众防范措施和调查处理结果,及时回应社会关切。对于重大突发事件不发声、处置不力的单位,将向涉事地方单位或其上级主管部门进行通报。

此外,各设区市和要求第一批开通政务微博的48家单位要在12月底前开通政务微博。已经开通政务微博的单位,要积极利用政务微博及时发布各类权威信息,尤其是涉及公众重大关切的公共事件和政策法规方面的信息。要充分利用新媒体的互动

---

① 张玉珍. 江西:重大突发事件须两小时内发布新闻[N]. 江西日报,2013-12-17.

功能，组织开展相关活动，并与公众进行互动交流，及时回复网友询问，帮助解决问题。

在策划开展涉及本部门本地方重要政策、重要法规、重点工作和重大活动的新闻发布工作时，要积极组织有关专家做好解读、宣讲和解疑释惑工作。拒绝接受媒体采访、对于突发敏感事件不发声的专家，将向涉事单位和上级主管部门进行通报。

3. 河南省2004年10月明确将定期开新闻发布会①

2004年10月22日，在河南省新闻发言人培训班结业仪式上，省委常委、省委宣传部部长孔玉芳首次明确提出：省直各部门要定期举办新闻发布会，把本单位、本行业的重要数据、成功经验向新闻媒体通报，同时遇到突发性事件要迅速成立新闻领导小组，及时向新闻媒体通报信息。

省直各部门要完善制度，确保同新闻单位的日常联系经常化、制度化，确保本部门、本单位、本行业的发展情况、重要数据、典型事例、成功经验等，通过新闻发布这一快速、有效的渠道，源源不断地向中央驻豫新闻单位和省主要新闻单位进行通报。省委、省政府及各部门召开的工作会议，要视会议内容，主动邀请中央驻豫有关新闻和河南日报、省广电局负责同志参加。

还对省直单位要定期举办新闻发布会提出了具体要求：原则上，经济综合部门每季度至少通报一次，其他部门每半年至少通报一次；有重要新闻价值的亮点、闪光点、兴奋点可随时通报，除各个单位的工作计划、简报、信息、工作总结等材料确需保密、不宜公开外，在向上级报送的同时，要主动向省主要新闻单位和中央驻豫主要新闻单位寄送。

4. 重庆市2006年3月规定重大突发事件要及时召开新闻发布会

2006年3月重庆市人民政府发布了《关于建立健全重庆市政府新闻发布会制度的意见》（渝府发〔2006〕24号文件），要求全市发生重大突发事件时，将通过新闻发布会及时公布时间和处置情况。

同时，明确新闻发布的主要内容包括：市政府需要定期或不定期向外界发布重要工作部署、重大改革措施和阶段性政府工作目标进展情况；出台的新政策、新措施需要对外介绍的情况；发布市内发生的自然灾害、事故灾难、公共卫生事件等重大突发事件及处置情况；针对外界对全市有关问题的疑虑、误解需要通过媒体统一对外说明、澄清的情况等。

重庆市还将建立新闻发言人培训和年度登记制度，市政府、各区县（市）人民政

---

① 杜超，殷淑娟. 河南将定期开新闻发布会突发事件及时通报媒体[N]. 大河报，2004-10-23.

府、市政府各部门、高等院校和国有大型企业的新闻发言人，均要通过市委宣传部和市政府新闻办组织培训后持证上岗。市政府新闻办对全市新闻发言人每年都要登记备案。主持人、发布人或出席发布会的有关人员一律要着正装，在发布新闻、回答记者提问、接受记者采访时，一律要说普通话。

至此，重庆市基本建立起了政府新闻发布会制度。

5. 浙江省突发事件信息发布

《浙江省突发公共事件总体应急预案》（2005年2月6日发布）第三部分（运行机制）第十条对浙江省突发事件信息发布和通报作了如下规定：

由省政府负责处置的特别重大、重大突发公共事件的信息发布，由省政府办公厅会同新闻宣传主管部门、负责牵头处置的省政府应急主管部门管理。必要的要在现场设立新闻中心，做好新闻媒体的接待和信息统一发布工作；没有设立新闻中心的，也必须指定专门负责媒体接待的人员，做好服务工作。

突发公共事件的信息发布应当及时、准确、客观、全面。充分重视并发挥主流媒体的舆论引导作用。按照国家有关规定和程序，在事件发生的第一时间向社会发布简要信息，随后发布初步核实情况和政府应对措施，并根据事件处置情况，做好后续发布工作。

要密切关注国内外关于事件的新闻报道，及时消除媒体中出现的有关不正确信息造成的影响。

信息发布形式主要包括授权发布、散发新闻稿、组织报道、接受记者采访、举行新闻发布会等形式，通过省和事发地主要新闻媒体、重点新闻网站或者有关政府网站发布信息。具体按照《省政府突发公共事件新闻发布应急预案》执行。

突发公共事件涉及或影响到我省行政区域外的，省应急指挥机构应及时通报相关省（区、市），并报国务院办公厅及其相关部门；事件中有港澳台或外籍人员伤亡、失踪、被困，或者可能影响到境外的，需要向我国香港、澳门、台湾地区有关机构或有关国家进行通报时，由省相应管理部门负责通报有关情况，同时向国务院相关部门通报。

舆情引导提示

重大突发事件、重大社会安全事件、人员伤亡或财产损失较大的事件等，都可以采用召开新闻发布会的形式进行舆情引导，以新闻发布会议程引导舆情，是较为有效的舆情引导方法。

二、发公开信

公开信是将内容公布于众的信件。公开信可以笔写,可以印刷、张贴、在报纸上刊登,也可以在电台、电视台上播报,还可以通过网络媒体发布。其对象一般比较广泛,如"三八"妇女节写给妇女同胞的公开信,给大学生的公开信,也可写给一人。无论是写给社会中的一部分人还是写给个人的公开信,对公开信的发布者来说,都希望有更多人的阅读、知晓,或者讨论信中的问题。公开信的内容一般涉及重大问题。公开信往往具有指导作用、倡导作用、教育作用和宣传作用。

对于舆情引导和应对来说,发公开信适用于以下情况:重大舆情、重大事实错误、众多人质疑、共性问题等。

公开信一般按照收信人可以分为以下几类:一是问候、表扬、鼓励类,以领导机关、群众团体的名义,在纪念活动、传统节日或其他必要的情况下,给关单位、社会阶层、集体、个人发出的书信。二是给特定对象的公开信,领导机关、群众团体或个人针对某一问题写给特定对象的信。这类公开信有的是表扬,有的是批评,有的是倡导良好社会风气,有的是提出建议。三是发给私人的公开信,由于某种原因,找不到收信人,或者情况紧急,需要将信件发给本人。这类信通过报刊或广播公开发布,写信人和收信人双方就有可能取得联系。如受热心人帮助后需要表示感谢等。四是澄清、道歉类,相关部门或个人澄清事实,就某件事情公开道歉。五是倡导、公开回应类,如倡导公众遵守公共秩序、勤俭节约,公开回应公众质疑等。2010年3月湖北省委书记罗清泉在人民网《地方领导留言板》发表致网友公开信,回应网民的问题,其公开信的内容如图9-3所示。

就舆情引导和应对工作而言,采用发公开信方式的主要是澄清、道歉类和倡导、公开回应类。例如2008年南方雨雪冰冻灾害期间,通至湖南、湖北、安徽、江西、贵州等方向的公路交通基本中断,铁路、民航运输也受到严重影响。南通相关部门采取了许多措施,抢运了60多万名旅客离开南通,但仍然有上千名旅客滞留在南通汽车站和火车站。为此,南通市政府通过媒体向在南通务工的朋友发布公开信,希望他们留在南通过年。

一封好的公开信,在舆情引导和宣传中会产生良好的反响,消除不利影响,引导舆情走向,促进人们积极参与讨论和问题处理,树立良好的社会风气,推动工作开展和活动顺利进行。在采用发公开信引导舆情的时候,一定要做到诚心诚意、实事求是,信件内容必须是真实的,否则一旦被公众和网民发现公开信有虚假内容,将会彻底失信于人。

公开信一般包括标题、称谓、正文、结尾、署名,其具体写法与一般书信并无太大差异,在此不一一论述。

湖北省委书记罗清泉同志致网友的一封公开信

亲爱的网民朋友:

大家好!

你们在网上反映的意见和建议,我已认真看过。湖北省委、省政府对网友提出的意见非常重视,已建立专门制度,及时收集大家的意见和建议,对大家反映的问题予以认真调查、核实,对大家提出的合理建议充分采纳。

湖北的发展离不开广大网友的关心和支持。广大网友的意见和建议,是我们倾听民声、了解民情、汇聚民智、凝聚民心的重要渠道之一,是我们围绕群众最关心、最直接、最现实问题进行科学民主决策,以及接受监督、改进工作、提高效能的依据和保证。

在此,我真诚地希望网民朋友一如既往地关心、支持、监督我们的工作,继续为湖北的改革发展稳定建言献策。

谢谢!

中共湖北省委书记 罗清泉
二〇一〇年三月十七日

图9-3 原湖北省委书记致网友的公开信截图

(资料来源:人民网)

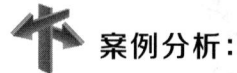 **案例分析:**

北京市老外撞人事件

1. 案例简介与案例背景

2013年12月2日上午10时30分许,在北京朝阳区香河园路与左家庄东街路口,一名东北口音女子在经过一个骑车老外旁边时突然摔倒,随即瘫软倒地不起。外国小伙下车急忙搀扶女子,却被女子一把揪住,自称被老外撞到腿部,受伤无法行走,需要该老外负责。外国小伙大惊失色,却被女子死死拖住。(《国际在线》,2013年12月3日)

近日，网上的一组图片引起广泛关注。而据《新京报》记者调查，此组图片所表述内容与事实有所出入，该大妈的确被老外撞倒。目击者称，老外驾驶无牌摩托车撞人后，用中文辱骂被撞者。另有目击者提供的一段现场视频显示，老外不断用流利的中文骂人，还说"你骗人，你看我是外国人想讹我钱"等。（《新京报》，2013 年 12 月 3 日）

一时舆论四起，媒体纷纷跟进，网友评论众说纷纭。许多网友在网上谩骂攻击李女士，李女士的手机也被打爆，几天来睡不好觉，吃不下饭，休息不好。该事件对其心理造成了严重影响，使其精神遭受了严重损害。

正当网友铺天盖地地谴责这位"不怀好意"的大妈和同情这位"被讹"的老外之时，事情却发生了一百八十度大拐弯：首先是《新京报》记者证实，老外当时骑的是"无牌摩托车"，车上还坐着一位女子，交涉中老外更是"京骂"不断。而当事女子李大妈也声称小伙子是闯红灯后再碰到她的，"并非故意碰瓷"，而且自己心脏不好，后来被送往医院检查诊治，"外国小伙赔付的 1800 元主要是急救车费用和医药费"。接着央视新闻等媒体接连曝光了事发现场围观者所拍的录像和交警部门的监控视频，都和《新京报》的调查情况基本吻合。最后，北京市公安局更通过官方微博北京平安在 12 月 3 日晚通报了事件的调查结果：外籍男子"无证驾驶"，"所驾驶摩托车无牌照"，在人行横道内将中年女子撞倒。警方当日依法暂扣了肇事摩托车，"将依法处罚其交通违法行为"。①

图 9-4　北京市老外撞人事件现场

（资料来源：北京"老外遭讹"的真相挖掘与反思）

事情真相明晰后，民意走向发生了急转，网友从最初的"骂大妈"到最后的"挺

---

① 陈泽然. 北京"老外遭讹"的真相挖掘与反思[EB/OL].（2013-12-04）[2019-11-1]. http://www.kcis.cn/5042.

大妈"，得益于有关部门的及时调查介入、有事发时视频的曝光。有评论指出：即便在"有图"之时，也未必有真相，而在真相未明之时，结论不宜先行。

最初发布图文报道的记者，随即发布了公开信进行道歉，公开信的全文内容[①]如下：

尊敬的李阿姨、各位网友以及此次事件中受到伤害的所有朋友：
我深表歉意！
随着事态的发展，我认识到我错了，我想对你们说一句迟到的对不起。
首先，在此事的报道上，我使用了不严谨且不翔实、有倾向性且夸张的描述，导致了一场网络风波，致使李阿姨被冤枉、网友误读、部分媒体误报。虽然我并不是故意炮制新闻以博眼球，但是我给你们带来的伤害，确是实实在在的。我对整件事件承担责任。
其次，此事是我的个人行为。我轻率且不负责任的报道，造成了对新闻公信力的极大损害。
李阿姨，实在抱歉，让您身体遭受痛苦的同时，心灵还饱受煎熬。侵犯了您的名誉，污蔑了您的人格，但您的宽容与大度，令我羞愧万分。再次向李阿姨表示歉意，对不起！请求您的原谅。我愿意接受您的任何责罚，并愿承担一切责任。
各位网友，实在抱歉，让你们的善良和同情被愚弄，我真的错了。

知错了的当事摄影师

案例评析

记者以发布公开信的形式向事件受害者正式道歉，以正视听，对扭转网络舆论方向和观点，起到了一定的效果。上述事件引发波澜壮阔的网络舆情，与近年来彭宇案、许云鹤案、达州老太案等事件反映出来的"扶还是不扶"的问题是有一定关系的。案例警示我们：真相未明，请勿结果先行；在自媒体[②]时代，不要滥用自己的自由权力，自媒体的自主性应以不损害他人的权益为前提。

[①] 王梅，王莉霞. 图片拍摄者发公开信道歉[N]. 京华时报，2013-12-05.
[②] 自媒体，也称个人媒体或公民媒体，美国新闻学会的媒体中心于2003年7月出版了由谢因波曼与克里斯威理斯两位联合提出的"We Media（自媒体）"研究报告，里面对"We Media（自媒体）"下了一个十分严谨的定义："We Media是普通大众经由数字科技强化、与全球知识体系相连之后，一种开始理解普通大众如何提供与分享他们本身的事实、他们本身的新闻的途径。"周丹. 调查性报道：纸媒在新媒介环境中的起航之帆[J]. 新闻爱好者，2012（10）：73-75. 自媒体如博客、播客、微博、微信、论坛、BBS（电子布告栏系统）、Group Message（手机群发）等。自媒体具有私人化、平民化、普泛化、自主化的特点，人人都有麦克风，人人都是记者，人人都是新闻传播者。

舆情引导提示

对于重大舆情、重大事实错误、众多人质疑的问题或带有共性问题等,都可以采用发公开信的形式,进行舆情引导,或澄清事实、或公开道歉、或回应质疑。

三、发布公(通)告

公告,是指党政机关或其他社会组织对重大事件当众正式公布或者公开宣布。2012年7月1日起施行的《党政机关公文处理工作条例》,对公告的使用范围明确为,"适用于向国内外宣布重要事项或者法定事项"。其中包含两方面的内容:一是向国内外宣布重要事项,公布依据政策、法令采取的重大行动等;二是向国内外宣布法定事项,公布依据法律规定告知国内外的有关重要规定和重大行动等。

公告具有发文权力的限制性、发布范围的广泛性、内容和传播方式的新闻性等特点,是一种重要的行政公文,发文机关级别一般都比较高。公告主要包括重要事项公告、法定事项公告、专业性公告。舆情引导和应对工作主要涉及重要事项公告。公告通常以国家机关名义发布。公告一般不用红头文件的方式传播,而是在报刊上公开刊登。

通告是党政机关或其他社会组织在一定范围内公布应当遵守或周知的事项时使用的公文。通告主要用于有关单位开展业务工作需要。《党政机关公文处理工作条例》,对通告使用范围明确为:"适用于在一定范围内公布应当遵守或者周知的事项。"其发文主体既可以是各级各类国家机关,也可以是社会团体、企事业单位或其他社会组织。其发文主体和内容都具有相当的广泛性,水电、交通、金融、公安、税务、海关等专业性部门使用较多。通告可通过报刊、广播、电视公布,也可以张贴和发文,使公告内容广为人知。

公(通)告作为一种公文,一般都包括标题、正文、结尾三部分,具体写法在此不作论述。通告范文如图9-5所示。

从舆情引导工作来说,无论采取何种方式或手段,只要将重要信息传达、告知于公众就属于这种舆情引导方式。现代社会发布公告于众的信息要通过多种方式,包括网络、手机、电视、广播、街道显示屏、公交地铁的移动电视,传统媒体报纸、乡村喇叭等多种手段和渠道。在日常生活中,我们经常能看到某些小区、社区、建筑工地张贴出来的公告,严格来说,这是一种不严谨的用法,使用通告更为合理。

对于舆情引导和应对来说,发布公(通)告适用于以下情况:重大危险源、极端天气、自然灾害、恐怖袭击事件、群体性事件、辨明是非等情况。

第九章 网络舆情危机管理

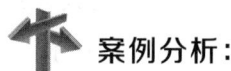

图 9-5 通告范例

（资料来源：青岛日报，2006 年 09 月 23 日）

案例分析：

7·21 特大暴雨洪涝灾害预警信息发布

2012 年 7 月 21 日北京遭遇了 61 年来最强暴雨，据统计，北京全市平均降雨量 170 毫米，城区平均降雨量 215 毫米。7·21 特大暴雨洪涝灾害导致 77 人遇难，造成经济损失 116.4 亿元。北京市气象局和国土资源局从早上 9 时 30 分开始，一天连发 5 次预警。市气象局于 7 月 21 日下午发布了第 5 次预警信息——暴雨橙色预警信号，可是普通市民对暴雨预警分级根本不了解，如果在发布预警信息的时候，同时告知市民面对该级别的暴雨应该怎么做，应该注意什么，可能伤亡会小一些。我们知道这次伤亡和损失最大的是地处山区的房山和门头沟，如果发布预警信息的时候，同时提醒山区居民应注意什么，山区基层政府做些什么，可能结果会不一样。

我国的暴雨灾害每年都在发生，北京的这次洪灾也不算是国内的第一例了，但是我们没有吸取经验教训。2010 年 5 月 6 日深夜重庆垫江县在特大暴雨来临前，县气象局同样将"预计今天晚上到明天白天，我县将有一次雷雨天气过程，雷雨时局部地区伴有短时大风、冰雹等强对流天气"的预警信息发送至县级部门的相关官员，以及学校、乡镇干部、村里的信息员等约700人，被媒体认为"简单、粗糙，不足以引起任何人警觉"，最后暴雨导致全县20人死亡。[①]

2014年3月30日，广东茂名部分市民游行反对芳烃项目，政府便立即发布了告全体市民书，引导市民通过合法、平和、理性的方式表达。这就属于合理的舆情引导方式，通告如下：

茂名市人民政府告全体市民书

亲爱的市民朋友：

2014年3月30日，市区少数市民未按照《中华人民共和国集会游行示威法》的规定，未向主管机关提出申请并获得许可，就针对拟启动的芳烃项目举行集会游行示威，属严重违法行为，严重影响了社会秩序，市政府坚决反对这种违反《中华人民共和国集会游行示威法》等法律法规的行为。针对广大市民表达的意见和诉求，市政府在项目论证的过程中，一定会落实群众的知情权、参与权，如实向国家有关部委和专家反映情况，切实做到项目建设实事求是、依法依规。茂名人关心茂名这座城市，说明我们的城市发展大有希望。

近年来，茂名市委、市政府凝心聚力，真抓实干，"建深水大港，兴现代产业，造滨海新城"，已初步形成良好的经济社会发展态势。广大市民一定要相信科学，相信政府，不要让不法分子乘机制造混乱，破坏难得的和谐稳定发展环境。希望大家主动学习芳烃科学知识，了解芳烃项目真实情况，坚决做到"不造谣，不信谣，不传谣"，自觉抵制各种非法行为。同时，市政府热忱欢迎社会各界，通过正当渠道表达对项目的关切通过正当渠道反映项目情况。茂名的发展特别需要凝聚社会各界智慧，但一定要通过合法、平和、理性的方式表达，做遵纪守法的文明好市民。

我们坚信，只要我们能保持今天发展的好势头，茂名的明天一定会更美好。

茂名市人民政府
2014年3月30日

（资料来源：茂名新闻网，2014年03月31日）

舆情引导提示

对于重大危险源、极端天气、自然灾害、恐怖袭击事件等情况，可以采用发布公

---
① 何海宁，等.重庆暴雨灾害反思：简单预警短信被相关部门忽视[N].南方周末，2010-05-13.

告的形式进行舆情引导，发布预警信息应尽量做到全覆盖，同时让公众知晓潜在风险、了解注意事项。

四、信息疏导

信息疏导是指在发生突发事件或其他危机状态下，有关部门公开信息，告知相关人员真相，减少猜忌、谣言和小道消息的舆情引导方式。信息疏导既包括突发事件现场的信息疏导，也包括网络信息的疏导。

在网络时代和信息社会，人们足不出户便知天下事，人们也能随意地在网上发表自己对社会热点问题的意见，对各种事件和消息进行转载、评论，享有极大的言论自由。同时，各种空穴来风的消息也比比皆是，吸引人们的眼球，造谣者不胜枚举。一些公众敏感的事情一经报道便会引起各种猜测，尤其是那些或煽风点火或地域攻击或挑动民族情绪等的报道内容，很多没有依据的事情往往被描述得绘声绘色。如果不对相关信息进行正确的引导，放任自流，可能会造成严重的后果。所以做好各种舆情的监测和信息疏导工作显得很重要，及时疏导民众的情绪，引导舆论导向，让人们情绪能宣泄的同时又能促进社会健康、和谐发展，就是舆情工作的重要意义所在。

对于舆情引导和应对来说，信息疏导适用于以下情况：谣言、误会、辨明是非、有不法分子煽动等情况。

 **案例分析：**

砍人谣言引发的大逃亡

2014年3月1日21时20分左右，在中华人民共和国云南省昆明市昆明火车站发生了一起由新疆分裂势力组织策划的严重暴力恐怖案，8名统一着装的暴徒蒙面持刀在昆明火车站广场、售票厅等处砍杀群众。事件导致29人遇难，143人受伤，其中重伤73人，轻伤70人。因为这次暴力恐怖案，一时间，"砍人"二字成为令人们惊恐的字眼。

2014年3月14日上午，长沙市五家岭街道办事处辖区内发生一起伤人事件，事件中有人当街砍杀市民，事件导致6人死亡。事后查明，事件系两人因口角而引发的，其中一人被对方砍死。行凶者在逃跑过程中砍伤四名无辜群众，其中两人被当场砍伤致死，另两名受伤者送医院抢救无效死亡。

2014年3月14日16时14分，锦江区上东大街某商场部分员工因误信火灾险情纷纷涌出商场奔逃。同时，网络上不法分子刻意编造不实信息，制造恐怖气氛，加剧了事态升温，进而引发商场周边不明真相的群众以讹传讹，恐慌情绪蔓延，并迅速波及春熙路商圈，引起街面秩序混乱，造成社会恶劣影响。事后查明，系不法分子编造有人持刀砍人谣言，现场相互传谣，进而引发人们疯狂逃散。①

2014年3月15日上午8时30分许，广州天河区沙河大街发生一起大量人群逃散事件。警方到场处理调查后发现，该事件是由一名被抓小偷造谣"有人砍人"所引发的。经处置后，当天上午10时许现场已恢复正常秩序。事发地广州沙河服装批发市场商圈是广州第二大服装批发商圈，主要经营中低档服装，这里汇聚了大批商户，人员十分密集。

上午8时30分许，在广州沙河大街某服装城的保安员抓获一名小偷，该小偷突然大喊一句："有人砍人！"引起周边群众向四周跑散。事发当时大批人员跟着向外跑出，随后聚集到大街上，很多商铺都来不及关门，但警方很快就到场处理，事件中没有人员伤亡。

亲历此次事件的人回忆说，"当时有人说大楼起火了，也有人说发生砍人事件，但并没看到火，倒是发现有很多鞋子、提包等货物散乱摆上在地上没人管，整个沙河大街人山人海，后面越来越多的人涌过来，很多人大喊大叫"②。

案例评析

上述情况是谣言引发的社会舆情。案例中，人们恐慌逃散，部分原因在于3·01云南昆明火车站暴力恐怖案件导致人们对相关事件比较敏感、恐慌。从舆情引导工作角度来说，面对谣言，无论是社会谣言还是网络谣言，舆情工作部门都应及时公开信息，公开事实真相，将信息的管道疏通、畅通。同时，公众也要做一个负责任的公民，不轻信谣传，不传播谣言，以维护社会公共秩序。

舆情引导提示

对于案例中的社会舆情，因为聚集的人员众多，现场场面难以控制，人们恐慌逃散极易引发踩踏事件，导致人员大量伤亡。我们认为正确的信息疏导方式是：现场民警、保安或其他管理人员，应第一时间在事件第一现场，利用高音喇叭或其他扩音设备向现场人员喊话，告知现场人员真相，呼吁、引导人们不要恐慌、不要逃散、不要

---

① 成都警方.春熙路未发生任何危害公共安全案件[EB/OL].（2014-03-14）[2021-08-31].http://www.aqzyzx.com/system/2014/03/14/010069801.shtml.
② 程景伟.广州发生一起大量人群逃散事件 系小偷造谣所致[EB/OL].（2014-03-15）[2021-08-31].https://www.chinanews.com.cn/sh/2014/03-15/5954586.shtml.

拥挤。

五、公开事实

公开事实是指发生突发事件或在其他危机状态下，有关部门及时主动地公开事实真相，包括将事件的时间、地点、人物、影响、危害、应急处置措施等基本情况予以公开，以全景式、立体化的方式呈现事实，以消除公众疑虑、谣言和不实信息。前述甘肃环县派出所未及时出警事件的处置，从舆情引导来说，就是公开事实的典型案例。

突发事件的处置、危机的应对与管理，既要重视现场处置，也要重视舆情引导。在及时、准确地做好事件、危机现场处置工作的同时，高度重视舆情引导工作，及时发布权威信息，公开事实真相，凡是可以向社会公开的信息都要及时公开，这是满足群众知情权，自觉接受社会、媒体监督的基本要求。

对于舆情引导和应对来说，公开事实适用于以下情况：突发事件、谣言、城市公共危机、治安事件或刑事案件等情况。

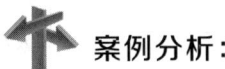案例分析：

兰州自来水苯超标事件

案情：事件概况①

苯是一种无色透明的液体，有毒，对神经系统、造血系统有损害，是一种致癌物，长期接触苯可引起白血病等病症。

2014年4月11日，兰州市城区唯一的供水企业——兰州威立雅水务集团公司出厂水及自流沟水样被检测出苯含量严重超标。当地政府称在24小时内自来水不宜饮用。针对污染源的排查尚在进行当中，当地已经明确黄河水未受污染。

4月10日17时至11日凌晨2时，兰州市威立雅水务集团检测出其出厂水苯含量高达118微克/升至200微克/升，远超出国家限制的10微克/升。受其影响，兰州采取全城减压供水，市区24小时内自来水不宜饮用。

兰州市民出现抢水潮，一箱矿泉水价格涨到了百元，并开始断货，不少市民甚至驱车到周边城市去买水。

---

① 李丹丹. 兰州发现自来水苯超标18小时后才公布信息[N]. 新京报，2014-04-12.

图 9-6 市民抢购矿泉水

（资料来源：截图自中国新闻网）

市民质疑：为何 18 小时后才公布超标

4 月 11 日早上 11 时，新华网报道指出，10 日 17 时即有苯超标现象。如此算起，从检测出厂水苯含量超标到公众知悉，间隔超过了 18 个小时。不少市民质疑，既然水务集团与政府部门早已知悉自来水苯超标事件，缘何未第一时间发布信息，告知民众？据人民网报道，4 月 11 日下午，记者在兰州威立雅水务集团采访时，该公司一位相关负责人说，检测到苯超标后核查需要一定的时间，上报也需要一定的时间。在上报的同时，媒体对此事故进行了报道。这位负责人说，"即使媒体不报道，我们也会及时将相关数据予以公布。"①

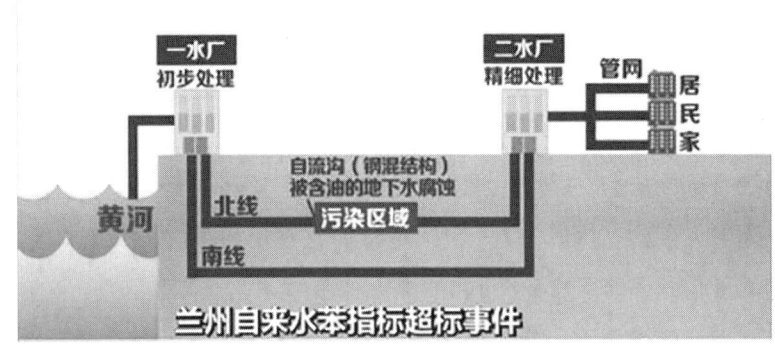

图 9-7 图解兰州自来水苯超标事件

（资料来源：截图自腾讯网）

---

① 李丹丹. 兰州发现自来水苯超标 18 小时后才公布信息[N]. 新京报，2014-04-12.

媒体质疑：沉默的 18 小时[1]

媒体将该事件报道为"沉默的 18 小时"，4 月 10 日 17 时，威立雅出厂水的苯含量高达 118 微克/升。发现水异常后，该公司又连续 3 次对水质进行了检测，每次间隔 2 个多小时。到 11 日凌晨 5 时，经过先后 4 次水质检测，威立雅公司才最终确认 4 号自流沟第二水厂入水口及第二水厂出水口自来水苯含量严重超标，并报告兰州市政府。

"我们是十分慎重的，可以负责任地说，不存在拖沓低效的问题。苯的检测较为复杂，花费的时间要长一点。"接受中国青年报记者采访时，兰州威立雅水务集团宣传部部长田华强说。

11 日早晨 8 时，官方的通稿称，兰州市委书记虞海燕出现在了威立雅集团。3 小时后，11 日 11 时，自来水厂控制阀开启，4 号自流沟的水被切断，不再供水。

在回应记者为什么不第一时间停水的质疑时，田华强解释说："不能一发现有问题，就关水，必须确定污染源性质。"

11 日 12 时，新华社正式向全社会公布了这一消息。按照官方说法，从威立雅水务集团第二水厂出水口到市区最东边的城关区东岗镇自来水运行需要 8.5 个小时，这意味着，苯超标的自来水此时已经进入了兰州市的千家万户。换言之，此时，对水污染毫不知情的兰州市民已经饮用了苯含量超标的自来水。

从时间上可以推算，从 10 日 17 时发现自来水苯含量严重超标，到 11 日 11 时切断污染水来源，长达 18 个小时。再到此次水污染经媒体公开报道，到兰州市民获悉水质严重污染，且不能饮用，时间已经过去了整整 18 个小时。为什么在长达 18 个小时的时间里，水厂迟迟没有关停苯含量超标的自来水？"我们（威立雅集团）没有停水的权力。停水涉及全市生产生活，作为供水企业的威立雅集团并没有权力做出停水决定，只能向主管部门汇报，由市政府决定。"面对记者的质疑，田华强再三解释说。

事件原因：系石化管道泄漏所致[2]

4 月 12 日，记者从兰州有关部门在西固区政府召开的电视电话会议上了解到，造成自来水苯超标的原因已经查明，系中国石油天然气公司兰州石化分公司一条管道发生原油泄漏、污染了供水企业的自流沟所致。

会上，兰州市委市政府主要负责人、相关区县及环保部门负责人介绍了此次自来水苯超标事件的最新进展情况。兰州市环保局局长闫子江说，兰州石化一条管道发生

---

[1] 张鹏，马富春. 兰州自来水苯超标的真相是什么[N]. 中国青年报，2014-04-13.
[2] 王衡，白丽萍. 兰州自来水苯超标原因查明 系石化管道泄漏所致[EB/OL].（2014-04-12）[2021-08-31]. http:www.gov.cn/gov/cn/govweb/xin wen/2014-04/12/content_2657877.htm.

泄漏，污染了自流沟的 4 号线，导致苯超标。他在会后接受记者采访时表示，从挖掘出的泥土中发现了泄漏的原油，目前尚未挖到泄漏的管线，不过泄漏点已经确认，施工人员仍在进行挖掘作业。

案例评析

检测到苯超标后核查需要一定的时间。检测到苯超标后，"自来水不宜饮用"已成为事实，是否可以发布预警信息——自来水不宜饮用？是否可以公开"检测到苯超标"的事实？核查确定苯超标后，在上报政府的时候，是否可以同时公开"检测到苯超标"的事实，并发布自来水不宜饮用的信息？也许上述问题并不能简单地回答，但是在事关人的生命健康问题的时候，我们在舆情引导、信息公开方面是否可以做得更完善，是否有改进的地方，是值得深思的。

我们无意去质疑为何 18 小时后才公布苯超标，但是水务集团公司或政府部门，在效率方面是可以更加高效的，我们难以想象，如果是更具危险性的重大突发事件，这样的迟疑是否会导致更大的伤亡。公开事实并不是公开事件的原因，突发事件的原因本身是很复杂的，短时间内也难以查明，但对突发事件现场的事实做"镜像式"的公开，我们认为是可以的。本案例中的事件原因，也是在两天后才最终确定的。

舆情引导提示

当供水、供电、供气、供暖、公共交通等城市生命线遭到破坏，危及人们生命、财产安全的时候，应及时公开事件或危机的事实（非原因），让人们及时做好防范工作，否则可能引发谣言或社会恐慌，也可能引发新的突发事件，如案例中引发市民抢购水，便可能引发群体事件或踩踏事件。

六、解释澄清

解释澄清是指与舆情相关的部门或个人及时主动地解释事件原因，澄清事实真相或谣言，以正视听，从而有效引导舆情。

前述的北京市老外撞人事件，最初发布图文报道的记者，通过发布公开信进行道歉，同时也及时澄清了事实真相，扭转了舆情向错误的方向恶化，能有效减少对当事者——李阿姨的伤害。

从舆情引导和应对的角度来说，解释澄清适用于以下情况：谣言、误导、误会、虚假消息、真相被扭曲等。

解释澄清可以通过多种方式，如通过电视、广播、报纸、相关网站、微博、博客进行澄清，公开事实真相，也可以通过委托机构或代理律师在某些主流媒体平台上加以澄清。

案例分析：
网络大V制造谣言不仅需要追究法律责任还需要澄清事实①

据央视报道，网络红人秦志晖（网名"秦火火"）因诽谤罪、寻衅滋事罪，于2014年4月17日由北京市朝阳区人民法院依法作出一审判决：以诽谤罪判处秦志晖有期徒刑2年，以寻衅滋事罪判处有期徒刑1年6个月，决定执行有期徒刑3年。他是自2013年最高人民法院、最高检察院出台相关司法解释以来，首个获罪的网络造谣者。

"秦火火"近年来制造了以下主要的谣言：

1.铁道部天价赔偿外籍旅客

2011年温州动车事故后，"秦火火"发布微博称：铁路交通事故后，意大利籍乘客获赔3000万欧元，将开创中国对外个人意外最高赔偿纪录。

"秦火火"在庭审现场说，"我看到微博上有这个相关的内容，数额是2000万欧元，我觉得3000万欧元更顺口，就把2000万欧元改成3000万欧元"。

2.罗援"当逃兵""家人供职于国际大公司"

2013年2月，"秦火火"发微博称：罗援将军，又一个严肃问题了，您1977年年底还在云南边境，当时官至作战参谋，1978年年底调回京。结果在1979年春天，中越战争爆发，无数子弟兵由云南、广西边境入越。第一，请问你为何会在中越战争爆发前调回北京？第二，请问中越战争时，无数战士浴血奋战，你又在哪里？难道你的命就比普通子弟兵金贵？

"秦火火"还发微博造谣称，罗家老大罗抗和老四罗振两个兄弟分别在德国和美国公司任高层等。

3.张海迪、杨澜拥有外国国籍

在微博中，"秦火火"捏造说，"曾经的一代偶像张海迪，请你回答以下这几个问题：你的妹妹张海燕现在为何更名叫张挪威？亿万富翁、山东瑞森建筑工程有限公司董事长张挪威，现在还是中国国籍吗？山东瑞森建筑工程有限公司是否承接过残联的工程项目？请用事实证明你们不是白眼狼，我们不想用当年的爱心养一头白眼狼"。

---

① 刘林，黄浩铭.中国网事：那些"谣翻中国"的"作品"——"秦火火"事件回顾[EB/OL].（2014-04-11）[2021-08-31]. http://news.xinhuanet.com/politics/2014/04/11/c_126383230.htm.

著名主持人杨澜也被"秦火火"造谣拥有外国国籍及绿卡、使用武警牌照、代言"达芬奇家具""诈捐"等。

"秦火火"承认，2011年以来，他制造并传播的谣言达3000余条。"秦火火"还和某些网络"大V"达成了协议，互相帮转微博，还有人会提示他要关注什么。

案例评析

"秦火火"造谣说中国高额赔偿外籍乘客，可能会在公众形成一种错误印象——政府更重视外籍乘客或外籍乘客的生命，政府不平等地对待外籍乘客和国人，政府标准不一。该谣言容易引发公众的质疑和讨论：难道国人的命更贱？从舆情引导的角度来说，当时的铁道部门及事故处理单位的相关部门应及时站出来，澄清事实，消除公众质疑。

造谣中伤罗援将军，歪曲事实，对相关人员名誉造成了极大伤害，受中伤的人及其家属可以及时站出来，澄清事实，或者使用法律武器捍卫自己的权利。

关于中伤张海迪、杨澜的谣言，作为知名人物，应及时站出来加以澄清。关于一代偶像张海迪的谣言极有可能动摇人们的信仰和价值观，因此，我们认为宣传部门甚至是央视等主流媒体都应及时予以澄清。关于杨澜"诈捐"的谣言，可能伤害人们的慈善之心和善举，红十字会等相关非政府组织也可以及时予以澄清。

舆情引导提示

形象损毁容易，重塑难，面对谣言、误导、误会，相关个人或部门应及时报纸、电视、网络等主流媒体应及时澄清。同时，案例也警示公众尤其网民应擦亮双眼，明辨谣言，明辨是非，勿随意偏听偏信。

七、公布案情

公布案情是指及时、动态地公布案件查处情况，即公布案件调查、侦查进展情况等。公布案情并不是公布突发事件或案件的原因，更不是对事件或案件定性、下结论。这是舆情引导工作应极为谨慎的事项，也应引起舆情工作者的高度重视。简单、草率地对事件或案件下结论，极易引发新的舆情，使事件处置和舆情引导工作处于被动境地。如成都市公交车燃烧事件、云南巧家县爆炸案等都应及时公布案件查处情况。为了做好舆情引导工作，及时公布案件查处情况和进展是极为重要的，因为案情太复杂，一时是难以查清的，所以并不是要求立即公布事件原因或作定性的结论。南京市中级人民法院明确规定，对公众和网民反映的情况，在查明情况后要迅速给予回应。

从舆情引导的角度来说，及时公布案件查处情况适用于以下情况：重大伤亡或经济损失事件、社会治安事件或群体事件、重大刑事案件、重大食品安全事故、冤假错案、备受关注的悬案（如朱令铊中毒事件）等。

法院、检察院、公安机关等司法机关是涉及突发事件和案件查处工作较多的权力机关，也是涉及相关舆情较多的机关，应重点做好这方面的舆情引导工作。如果是反应有关政府部门的报道、帖文或舆情，相关部门应立即开展调查，在查明情况后将查实情况及处理结果在网上公布，回应网民。公布案情可以通过报纸、电视、网络予以公布，甚至可以将有关情况以书面形式呈现给对事件或案情极为关注的公众。

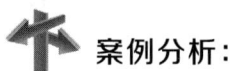 **案例分析：**

江西省张玉环案案情

1993年10月24日，江西省南昌市进贤县凰龄乡张家村两名男童失踪，一名6岁、一名4岁，男童失踪后其伯父向当地警方报警，次日两名孩子的遗体被从村附近的下马塘水库打捞出来。法医鉴定两名男童非溺水死亡，而是被人掐死和勒死后抛尸水库。

经过警方走访调查，在男童伯父报案后的第三天，两名男童的邻居、当时只有26岁的张玉环被认定具有重大犯罪嫌疑，被警方带走调查。

1995年1月，南昌市中级人民法院一审认定张玉环犯故意杀人罪，判处死刑，缓刑两年执行。张玉环提出上诉。

期间，张玉环反复申诉……

2020年7月，江西省高院开庭审理张玉环案，张玉环代理人对张玉环做无罪辩护。8月4日，江西省高院宣判张玉环案证据不足，按照疑罪从无原则，驳回原审判决，宣判张玉环无罪。

张玉环已经回到南昌老家中，但他的父亲已经去世，妻子改嫁，两名儿子年幼起便再未和他见过面，如今已各自成家。

案例评析

近年来，各地屡次爆出类似的冤假错案，引发网民、公众的广泛关注。尽管最后案件得到了公正的判决，但26年足可以造就一个人，也可以毁掉一个人的一生，用26年时间来洗刷一个人的冤情，似乎时间太长了，这是司法机关在案件查处中应深刻反思和吸取教训的。

舆情引导提示

只要不涉及国家秘密、商业秘密和个人隐私，对于重大突发事件的应对和处置，应及时公布相关案情和责任人的查处情况及进展，以满足的公众（尤其是受事件伤害者）的知情权。对于2014年4月16日上午发生的韩国客轮沉没事件，媒体不仅公布了现场救援的各种画面，还公布了警方对事件的调查进展，如船长弃船逃跑，面临被判无期徒刑的情况。

对治安事件、刑事案件的查处和侦查，尤其是冤假错案，相关部门应通过主流媒体公布案情，这既可以还当事人以清白，同时还可以依据国家赔偿法，及时赔付当事人。

八、承认错误

承认错误是指在处理突发事件进程中，在面对媒体、公众的时候，或在网络上，有关部门或个人，出现了明显错误的言行，或者某些言行对其他组织或个人造成了伤害，相关部门或个人及时公开承认错误的做法。

关于人犯错误的问题，很多名人都有过很精辟的论述，西塞罗曾说："每个人都有错，但只有愚者才会执迷不悟。"周恩来曾经说过："有错误要逢人便讲，既可取得同志的监督帮助，又可以给同志们以借鉴。错误是不可避免的，但是不要重复错误。"

每个人都会有错误的时候，避免犯错是种能力，承认错误却是种智慧。因此，从舆情引导的角度来说，如果我们在媒体或公众面前出现了错误的言行，或者被认为不合适的言行，应及时地承认错误。而不要寻找借口、托词，或者进行辩解，否则会被认为是不负责任、推卸责任，或者被媒体、公众抓住"小辫子"不放。遇到这种情况，应说，"对不起，这是我（们）的错，应该由我（们）承担责任"，向受到伤害的人表示歉意。

拒绝承认错误，既是欺骗自己，也是欺骗别人。错误可以被原谅，但掩盖错误而说谎就不能原谅。拒绝承认错误也意味着拒绝改正错误，也很难避免再犯类似的错误。同时，为了掩盖一个错误，往往还需要犯一连串更多的错误。敢于和及时承认错误，也是日常工作中一种好的做法。

作为舆情引导的一种方法，承认错误可以在新闻发布会上，由相关人员公开承认错误、道歉，也可以在网络、微博、报纸、电视等媒体上发布公开致歉信，还可以直接登门向有关受到伤害的人当面道歉、承认错误，求得相关人员的谅解。如果有造成实质性损失的,还应及时予以赔偿。在前文提及的北京市老外撞人事件中,最初发布图文报道的记者以公开信的形式进行道歉就属于这种做法。在突发事件处置或舆情引导中,当媒体质疑我们不应该微笑,不应该用某种方式说的时候,先承认错误,真诚地道歉,是一种值得赞赏的做法,并无大碍。

从舆情引导的角度来说,承认错误适用于以下情况:有过失、错误或不当言行、失误等。

案例分析:

云南省巧家县爆炸案应对处置中的有关言论

1.事件概况

2012年5月10日上午9时许,云南巧家县白鹤滩镇花桥社区便民服务大厅发生一起爆炸案件,导致4人死亡、16人受伤。2012年8月7日,云南省昭通市公安局通报,经过近3个月深入侦查,巧家县爆炸案成功告破,涉案犯罪嫌疑人邓德勇、宋朝玉因涉嫌爆炸罪已被依法逮捕。两名犯罪嫌疑人均系案发当地村民,二人对策划实施爆炸案的犯罪事实供认不讳。

图9-8 云南省巧家县爆炸案发现场视频截图

(资料来源:人民网)

2.政府应急处置

巧家县委、县政府及时成立了由县委副书记、县长丁开路任组长,县委常委、县委政法委书记张嗣斌任常务副组长,县委常委、常务副县长王朝德,县委常委、县委宣传部部长陆卫华,副县长文启聪、吴顺义、杨朝邦任副组长的"5·10"事件处置领导组，并下设事件侦破组、综治维稳组、伤员救治组、善后处理组、新闻工作组、应急处置组和后勤保障组七个工作组具体负责相关工作。

巧家县委书记方宗辉迅速作出要求：一是要全力救治伤员；二是要全力维护好事发现场秩序；三是要全力做好善后工作；四是要全力排查其他安全隐患；五是要全力追查犯罪嫌疑人；六是要全力侦破案件；七是要及时、客观向社会公布案件情况。

3. 媒体与舆情应对进程

5月10日下午，当地通报称，爆炸发生在花桥社区便民服务大厅，导致3死14伤。重伤员4人已在送往昆明抢救途中，其余轻伤员在巧家县人民医院治疗。相关部门正全力开展案件侦破工作，死者、伤者家属情绪稳定，社会秩序稳定。

5月10日21时许，通报称，事故造成4死16伤。新增3名伤员为回家后感觉不适再到医院治疗，有1人是在送往昆医附一院途中死亡。有3名死者身份已确认，名单为：冉祎、唐天荣、国土局干部胡宗玉，另一死者身份尚待确认。事发现场村民正在签征地补偿协议，征地是由国土部门依法进行的，用于城市建设规划。

5月11日9点，通报称，爆炸案系赵登用所为，其在实施爆炸时当场死亡，家离县城140多公里。当晚有消息称：经有关方面同意，当晚9时30分许，在县公安局查看了爆炸现场监控录像。据介绍，案发现场大院装有6个监控摄像头。录像显示，10日8时59分18秒，一个身背黑色双肩包、形迹明显异于其他村民的青年男子进入监控视野，在花桥社区居委会大院内徘徊了几分钟，随后到有人聚集的便民服务大厅门口倚墙站立，9时4分39秒引发爆炸。云南省公安厅刑侦专家介绍，现场死亡的其他遗体都是完整的，而身背黑色双肩包的人被炸得四分五裂，其站立的位置就是爆炸中心点。经辨认，实施爆炸案的男子是赵登用。经调查没人认识赵登用，证实其与征地拆迁并无关系。

5月12日上午，发布通报，经走访调查赵登用的亲属、知情人、相关证人，以及对现场录像、现场勘查、技术勘验和赵登用活动轨迹的调查，相关信息资料、本人文字资料皆反映出其性格孤僻、言行极端、悲观厌世，有报复社会的心理，调查中没有发现其与案发现场的人和事有利害关系。

5月13日，媒体对云南巧家县爆炸案提出六大疑点。

表9-2 媒体质疑云南省巧家县爆炸案的六大疑点

质疑一	警方邀请三家媒体的记者共同观看了部分现场爆炸录像，为何只对部分媒体公布现场录像？
质疑二	如何定性此次爆炸为悬空式爆炸？为何在2天时间内就匆匆证明此次爆炸与征地拆迁无关？

续表

质疑三	从事发到结论公布仅仅2天不到,在爆炸物尚未确定的情况下,是如何迅速收集到足够证据并作出结论的?
质疑四	此案件的核心证物是爆炸装置,为何到目前为止还未交代该装置是定时炸弹还是土制炸弹?爆炸物来源是什么?
质疑五	现在是否能够明确爆炸原始地点的位置,是在便民中心门口还是里面?
质疑六	赵登用已经死去,官方通报此人痛恨社会、悲观厌世,疑报复社会。但他与在场人员没有任何利害关系,爆炸动机究竟是什么?

(资料来源:作者整理[①])

5月14日,媒体报道,爆炸案嫌犯家属认为赵登用背了黑锅。家属提出四大疑问。[②]

表9-3 赵登用家属提出爆炸案的四大疑问

疑问一	赵登用根本就不懂爆破技术,他是如何获得爆炸物并引爆的?
疑问二	赵登用不是被征地拆迁对象,他为何跑去征地补偿协议签约现场实施爆炸?
疑问三	赵登用的双肩包,家人没见过,是哪来的?
疑问四	炸药是禁品,赵登用一个打苦工的人,是如何获得的?

(资料来源:作者整理)

5月15日,媒体报道,巧家县副县长、公安局局长用前程保证赵登用是嫌犯。媒体报道巧家县公安局局长曾表示,"我可以一个局长的名义和自己的前程来担保,赵登用就是此案的嫌疑人,是否有其他人员参与等情况,公安机关正在调查中"[③]。此番言论在网络上引起广泛议论,不少网民们纷纷表示质疑。

5月15日,媒体报道,警方公布巧家县爆炸案监控录像及网络日志,确认嫌疑人为赵登用。[④]

5月15日,媒体报道,网民质疑云南省巧家县爆炸案如何确定是赵登用所为?[⑤]网民对爆炸案存有三大疑问:如何确定爆炸案是赵登用所为?他与征地拆迁到底有没有关系?为什么说他有报复社会的心理?

---

① 周晓晖,周婷婷.云南巧家爆炸案存在六大疑问 嫌犯动机仍存疑[N].生活新报,2012-05-13.
② 刘江.云南巧家爆炸案嫌犯家属:赵登用背了黑锅[EB/OL].(2012-05-14)[2021-08-31]. https://new.qq.com/a/20120514/000919.htm.
③ 田钿巧家县警方公布赵登用日记 称心理上存在缺陷[EB/OL].(2012-05-15)[2021-08-31]. http://society.yunnan.cn/html/2012-05/15/content_2196749.htm.
④ 胡洪江.警方公布巧家爆炸案监控录像及网络日志 确认嫌疑人为赵登用[N].人民日报,2012-05-15.
⑤ 袁雪莲,伍晓阳.网民质疑云南巧家爆炸案 如何确定是赵登用所为?[EB/OL].(2012-05-15)[2021-08-31]. https://www.chinanews.com.cn/fz/2012/05-15/3890041.shtml.

5月15日，媒体报道，巧家县警方确认赵登用作案，未公布多项关键证据。① 但由于警方始终没有明确公布赵登用如何引爆爆炸物、爆炸物来源以及作案动机等关键证据，因而，公众质疑不断。

5月16日，媒体报道，巧家公安局局长说，"我并非用局长帽子担保谁系嫌犯"②。

5月16日，媒体报道，爆炸现场被重新粉刷。③

5月18日，媒体报道，云南巧家公安局局长回应担保嫌犯身份系媒体误读。④ 针对在网上广泛议论的以名义与前程担保赵登用为5·10云南巧家县爆炸案嫌疑人一事，巧家县公安局局长做出回应，并解释说这是媒体的误解。

8月7日，媒体报道，云南省巧家县爆炸案赵登用被人利用充当"肉弹"。云南《生活新报》官方网站发布消息称，"今晚云南省公安厅披露巧家县爆炸案结果：案发地巧家县迤博村村民邓德勇和宋朝玉，被证实策划爆炸案，他们花100元雇佣赵登用，让他进入拆迁赔偿现场，并用手机实施遥控爆炸。赵登用被利用，他仅仅是个肉弹。至此，巧家爆炸案真相大白"。

8月17日，媒体报道，赵登用家属向云南巧家县公安局索赔100万元。⑤

9月3日，媒体报道，赵登用家属索赔额由100万元变为200万元。⑥

4. 舆情引导评析

这是一起与成都市公交车燃烧事件在性质、影响、破坏程度上都极为相似的人为突发事件，进而引发网络舆情。应该说当地方政府在危机处理和应对方面是及时的，也设立了事件处置领导组，并下设新闻工作组。但是在媒体应对和舆情应对方面似乎效果不尽如人意。原因在于违背了公开透明、互动沟通，信息准确、细节真实等原则，从媒体和家属的质疑即可看出，公布的信息没有说服力，没人相信，加之有关部门和人员用语不太准确，使舆情引导工作处于极为被动的局面。

该事件的舆情引导工作，应汲取以下经验教训：

第一，平等地对待所有媒体和公众，这是我们在公开透明、互动沟通原则中强调的。既然信息公开就应向所有想获取该信息的媒体和公众公开，不能有所区别地对待，否则会产生误会。在该事件中，警方只邀请了三家媒体观看视频。当有的媒体失

---

① 胡洪江. 巧家警方确认赵登用作案　未公布多项关键证据[N]. 人民日报，2012-05-15.
② 徐弘毅，普日果萱. 巧家公安局局长：我并非用局长帽子担保谁系嫌犯[EB/OL].（2012-05-16）[2021-08-31]. https://news.99.com/a/20120516/001107.htm.
③ 于松. 云南巧家爆炸案续：爆炸现场被重新粉刷[N]. 东方早报，2012-05-16.
④ 李健飞. 云南巧家公安局局长回应担保嫌犯身份　系媒体误读[EB/OL].（2012-05-18）[2021-08-31]. https://news.99.com/a/20120518/000530.htm.
⑤ 刘刚. 赵登用家属向云南巧家县公安局索赔100万元[N]. 新京报，2012-08-17.
⑥ 王梦婕. 赵登用家属起诉巧家县公安局索赔200万元[N]. 中国青年报，2012-09-03.

去了话语权，必然发难，其信息可信度也降低。

第二，信息公开不是公布结论。信息公开是要求公布已经确定的事实、细节即可，对于未明确的事实切勿妄下结论，给出定论。我们在原则中要求及时应对，强调快速，而不是强调快速下结论，对于需要时间调查处理的案件，应相信公众和网民有耐心等待合理确凿的结论。人们在看到相关报道，尤其是关于赵登用家庭情况报道后，第一感觉就是案件真正的嫌疑人不是赵登用，因为一个早晨在劳务市场打工的人，短时间并不能谋划出一起爆炸案。巧家县公安局仓促地公布结论，对舆情起到了推波助澜的作用，是我们应该吸取教训的地方。

第三，切忌用趾高气扬的姿态与媒体、网民、公众沟通，始终要以与媒体、网民人格和地位平等的心态来交流和沟通，牢记公务人员是人民的"公仆"，是为人民服务的，不是为人民"作主"的。如果以"你信不信由你，我是相信了；你信不信由你，明摆着的事实，你不信，我拿前途、信誉甚至性命担保这是可信的"这种方式与媒体或公众沟通、说话，势必会激起媒体和公众的反感，给人高高在上的感觉，给人词穷的感觉，反而使说话不具有说服力，也不可信。

第四，要敢于承认错误。事后我们来理性地分析"我可以一个局长的名义和自己的前程来担保，赵登用就是此案的嫌疑人，是否有其他人员参与等情况，公安机关正在调查中"这句话，其说法并没有明显错误。这句话意在说明爆炸可能是从赵登用身上引爆的，排出从其他人身上引爆的可能。嫌疑人本来就是一个法律术语，而且相关人员还明确地说了"是否有其他人员参与等情况，公安机关还在调查中"。

这句话的错误在于，不应该要加一个限定语，"我以一个局长的名义和自己的前程来担保"，用"从目前掌握的情况和事实来看"不就可以了吗？加了限定语"我以一个局长的名义和自己的前程来担保"，会让一般公众简单地理解为：赵登用就是主谋，其后并没有操纵者。这是在对案件定性、下结论，而这种结论正是媒体和公众质疑的，找不到任何赵登用作案的动机。因此公开事实，不是公布结论。既然在媒体和公众质疑相关人员不当言论（严格来说是不当的限定语）的时候，就应立即承认错误，这会有利于舆情引导。

舆情引导提示

当媒体或公众质疑，舆情引导中存在言论错误或不当时，应及时承认错误、道歉，因为这种道歉并不会对不当言论者造成实质性伤害。尽量不要去为自己的言论辩解。

九、领导直面

领导直面是指面对重大突发事件如自然灾害、事故灾难、群体事件时,领导到事件第一现场,直接与媒体或公众进行面对面的交流和沟通,或者面对重大舆情,领导直接进行开展或参与舆情引导,与意见领袖进行谈判等。领导直面的做法非常简单,就是领导亲自站出来和媒体、公众沟通。当然,领导是需要非常熟悉事件相关情况的。

2013年4月20日四川省雅安市芦山地震期间的李克强总理,以及2012年9月7日云南省昭通彝良地震、2010年4月14日青海玉树地震、2008年5月12日四川汶川地震期间的温家宝总理,都亲赴灾区直接和广大灾民进行交流和沟通。在灾难面前,高层领导直接与公众交流,可以起到凝聚人心、增强信心、稳定人心、凝聚力量共同应对灾难的作用。

在媒体出现关于企事业单位谣言或不实报道时,企事业单位的领导也可以站出来直接面对媒体或公众,起到有效辟谣的作用。近年来,也有一些关于某企业的领导被双规或跑路的谣言,而此时,企业的当事领导站出来直面媒体,谣言便会不攻自破。

马航MH370失联事件发生后,马来西亚召开了多次新闻发布会,马来西亚国防部部长兼代理交通部部长希沙姆丁几乎出席了每次新闻发布会,马来西亚首相纳吉布以及马航集团的高层领导者也多次出席新闻发布会,这是典型的领导直面媒体和公众的做法。尽管马来西亚MH370失联事件在信息发布和公开方面受到了公众特别是家属的质疑(这与事件的复杂性有一定关系),但是,仅从舆情引导的角度来说,上述领导者直面媒体能起到以下作用:表明政府非常重视,传达出的信息具有权威性,新闻发布会的规格高等。

从舆情引导的角度来说,领导直面适用于以下情况:重大突发事件、重大舆情,有关领导者自身的谣传等。

 **案例分析:**

杭州市领导电话致歉杨锦麟[①]

案情简介

杨锦麟是香港卫视执行台长,也是著名时事评论员和专栏作家,他对时事的点评

---

① 吴佳妮. 萧山机场去滨江要价200元 杨锦麟打的"被宰"[N]. 今日早报,2012-11-17.

犀利、到位、深刻，因此得到许多人的喜爱和推崇。11月16日，他连发5条微博，讲述了他在萧山机场"打的被宰"的遭遇，被网友多次转发和热议。

从萧山机场打车去滨江　出租车司机开价200元

16日上午10点33分，杨锦麟发了一条微博："杭州萧山机场出租车管理无序，价格昂贵，刚刚问了一辆自称特殊价码的出租车，司机问了目的地，开价350元，好家伙，这应该是全世界最贵的出租车价码。"

几分钟后，微博上又更新说："为了赶时间，找来一辆便宜的出租车，议价车，200元……"随着这条微博发出的，还有一张车子照片，车内有计价器，明显是辆出租车，但是计价器的空车灯没有翻下来，司机的座位也没有安全围栏。

据记者事后了解到，杨锦麟的目的地是杭州滨江区的龙禧福朋喜来登酒店。从地图软件上查询，从萧山机场到该酒店的最短路程为30.6公里，按照杭州出租车的计程价格计算，正常费用在95元左右。而按照萧山出租车的计程价格计算（萧山出租车计价方式与杭州主城区不同），正常费用在104元左右，两者都不计等候费。

司机涉嫌违规议价　运管将对其进行调查处理

16日下午，记者联系了杭州市道路运输管理机场管理所，所长戴琦告诉记者，他们并没有收到杨锦麟的投诉，但是已经马上着手开展调查，"可能他询问的第一辆出租车是辆奔驰车，相比普通出租车收费要贵点。"

通过监控，机场运管所锁定了一辆车牌号为浙A.LT05X的萧山出租车，通过对司机杨某的初步调查，基本确定了搭载过杨锦麟的事实。

据司机杨某描述，当时完全不知道自己载了位香港来的名人，杨锦麟下车后还将手机落在了座位上，他还开车把手机送还。杭州市运管局已经通知他立即前往机场运管所接受调查。

目前，萧山国际机场采取"一车一卡"的停车候客制度，并通过视频监控、现场管理等方式及时调配车辆。按照相关规定，该司机不按规定使用计价器的议价行为属于违规行为，将被处于300—3000元的罚款。

据了解，机场管理所2012年度已查处出租车违章近400起，罚款1750元以上54起。

截至记者发稿时，杨锦麟始终没对此事进一步描述及回应，杭州市运管部门希望杨锦麟能出面提供证词，以便对司机杨某进行处罚。

杭州市领导深夜电话致歉　杨锦麟称司机主动送还失落手机值得肯定

正当大家希望杨锦麟对该事件及时回应时，2012年11月16日晚上22点56分，杨锦麟在自己微博上发布消息称："刚接到杭州市张副市长的电话，他向我今天的遭遇表示道歉,也希望借此机会认真整顿运管问题,我真有点不知所措,更觉得杭州市有关方面如此迅速接受批评意见,亦采取立即改进措施,也值得一赞!出租车是城市的名片和品牌传播最直接的平台和路径,真诚希望杭州在此有所作为!"

图 9-9 杨锦麟微博截图

(资料来源:截图自新华网)

7 分钟后,杨锦麟再次发微博表示,"对那位司机的命运,我有点担心。补充说明一件事:下车时,司机从后头追了上来,将我遗落在车里的手机交还给我,这也让我有点意外。人都可能是多重性、多样性的,司机循不受制度约束的游戏规则行事,固然可恶,但他也有良善的一面!瑕不掩瑜,留条活路吧"!

机场出租车宰客又抬头 运管呼吁乘客有序候车

2012 年 7 月,浙江在线连续报道了萧山机场黄牛拉客,黑车宰客的乱象,杭州市运管局曾表态,开展集中整治,对非法营运进行严厉打击。几个月过去了,机场出租车宰客现象又有露头。

在杨锦麟的这条微博下,不少网友跟帖,描述自己也曾遭遇过出租车乱开价。网友"lotusblues 小路"说:"上个星期从上海回杭州,火车晚点凌晨才到,候客的出租车没有一个肯打表的,10 多分钟的路,开口价 50 元到 80 元,还有按人数算的。候客区杂乱无序,乱成一团,上百名乘客同时和司机讨价还价。"

杭州市运管局建议乘客在出口处有序候车,如遇车费、路线等问题,可以即时向现场工作人员反映,要求协助解决,或拨打 96520 举报投诉热线。对于出租车不按规定候客、强行拼载、议价或机动车非法营运等问题,也可以采取上诉方式进行反映投诉。

案例评析

出租车是一个城市的名片。出租车乱要价会对一个城市的形象和当地政府的形象造成负面影响,甚至可能影响当地招商引资工作。杭州市领导快速及时地直接与反映问题的香港卫视执行台长杨锦麟联系,体现的正是领导亲自参与舆情引导、直面舆情、直面当事者。该事件的处理方法在当年引起媒体和公众的好评和广泛赞誉,这种做法是值得推崇的,也值得其他地方党委和政府领导学习借鉴。也许下一件事情并不是出租车乱要价的问题,但道理是相似的。同时,杭州市领导在大约13个小时内及时注意到相关信息,找到杨锦麟的联系方式并联系到他,杭州市快速高效、雷厉风行的作风也展现出来了,也体现了亲民的作风。案例也表明政府公务员上网用网的重要性。

应该说,事件受到广泛关注,与杨锦麟的名人身份是有一定关系的,从而使起其言论受到广泛关注,舆情也成为重要舆情。这提示舆情工作者和宣传工作者应多留意一些名人的微博、博客等。

舆情引导提示

对重大突发事件、重要舆情,领导应直接参与舆情引导,直面媒体或公众。

十、专家解读与人物专访

专家解读与人物专访是指发生突发事件或在其他危机状态下,有关部门组织某些专业领域的专家或权威人士,就某一突发事件、疑难问题或某些现象,在电视台、电台、报纸、网络等媒体上,对专家或权威人士进行访谈,或请专家及权威人士解答公众的疑问的信息沟通方式。当然这种方式也包括将有关专家汇聚到现场解决重要问题。加上对短信平台的利用,使这种舆情引导方式多呈现为一种双向交流、互动沟通的形式。

这种舆情引导方式能起到化解疑虑、探讨问题、辨明真相、传播科学知识、缓解焦虑情绪等作用,也能促进某些突发事件或危机的解决。多领域的专家聚集在一起,还可能就某些问题的解决碰撞出思想的火花。在突发事件或危机出现后,政府相关工作人员可以主动联系媒体,组织有关专家解读与专访,如果问题重大,可以在重要黄金时段进行解读。

马航MH370失联事件发生后,CCTV中文国际频道等国内多家电视台便组织了航空、飞行、通信等多领域的专家对该事件进行解读,分析飞机各种可能出现的情况,讲解发生空难时的自救方法和措施。韩国客轮沉没事件发生后,也有媒体组织交通、船舶等方面的专家进行解读。"5·12"汶川地震发生后,多家媒体组织了地震、气象、安全等相关领域专家就地震后的自救和逃生等问题进行访谈。

茂名PX(对二甲苯)项目引发群体事件后,莱百网请有关专家对于PX的毒性、污染、危害进行了分析。经济之声的《央广财经评论》就PX的物理化学属性如何、对于人体有没有毒性等问题,请北京化工大学安全工程系主任杨剑峰进行了解析。[①] 在非典、H7N9禽流感、H1N1甲型流感暴发后,也有媒体组织了医学、疾控等专家就发病原因、预防措施、医治方法等方面的问题进行了访谈。

从舆情引导的角度来说,专家解读与人物专访适用于以下情况:重大自然灾害、重大事故灾难、公共卫生事件、各种谣传、迷信、公众存在重大疑虑等情况。

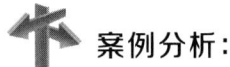

案例分析:

专家解读河南创纪录特大暴雨如何形成? [②]

2021年7月21日举行的河南省防汛应急新闻发布会通报称,7月17日至21日,河南省出现历史罕见的持续性强降雨天气。中央气象台、河南省气象台专家7月21日联合接受媒体采访。

为何河南会出现这样的特大暴雨?据河南省气象台副台长苏爱芳介绍,这次强降水主要有以下四点原因:

一是大气环流形势稳定。西太平洋副热带高压和大陆高压分别稳定维持在日本海和中国西北地区,导致两者之间的低值天气系统在黄淮地区停滞少动,造成河南中西部长时间出现降水天气。

二是水汽条件充沛。7月中旬河南处于副高边缘,对流不稳定能量充足,18日西太平洋有台风"烟花"生成并向中国靠近。受台风外围和副高南侧的偏东气流引导,大量水汽向中国内陆地区输送,降水效率高。

三是地形降水效应显著。受深厚的偏东风急流及低涡切变天气系统影响,加之河南省太行山区、伏牛山区特殊地形对偏东气流起到辐合抬升效应,强降水区在河南省西部、西北部沿山地区稳定少动,地形迎风坡前降水增幅明显。

四是对流"列车效应"明显。在稳定天气形势下,中小尺度对流反复在伏牛山前地区发展并向郑州方向移动,形成"列车效应",导致降水强度大、维持时间长,引起局部地区极端强降水。

---

① 广东茂名市民反对PX项目 专家:PX并非高致癌或致毒品[EB/OL].(2014-03-31)[2021-08-31]. http://finance.cnr.cn/jjpl/201403/t20140331_515196446.shtml.
② 河南创纪录特大暴雨如何形成?专家:四大因素酿汛情,极端天气或更加频繁[EB/OL].(2021-07-22)[2021-08-31]. https://new.qq.com/rain/a/20210722A05HYB00.

舆情引导简评

中央电视台中文国际频道2021年7月21日也组织了专家对此次特大暴雨进行分析解读。面对千年一遇的特大暴雨，报纸、电视台等，都组织专家进行解读，并提供一些自救、救助的常识，通过多种渠道，公开暴雨灾情信息，媒体滚动播报相关信息。河南省等地也多次召开新闻发布会。避免滋生谣言，缓解公众的恐慌情绪。

舆情引导提示

面对重大自然灾害、重大事故灾难，尤其是公共卫生事件等情况，职能部门应组织各相关领域专家共同会商解决，并就某些共同问题或科学知识，组织相关专家在电视台、报纸等媒体上进行解读。

舆情引导方法是多种多样的，这里介绍了几种常见的舆情引导方法。上述舆情引导方法在实际工作中，并不是单一使用的，可能几种方法同时使用。为了有效掌握和领会上述舆情引导方法，我们制作了简表，如表9-4所示。

表9-4 舆情引导常用方法与策略

序号	方法与策略	适用情景	操作要点	案例分析
1	召开新闻发布会	重大突发事件、重大舆情、人员伤亡或财产损失较大的事件、暴恐恐怖事件、涉外事件等	新闻通稿、服务媒体、沟通记者、用新闻发布会议程引导舆情	四川省成都市公交车燃烧事件、地方政府新闻发布会制度
2	发公开信	重大舆情、重大事实错误、众多人质疑、共性问题等	澄清事实、公开道歉、回应问题和质疑	北京市的老外撞人事件
3	发布公（通）告	重大危险源、极端天气、自然灾害、恐怖袭击事件、辨明是非等	预警信息尽量全覆盖，让公众知晓风险、了解注意事项	7·21洪灾、茂名PX项目
4	信息疏导	谣言、误会、辨明是非、有不法分子煽动等	突发事件宜做好现场疏导	砍人谣言
5	公开事实	突发事件、谣言、城市公共危机、治安事件或刑事案件等	"镜像式"地公开现场事实，非公开原因	兰州自来水苯超标事件
6	解释澄清	谣言、误导、误会等	通过媒体加以澄清	"秦火火"制造谣言
7	公布案件查处情况	重大伤亡或经济损失事件、社会治安事件或群体事件、重大刑事案件、重大食品安全事故、冤假错案	公布案件查处情况、案件调查、侦查进展情况	湖南新晃"操场埋尸案"、江西省张玉环案、厦门大学博导诱奸事件
8	承认错误	过失或过错、错误或不当言行、失误等	公开承认错误、道歉	云南省巧家县爆炸案

续表

序号	方法与策略	适用情景	操作要点	案例分析
9	领导直面	重大突发事件、重大舆情,有关领导自身的谣传等	领导直接参,直面媒体或公众	杨锦麟在杭州打车被宰事件
10	组织专家解读、人物专访	重大自然灾害、重大事故灾难、公共卫生事件、各种谣传、迷信、公众存在重大疑虑等	邀请专家在媒体上解读,进行访谈	新冠疫情预防知识解读、震后自救和逃生访谈、特大暴雨解读

(资料来源:作者绘制)

本章课程思政设计

课程思政目标:明确突发事件应对与危机管理中舆情引导的基本要求,掌握舆情引导的基本方法。

课程思政案例与阅读材料:突发事件信息发布与报告

北京市重大突发事件最迟五小时内向社会发布信息①

据新京报报道,2021年8月6日,北京市人民政府新闻办公室举行新闻发布会,介绍《北京市突发事件总体应急预案(2021年修订)》(下文简称为《预案》)的总体情况。北京市人民政府副秘书长韩耕介绍,修订后的《预案》强化了突发事件信息报送和发布有关工作要求。

对于能够判定为较大及以上突发事件等级的,事件本身比较敏感或发生在重点地区、特殊时期的,可能产生较大影响的突发事件或突出情况,相关机构或单位要立即报告市委总值班室和市应急办,详细信息最迟不得晚于事件发生后2小时报送。

遇有重大突发事件,主责部门要加强网络舆情的监测与响应,第一时间通过权威媒体向社会发布信息,最迟应在5小时内发布。重大、特别重大突发事件发生后,24小时内组建新闻发布中心,及时、准确、客观发布突发事件信息。

山东栖霞矿难45人被问责②

2021年1月10日13时13分许,山东省五彩龙投资有限公司栖霞市笏山金

---

① 展圣洁.北京:遇重大突发事件,最迟五小时内向社会发布信息[N].新京报,2021-08-06.
② 山东栖霞矿难调查结果公布!45人被问责,原市委书记、市长被立案侦查[EB/OL].(2021-02-23)[2021-08-31].https://m.thepaper.cn/baijiahao_11433430.

矿在基建施工过程中，回风井发生爆炸事故，造成22人被困。经全力救援，11人获救，10人死亡，1人失踪，直接经济损失达6847.33万元。

调查认定，事故发生的主要原因是井下违规混存导爆管雷管、导爆索和炸药，井口违规动火作业，民用爆炸物品管理、建设项目外包管理混乱，涉事企业落实安全生产主体责任缺失；相关部门落实安全监管责任、地方党委政府落实属地管理责任不到位。

调查同时认定，山东五彩龙投资有限公司和栖霞市均构成迟报瞒报。

根据事故原因调查和事故责任认定，依规依纪依法对45名相关责任人员追责问责。

思考题

1. 从上述阅读材料可知，山东栖霞矿难存在瞒报的问题。为了做好突发事件舆情引导工作，请你说说突发事件危机管理如何做好信息发布与报告工作？

2. 请你结合上述案例，说说突发事件危机管理中有哪些舆情引导的方法？

第十章 城市危机管理前沿研究

☞ **本章主要内容**

本章主要介绍治理与善治、协同治理与合作治理、风险管理、跨区域危机管理等前沿研究理论的相关知识。

第一节 城市危机治理

一、治理与善治

治理（governance），从词源上来说，源自古典拉丁文或古希腊语中的"引领、导航、指导"（steering），其原意为控制、引导、操纵，意指在一定范围内行使权力，发挥影响。它隐含着一个政治进程，即在众多不同利益共同发挥作用的领域建立一致或取得认同，以便实施、推进某项计划。[①]

随着世界各国对公共治理的广泛关注和日益重视，对治理这一概念的界定也出现了很多种，有的从公共权力的运行角度进行界定，有的从公共决策的角度进行界定，有的从公民参与的角度进行界定。在治理内涵的多种界定中，全球治理委员会的论述具有一定的代表性和权威性。该委员会于1995年对治理作了如下界定：治理是或公或私的个人和机构经营管理共同事务的诸多方式的总和。它是使相互冲突或不同的利益得以调和并且采取联合行动的持续的过程。该委员会强调了治理的主要特征为注重

---

① 俞可平.治理与善治[M].北京：社会科学文献出版社，2000：16-17.

过程、不断协调、公私整合、持续互动。①

为了解决治理的失灵的问题，不少学者又提出了善治（good governance）的概念。善治是使公共利益最大化的公共事务管理过程。它的本质特征在于政府等公共组织与公民对公共事务的合作管理。它强调公共组织与公民的良好合作以及公民的积极参与，促进管理的民主化。总之，治理与善治，强调对公共事务的多元（主体）共同管理和民主管理。

二、管理与治理

简言之，管理是指一定组织中的管理者通过实施计划、组织、领导、协调、控制等职能来协调他人的活动，以达成既定的组织目标的过程。它是人类在各种组织活动中最普通和最重要的一种活动。

传统意义上的行政管理（administration management）是指，运用国家权力对社会事务以及自身内部进行管理的一种活动。广义的行政管理指一切社会组织、团体对有关自身事务的管理和执行的相关活动。狭义的行政管理指国家行政机关对社会公共事务的管理，即政府管理，又称为公共行政。行政管理或政府管理，都强调政府主导，因此具有权威性、严肃性、强制性等特点，管理手段是多方面的，包括行政、法律、经济、教育等手段。

从人类历史来看，政府管理大致经历了以下几种类型：中世纪和封建社会的统治型管理、18世纪资产阶级革命后到工业化初期的放任型管理、工业社会成熟期到后工业社会时期的管制型管理、后工业社会的服务型管理、20世纪90年代以来的治理型管理。治理型管理与服务型管理并不是对立的，它吸收并继承了服务型管理的诸多优点。公共事务管理主体多元化已成为共识，因此，也有人将治理理论称为多中心治理理论或网络治理理论。治理型管理重视公平、公正、正义，强调合作、参与、民主、协调、互动。

纵观政府管理发展的历史，其职能发展变化可以分为管理、服务（服务型政府）、治理三个阶段。（1）管理阶段又经历了"管（统治）→不管（放任）→管（管制）→不管（新自由主义）→管（新经济政策）"的发展进程。这是一个否定之否定的过程，后一阶段并不是对前一阶段的简单否定，而是一个扬弃的过程。其中，不管还是一种变相的管，管理阶段都是把公众放在政府的对立面的。（2）服务阶段是把公众放在"主人"地位，把政府放在"仆人"地位，因而其行政方式和行政理念有根本的区

---

① 俞可平.治理与善治［M］.北京：社会科学文献出版社，2000：270-271.

别，服务阶段也存在管理和管制，但管是为了服务，服务才是其根本目的。(3) 治理阶段不仅把公众放在"主人"的位置，而且使公主成为具有发言权、参与权、协商权的"主人"。公共组织提供的服务要以公众的接受、认可、自愿为条件，治理就是公共事务管理的各个主体为实现这一条件，不断调和、达成一致、共同管理的过程。

综上所述，管理和治理存在显著的区别：(1) 主体不同。管理的主体只有政府，而治理的主体不仅包括政府，还包括社会组织、企业、个人等多元主体。在治理的内涵里，上述所有的主体都既是治理的主体，也是治理的对象。(2) 权力来源不同。政府管理的权力来自权力机关的授权，而权力机关的权力来自人民，因此政府管理的权力来自人民的间接授权。而在公共事务治理（包括危机治理）中，人民要积极主动地参与决策，直接行使部分权力，形成共治共享的局面。(3) 运行方式不同。这是二者最主要的区别。政府管理是单向的、强制的，人民更多是接受、服从，这种管理行为即使存在错误，也很难被质疑。治理的运行方式是双向的、多向（网络）的、合作的、平等的、参与式的，使其效能增加。当然，这种多元讨论，可能会使管理的效率下降。

因此，城市危机治理强调在应对公共危机的过程中，政府、企业、其他组织、个人等多元主体要不断调和、合作、参与、协商、互动。试想，如果在应对新冠疫情过程中，如果没有企业、志愿者组织、基层自治组织、个人等多元主体的参与、配合、合作，抗击疫情是很难取得成功的。

三、协同治理与合作治理

近年来，学界又提出了治理理论的两个分支——协同治理与合作治理的概念。协同治理理论是综合自然科学的协同论和社会科学中的治理理论的交叉理论，对解释社会系统协同发展有一定意义。

简单来说，协同治理（Collaborative Governance）是指多元主体间通过协调合作，形成相互依存、共同行动、共担风险的格局，形成合理、有序的治理框架以促进公共利益的实现。协同治理包含合作治理之义，但又超越简单合作，它强调治理理论基础上的协同性。协调治理强调主体多元、协同性、互动性、有序性。

合作治理（Cooperative Governance）是指在考虑治理目标多元性的条件下，政府、企业、志愿组织、社会组织、公众团体、个人等多元主体在自愿、平等、主动的原则下，以某一主体为侧重，合作完成公共事务的治理方式。

协同治理理论强调以政府为主导，其他治理主体协同，与之协作，完成公共事务治理，主体之间地位并不完全平等。一般认为，与协同治理理论相比，合作治理更加强调各个治理主体的民主、平等，同时合作治理认为治理目标是受各个治理主体的价值因素影响的，换言之，每个主体关于目标的看法是不一样的，治理目标不是单一的，具有多元性。这些观点都具有一定的积极意义。

当然，我们认为，在应对突发事件以及危机管理的情景下，采取非常规决策，需要快速行动，快速实施措施，紧急状态下并不一定有足够的时间协商和合作，以政府为主导，统一行动、统一指挥，可能更有利于应对危机。

第二节 风险管理

一、风险

风险是指，某种特定的危险事件（事故或突发事件）发生的可能性及其产生的后果的组合。可以看出，风险是由两个因素共同作用组合而成的，一是该事件发生的可能性，即概率；二是该事件发生后所引发的后果。简单来说就是事件发生的可能性及其结果的组合。如果发生概率高、引发的后果危害大，那么风险就高；如果发生概率低、引发的后果危害小，那么风险就低；如果发生概率高、引发后果危害较小，或者发生概率很低、引发后果危害较大，这两种情况风险都属于中度。

一般来说，风险具有突发性、难以准确预测性、延续性、扩散性、关联性和破坏性等特点。风险发生的时间、地点、形态、后果等难以准确预测，并且因为影响因素多，风险的发展、变化具有高度的不确定性。风险常在意想不到、没有准备的情况下发生，具有极大的破坏性。如果不能及时采取有效措施加以应对，很容易迅速扩散和升级，带来巨大破坏。

二、风险管理

风险管理（Risk management）最初在经济学领域使用，在企业管理中得到了广泛应用和实践。1986年，德国著名社会学家乌尔里希·贝克（Ulrich Beck）在《风险社会》一书中首次提出了风险社会概念，其后，风险管理研究在社会科学领域不断扩展。

公共管理领域的风险管理是指，根据风险评估和对政治、经济、社会、文化、生态、法律等全面考量，对风险采取有效控制措施，以降低和减少风险所引发的伤亡与损失的一系列活动。风险管理在识别和分析风险发生的概率与可能的后果后，可结合风险影响客体的脆弱性，评判风险级别，确定哪些风险需要控制以及如何处置，从而及时发现各种风险因素，暴露风险与问题，采取相应的管控措施，避免和降低风险，减少伤亡和损失。

风险管理具有公共性、紧迫性、主动性、合法性等特点。公共管理领域的风险都会对一定范围的公众造成威胁和损害，因此，风险管理不是私人企业与个人的事情，风险管理具有公共性。由于风险的突发性、扩散性等特点使风险管理具有紧迫性。现代风险管理最大的特点是具有主动性，现代风险管理的一切思路和方法都是建立在主动的基础上的，重在防范、预防。现代社会是法治社会，风险管理必须建立在法治基础上，具有合法性。

三、风险管理的主要内容

从风险的生命周期来说，可把风险管理划分为计划准备、风险识别、风险评估和风险控制与处置等环节，风险管理的各个环节构成一个循环往复的过程。同时，在风险管理全过程中，日常的风险信息沟通以及风险监控、风险信息审查和更新等工作伴随始终，形成了一个完整的全流程管理。

如果风险没有被有效控制与处置，那么就会进入突发事件危机管理，进行应急处置与救援，应立即启动应急预案。

风险管理计划准备，包括了解组织内外环境，分析其风险与挑战；建立风险评估标准，分配管理全责与任务等；做好风险管理保障，包括人、财、物、设备等。

风险识别是了解组织风险状况的第一步，是政府等公共管理主体对其面临的风险和不确定情况的掌握程度，有利于找到风险源和风险要素。风险识别必须保证部门内主要活动及相关风险都得到认定和辨别，并且要充分了解部门所面临的内外环境和政治、经济、社会、文化、生态、法律等各方面因素。最后，还需要以结构化报告的形式描述识别出来的风险。

风险评估是对风险发生的可能性及可能的后果做出量化、半量化或定性的估计。评估各种风险的后果，在风险源和风险要素中划分优先度，列出需要进一步优先控制的风险。

风险控制与处置包括寻找风险处置的对策，准备风险对策计划并落实风险对策计划的执行。可行的风险对策应涉及避免风险、降低风险发生概率和影响、风险转移、保留风险（风险低、危害小）等方面内容。制订好对策后，通过评估，分析对策计划的可行性。然后制订执行计划，执行所选择的对策，包括明确责任和分工、确定工作表，分配资源和预算等。

风险管理日常工作包括政府职能部门及相关组织长期关注和监测风险，总结风险管理的经验与教学，及时作出调整等。

四、风险管理与危机管理

与危机管理相比，风险管理最大的特点，一是管理的关口前移，强调风险和危机事件的预防，防患于未然。二是管理的主动性，政府部门等组织主动出击，重在预防，将风险控制在萌芽状态，将突发事件处理在发生之前。

风险管理的理念和思路，对降低风险，减少突发事件，降低和减少事故伤亡、损失，具有重要意义。因此近年来公共管理领域的研究成果较多，在管理实践中，许多研究成果也在不断应用。例如2012年国家发改委出台了《国家发展改革委重大固定资产投资项目社会稳定风险评估暂行办法》规定：国家发展改革委审批、核准或者核报国务院审批、核准的在中华人民共和国境内建设实施的固定资产投资项目，需要进行社会稳定风险评估。2020年新冠疫情暴发后，各地都运用了风险管理思路和方法，对疫情发生地进行风险等级评价，根据风险等级采取相应的管控措施，取得了良好的效果。

第三节　跨区域危机管理

一、跨界治理

与跨界治理相近的概念，有跨域治理、府际治理等。学界对跨界治理并没有统一的界定，不同的学者对其的定义不尽相同。有的认为跨界包括政府的跨部门，包括组织内部的跨内部机构，包括地理空间上的跨区域，也包括公共管理多元主体之间的合作，甚至也包括国际合作。

跨区域治理问题，在实践中由来已久，比较典型的就是关于河流的治理，因为涉及河流流经的所有省区市，不是一个省级政府能解决的问题，为了解决河流跨区域治理中的协调和沟通问题，目前在水利部设立了长江水利委员会、黄河水利委员会、淮河水利委员会、海河水利委员会、珠江水利委员会、松辽水利委员会、太湖流域管理局等7个流域管理机构。

随着经济全球化和区域经济一体化的发展，无论是地区间的合作治理，还是省与省之间、市与市之间的合作治理，都有现实的需要。

二、跨区域危机管理

公共危机管理中跨区域管理或治理，更多的是指地理空间上的跨区域危机管理，主要包括跨省的危机管理、省内跨市的危机管理、市内跨区的危机管理。从某种意义上来说，这是区域合作的问题，区域合作早已是区域经济学研究的主要问题，我国也建立了不少区域合作机制。在2018年这一轮机构改革中，一些省区市还建立了专司区域合作的机构，如天津市和上海市的合作交流办公室、四川省的经济合作局、内蒙古自治区的区域经济合作局。

从实践来看，跨区域危机管理（治理）确实有必要，也有现实需要。从2003年的非典危机、2005年的松花江流域水污染事件、2008年的雨雪冰冻灾害、"5·12"汶川大地震、三聚氰胺事件、甲型H1N1流感以及当前还在全球范围肆虐的新冠肺炎疫情来看，这些公共危机都需要各区域相互合作、相互协调、联合应对，甚至需要世界各国积极、真诚地合作应对。

三、城市群危机管理

2014年，京津冀一体化被提出。同年，中央出台了《国家新型城镇化规划（2014-2020年）》，提出了建设七大城市群，拟建立城市群协同机制，破除城镇化的体制机制障碍。2015年中央城市工作会议召开，2016年印发了《关于深入推进新型城镇化的若干意见》，同年，建设粤港澳大湾区世界级城市群的理念被提出。2019年12月，《长江三角洲区域一体化发展规划纲要》发布。上述区域经济得到了快速发展，由此以来，这些城市群和区域的合作与协调发展，得到了重视。有的学者又提出了城市群公共危机管理的概念。

与城市群公共危机相近的概念，还有区域公共危机、跨界危机等。一般来说，城市群公共危机是指发生在某一城市或几个城市之间的突发事件（包括自然灾害、事故灾难、公共卫生事件和社会安全事件）以及其他突发事件（如战争）对两个或两个以上的城市产生影响的公共危机。城市群公共危机管理主要关注以下问题：城市群公共危机治（管）理的主要内容；政府部门之间协同治理城市公共危机的机制；地方（城市）政府之间协同治理城市公共危机的机制；上下级政府之间协同治理城市公共危机的机制；城市政府与公众协同治理城市公共危机的机制；城市政府与企业、社会组织之间治理城市公共危机的机制等。

可以看出，城市群公共危机管理是城市政府之间共同应对公共危机的问题，是几个城市政府之间（府际）协同合作的问题。当几个城市政府之间无法协调的时候，就需要其上级政府部门进行协调，因此，也涉及上下级政府之间的关系。这仍然是跨区域危机管理的问题，只是所跨越的范围有所差异而已。

四、跨区域危机管理机制

我国一直有属地管理的原则，加之条块分割的问题，在跨区域危机管理或合作方面，缺乏相应的跨区域的合作机制、合作制度、指挥协调机制、法律机制和信息共享机制，但跨区域治理与合作，确实在实践中不断发展。从新冠疫情的防控来看，跨区域的合作、信息共享和联防联控，是有效防控疫情、战胜疫情的关键所在。

在处理跨区域公共事务、在应对跨区域的公共危机或者全国性危机的时候，需要建立相应的组织机构（如长三角区域合作办公室），完善应急联动机制，建立信息共享平台（如2021年7月河南暴雨洪灾期间，大学生创建在线"救命文档"——《待救援人员信息》），建立健全跨区域合作框架，等等。

2020年以来，为了在全国范围有效动员人财物和各种物资装备，抗击新冠肺炎疫情。我国在中央和国务院层级建立了中央应对新型冠状病毒感染肺炎疫情工作领导小组、国务院应对新冠疫情联防联控工作机制、对口支援机制（对口支援湖北省）、国家重点医疗物资保障调度平台和国家新冠肺炎药品医疗器械应急平台。这些管理机制和管理平台，显示了强大的动员力量，对有效应对疫情起到了强大的支撑作用。将这些管理机制运用到跨区域危机管理中，及时建立临时指挥协调机制或机构，应成为未来应对重大突发事件的重要经验与法宝。

第四节　突发公共卫生事件合作治理机制与策略：以新冠疫情为例[①]

公共事务管理的传统做法是政府主导的一种"独治"局面。随着社会的发展，公

---

① 杨兴坤.突发公共卫生事件合作治理［J］.城市与减灾，2020（3）.

共事务越来越复杂化,因此,公共事务的有效治理,尤其是面对新冠肺炎疫情这类重大突发事件,采用政府作为唯一主体的治理方式已经失效,需要每一个公共事务主体及利益相关各方积极合作,才能有效应对。从新冠肺炎疫情的应对和防控来看,突发公共卫生事件的合作治理机制与策略主要在于以下方面:

一、强化党的全面领导机制

截至 2020 年 4 月,我国疫情防控工作取得了阶段性成效,这得益于党的集中统一领导,形成了全国上下一盘棋,新冠疫情全面暴发之初,人们在政府的号召下居家不外出,全国大多数小区实行了集中统一的封闭式管理,武汉及湖北省多个地市甚至实行了可谓是人类历史上第一次封城管理,这在阻断病毒的传播,减少人传人的风险,防止疫情扩散蔓延方面起到了良好的效果。这既展示了我国强大的组织和动员能力,集中力量办大事的能力,更显示了社会主义制度的优越性。这种全面领导机制应继续加强。

中央及时成立了中央应对新型冠状病毒肺炎疫情工作领导小组,直接在中央政治局常委会领导下开展工作,统一领导和指挥疫情防控工作。各级党委集中、全面领导疫情防控工作,做到了上下统一,指挥顺畅,决策有效贯彻执行。领导指挥机制如图 10-1 所示。

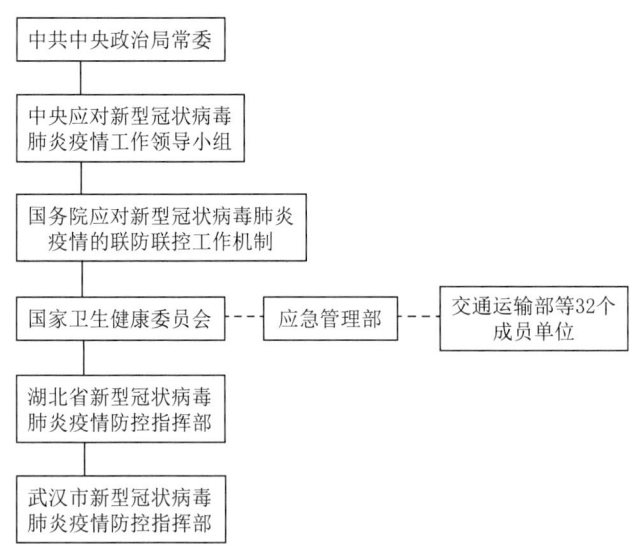

图 10-1 新冠肺炎疫情领导指挥机制示意图

(资料来源:作者绘制)

二、建立临时指挥协调机制

为了有效应对新冠肺炎疫情,党中央国务院不仅成立了领导小组,还建立了联防联控机制,对协调疫情防控工作,提高防控工作效率起到了至关重要的作用。从近年来我国应对重大突发事件的实践来看,从2003年非典危机到2008年雨雪冰冻灾害和5·12汶川地震,再到目前的新型冠状病毒肺炎疫情来看,为了高效应对重大突发事件,还须建立临时指挥协调机制或机构。这应成为一个经验,在未来应对未知的突发事件时应及时建立类似机制,否则各个部门不协调、相互掣肘的话,将使应对突发事件的工作陷入混乱,当前其他国家应对新冠肺炎疫情工作出现的问题更是从反面证明了这一点。

表10-1 近年来我国应对重大突发事件成立的临时指挥机构

时间	临时指挥机构	组成及成员单位	下设部门
2003年4月24日	全国防治非典指挥部(2008年撤销)	党中央、国务院、军队系统和北京市的30多个部门和单位的人员组成	下设10个工作组和办公室,卫生部常务副部长高强为防治组组长、质检总局局长李长江为卫生检疫组组长、科技部部长徐冠华为科技攻关组组长、发展改革委主任马凯为后勤保障组组长、农业部副部长刘坚为农村组组长、中宣部常务副部长吉炳轩为宣传组组长、公安部常务副部长田期玉为社会治安组组长、外交部副部长戴秉国为外事组组长、教育部部长周济为教育组组长、北京市代市长王岐山为北京组组长、国务院副秘书长徐绍史为办公室主任
2008年1月	国务院煤电油运和抢险抗灾应急指挥中心(应急指挥中心办公室设在发展改革委)	中宣部、发展改革委、公安部、民政部、财政部、铁道部、交通部、信息产业部、商务部、卫生部、民航总局、安全监管总局、国务院新闻办、气象局、电监会、总参、武警、国务院应急办、国家电网公司、南方电网公司、中石油集团、中石化集团、煤炭运销协会等23个单位	
2008年5月	国务院抗震救灾总指挥部(2008年10月14日撤销)		设立9个工作组,分别是抢险救灾组、群众生活组、地震监测组、卫生防疫组、宣传组、生产恢复组、基础设施保障和灾后重建组、水利组、社会治安组
2020年1月	国务院应对新型冠状病毒肺炎疫情的联防联控工作机制	成员单位共32个部门(国家卫生健康委员会牵头)	下设疫情防控、医疗救治、科研攻关、宣传、外事、后勤保障、前方工作等工作组,分别由相关部委负责同志任组长

(资料来源:作者整理)

三、构建政府对口支援机制

在汶川地震恢复重建和脱贫攻坚行动中已经实验了对口支援机制,包括解放军医疗队参与新冠肺炎疫情防治工作后,各地医疗队整建制地接管湖北省某一医院或某个医院的病区,都是这种对口支援机制的体现。这种机制可以使支援和救治工作避免出现混乱的局面。同时全面体现了党和国家实施"分割包围、各个击破""决胜武汉、决胜湖北""誓与病毒决一死战"的坚强决心,这一机制对提升全国人民的决胜信心,尤其是湖北及武汉人民的信心起到极大的鼓舞作用。对口支援机制应该成为我国在未来应对重大突发事件的一个重要法宝。我国人口基数大、幅员辽阔,有基础实行这种对口支援机制,这也是我国相对于其他国家的一个优势。

四、夯实医疗前线工作机制

在应对突发公共卫生事件中,医院和医护人员处于应对工作的第一线。医护人员是抗击疫情的中坚力量,是疫情攻坚战的战士。从总结经验启示的角度来说,突发公共卫生事件的治理,应重点做好以下几项工作。

首先,提高治愈率,降低死亡率。这也就是讲,要重点救治危重症患者,如果对危重症患者救治不力,就可能增加死亡人数,也就会使轻症患者和疑似患者,甚至是健康民众产生恐慌。危重症患者的治愈会使公众认识到新型冠状病毒肺炎是可治愈的。在这次新冠肺炎疫情的防控工作中,我国集结了全国10%左右的重症医护力量,这在其他国家可能是难以想象的,众多的重症医护人员对救治危重症患者起到了良好的效果。

其次,保护医护人员,减少医护感染。从美国近年来发动的几次局部战争来看,无不以不惜一切代价保护本国士兵的生命为基本原则和前提。中新社报道,截至2020年2月11日的全国报告数据显示,在为新冠肺炎患者提供诊治服务的422家医疗机构中,共有3019名医务人员感染了新型冠状病毒,确诊病例1716名,其中5人牺牲。尽管医护人员感染与前期对病毒认识不到位和医疗物资紧缺可能有关,但是如何保护好战士,保护好医护人员,应是未来应对类似突发公共卫生事件应重点和首先考量的一个问题。

再次,实行分类收治,四集中救治。进入2020年2月份以后,武汉市实行了分类收治隔离,即分为:确诊患者、疑似患者、无法排除感染可能的发热患者、确诊患者的密切接触者。确诊患者集中收治，疑似患者集中隔离，发热患者、密切接触者集中隔离观察。分类收治对提高收治率、降低感染率具有重要作用。四集中救治即集中患者、集中专家、集中资源、集中救治，四集中救治措施对危重症救治非常有效。分类收治、集中救治是此次新冠肺炎疫情防控总结出来的行之有效的经验，也是精准施策、精准救治、精细化管理的要求。

最后，保障一线物资供应，确保医护安全。这将成为未来平时应对突发公共卫生事件的重要工作。兵马未动，粮草先行。从此次新冠肺炎疫情前期的防治工作来看，保障一线医疗物资充足供应，对于确保医护人员安全，安心地开展救治工作，显得至关重要。湖北以外的其他地区也一度出现医疗物资和生活物资紧缺的问题。各级政府采取了一系列措施，如推动相关企业复工复产、加班加点生产，在其他国家采购相关物资，使各种物资紧缺的状态得到缓解。同时，国家还迅速建立了国家重点医疗物资保障调度平台和国家新冠肺炎药品医疗器械应急平台。李克强总理还亲自考察了其中两个平台，这也证明保障一线医疗物资供应的极端重要性。

五、积极践行企业社会责任

企业切实履行、落实社会责任，不仅是社会实现善治的基本要求，也是企业实现可持续发展的需要，唯有这样，企业也才能获得消费者的认可。国家健康发展，社会实现善治，企业才有发展的环境和基础。从抗击新冠肺炎疫情来看，诸多企业如快递物流企业、互联网企业、大数据企业、建筑企业等不仅捐款捐物，而且直接参与抗击疫情相关工作，发挥了至关重要的作用。有的企业还参与医疗科技攻关，参与检测试剂、有效药物和疫苗的研发，参与口罩等医疗物资的生产，体现了企业在新时代的社会责任和担当。

但是，我们也看到有的企业乱涨价、哄抬物价、囤积居奇、扰乱市场秩序，有的甚至制假售假，丧失了基本的良心和道德底线。企业是公共事务治理的重要主体，显然，如果企业缺失社会责任，社会要实现善治、国家要实现良性发展是很难的。

六、提升非政府组织专业度

非政府组织是非政府公共组织的简称，有诸多称谓，如非营利组织、第三部门、慈善组织等。我国部分非政府组织还有很多政府组织属性，如红十字会等。从此次抗击新冠肺炎疫情来看，红十字会和一些慈善组织都受到了媒体和公众的质疑或举报，暴露了许多问题，例如公共责任缺乏、决策不透明、捐赠物资不公开、效率低下、组织和志愿人员缺乏专业知识，甚至是腐败缠身。从世界各国的情况来看，非政府组织理应在应对重大突发事件中大有作为，发挥政府、企业外的极为重要的第三部门的作用。从现实来看，我国的非政府组织在提高工作效率、公开透明、专业化发展等方面还有很长的路要走，唯有如此，才能在未来更加高度复杂化的社会中发挥应用的作用。

七、加强基层组织自我治理

从世界各国的经验来看，社区（包括村委）在突发事件的应对中都发挥着重要作用。社区是我国的基层自治组织，承担了大量的公共事务甚至是政府职能。"上面千条线，下面一根针"说的就是这种情况。从新冠肺炎疫情的防控来看，社区成了名副其实的防疫第一线，社区的前沿阵地一旦失守，恐怕后果不堪设想。社区工作人员承担了封闭管理、居家探访、购买和运送生活物资、小区消毒、居民健康检查、参与人员排查等工作。面对也许是人类历史上第一次大面积、全员式的封闭管理，社区工作人员没有相应的职权，也无法调动资源。相反，他们要面对的是不断变化的上级政策、不理解也不怎么通情达理的居民、不断的投诉反馈、不会网购的年长者。也许经过这一次大洗礼，居民应该更加理解社区工作人员的不易、委屈和苦衷，政府应更加强化社区（包括村委）自我治理，居民应更积极参与社区事务治理。社区是一个不大不小的单元，唯有社区治理好了，我们才能有效应对重大突发事件和未来更多的不确定性。

八、提升公众公共责任意识

从公共管理和多元治理理论的角度来看，公众是公共事务管理的主体之一。从此次新冠肺炎疫情的防控来看，因为全国的村庄、社区、小区、企事业单位都实行了封闭式管理，大多数公众对此保持了极大支持和理解，理解疫情防控，这大大有利于和促进了防控工作，但也仍有冲撞疫情防控管理人员的情况发生。更甚者，全国出现了多起故意隐瞒新冠肺炎确诊、接触、疑似等情况，导致了大量人员被隔离，更有无法追踪接触者的情况。最高人民检察院发布了多批妨害新冠肺炎疫情防控犯罪典型案例，其中也有故意传播病毒的案例。隐瞒相关情况及故意传播病毒，其性质之恶劣，与故意传播艾滋病无异。这给疫情防控工作带来了巨大的挑战，也容易造成社会恐慌。

隐瞒相关信息和故意传播病毒，部分原因是公民的无知，还有部分原因是公众公共责任意识的缺乏。作为一个重要的经验启示，未来政府相关部门和媒体应加强病毒知识、传染病知识、法律等相关知识的宣传，以提升公众的公共责任意识。只有公民个人积极配合、合作，应对重大突发事件才会事半功倍。

九、建设社会救助长效机制

我国的民政部门担负着一定的社会救助职能，但是社会救助工作涉及面太广，政府难以做到全覆盖。建立长效机制，让社会各方力量参与，保障居民最基本的生活保障，是疫情防控的一项基本工作，也是构建和谐社会、全面建设小康社会的基本要求。从此次疫情防控来看，有滞留、流浪武汉的人，其他地区也有因封闭管理一时难以归家的人，社会救助力量在化解这些问题方面大有可为。同时在社区志愿帮扶、心理咨询、科学知识宣传，在城市公共交通停运的情况下接送医护人员、帮扶其他急难和特困民众方面，社会救助力量都可以发挥重要作用。我国的社会救助力量还有待发展和扶持。

总之，我们总结这次新冠肺炎疫情应急处置和救援的经验，面对突发公共卫生事件，需要党委、政府、医院和医护人员、企业、非政府组织、社区、社会、公民等各个公共事务治理主体，为了公共利益，平等协商、民主参与、互相信任、合作多赢，形成共享共治的合作治理模式，才能更加高效地应对。

> **| 本章课程思政设计 |**
>
> **课程思政目标**：了解危机管理前沿研究内容，明确在公共危机治理中，对政府、企业、个人、非政府组织等的基本要求。
>
> **课程思政案例与阅读材料**：南京女子隐瞒行程引发扬州疫情[①]
>
> 根据警方通报，2021年7月29日，扬州市公安局邗江分局依法对毛某宁（女，64岁，户籍地：南京市秦淮区，居住地：南京江宁区禄口街道）以涉嫌妨害传染病防治罪立案侦查。
>
> 2021年7月21日，毛某宁从南京居住地来扬州，住在其姐姐毛某亚（女，70岁，现住扬州市邗江区双桥街道念四新村）家中。7月27日，毛某宁因咳嗽、

---

① 参见：扬州公安微博，2021-08-03.

发烧自行到扬州友好医院就诊并被控制。7月28日,毛某宁核酸检测结果为初筛可疑阳性,经扬州市疾控中心复核为阳性,即由120负压救护车转运至定点医院隔离治疗。当日,经扬州市级专家会诊,诊断为新冠肺炎确诊病例,现已被转运至南京公共卫生医疗中心治疗。

经初步调查,7月21日上午,毛某宁擅自离开已采取封控管理措施的南京居住地来扬州,居住其位于扬州市邗江区念四新村的姐姐家中。7月21日至27日期间,未按照邗江区新冠肺炎疫情防控指挥部发布的《关于实施各类居民小区封控管理的通告》要求,主动向社区报告南京旅居史,并频繁活动于扬州市区多处人员高度密集的饭店、商店、诊所、棋牌室、农贸市场等,致使新冠肺炎疫情在扬州市区扩散蔓延,造成极其严重后果。

毛某宁违反传染病防治法的相关规定,未按防控措施要求向所在社区报告,隐瞒行程。在公安机关第一时间对其调查时,其拒绝说出来扬之后的行程,拒绝执行县级以上疾病预防控制机构依照传染病防治法提出的预防、控制措施,引起按甲类传染病预防、控制措施的新型冠状病毒肺炎扩散传播。其行为违反了《中华人民共和国刑法》第三百三十条之规定,涉嫌妨害传染病防治罪。根据《中华人民共和国刑事诉讼法》第一百一十二条之规定,扬州市公安局邗江分局于7月29日决定对毛某宁采取刑事拘留措施。案件正在进一步侦查之中。

扬州市公安局邗江分局
2021年8月3日

思考题

说说城市危机治理的含义。上述案例中的毛某宁违反了哪些疫情防控的法律法规和政策?公共事务管理(包括疫情防控)需要公共管理多元主体积极合作,请你结合案例,说说个人应如何配合政府做好疫情防控?

参考文献

[1] 张成福.公共危机管理：全面整合的模式与中国的战略选择[J].中国行政管理，2003（7）.

[2] 周庆行，杨兴坤.从公共管理反思"12·23"井喷事故[J].党政论坛，2004（4）.

[3] 高小平.建立综合化的政府公共危机管理体制[J].公共管理高层论坛，2006（12）.

[4] 钟开斌.风险管理：从被动反应到主动保障[J].中国行政管理，2007（11）.

[5] 周定平.社会安全事件特征的比较分析[J].北京人民警察学院学报，2008（3）.

[6] 张成福，杨兴坤.非常规突发事件应急管理经验与教训——以H1N1甲型流感为例[J].重庆行政，2010（4）.

[7] 唐钧，杨兴坤.城市应急管理的能力评估[J].中国减灾，2010（6）.

[8] 杨兴坤.我国危机管理体制缺陷与完善策略[J].北京建筑工程学院学报，2012（6）.

[9] 杨兴坤.民间借贷风险与治理——以鄂尔多斯市为例[J].特区经济，2012（6）.

[10] 杨兴坤.强暴雨中的公共管理行为：反思与批判[J].哈尔滨市委党校学报，2012（12）.

[11] 杨兴坤.政府舆情应对工作的十大误区[J].党政论坛，2013（5）.

[12] 杨兴坤.政府舆情应对工作十大原则[J].改革与开放，2014（4）.

[13] 杨兴坤，等.泥石流灾害的工程预防措施[J].中国水利，2014（5）.

[14] 杨兴坤.政府舆情引导的十大策略[J].党政论坛，2014（12）.

[15] 杨兴坤.舆情引导的技巧与方法[J].电子政务，2015（1）.

[16] 杨兴坤,等.我国安全生产现状与管理策略研究——基于2000年—2013年上半年的数据分析[J].重庆工商大学学报(社会科学版),2015(2).

[17] 杨兴坤.日本防治地震的经验与启示[J].国际地震动态,2015(2).

[18] 杨兴坤,等.网络谣言的产生与舆情引导[J].天津行政学院学报,2015(3).

[19] 杨兴坤,等.虚拟社会的舆情风险防治[J].中国行政管理,2015(4).

[20] 杨兴坤.社会公共安全风险要素及防范[J].中国安全生产,2017(1).

[21] 杨兴坤,等.国家治理体系构成及其现代化路径[J].成都行政学院学报,2018(4).

[22] 夏保成.中国应急管理的历史机遇[J].中国消防,2018(5):52-55.

[23] 雷尚清.作为大部制的应急管理部:历史渊源与关键议题[J].风险灾害危机研究,2018(6):228-241.

[24] 杨兴坤.新时代的机构改革:进程、特点与阻力[J].武汉理工大学学报(社会科学版),2020(1).

[25] 杨兴坤.突发公共卫生事件合作治理[J].城市与减灾,2020(3).

[26] 张成福.政府危机管理能力评估:知识框架与指标体系研究[M].北京:中国人民大学出版社,2009.

[27] 张成福等.公共危机管理理论与实务[M].北京:中国人民大学出版社,2009.

[28] 杨兴坤.大部制:雏形、发展与完善[M].北京:中国传媒大学出版社,2012.

[29] 唐钧.应急管理与危机公关:突发事件处置、媒体舆情应对和信任危机管理[M].北京:中国人民大学出版社,2012.

[30] 杨兴坤.工程事故治理与工程危机管理[M].北京:机械工业出版社,2014.

[31] 杨兴坤.中国安全生产现状与管理策略[M].北京:中国传媒大学出版社,2014.

[32] 杨兴坤.舆情引导与危机处理[M].北京:中国传媒大学出版社,2015.

[33] 唐钧.政府风险管理——风险社会中的应急管理升级与社会治理转型[M].北京:中国人民大学出版社,2015.

[34] 唐钧.公共危机管理[M].北京:中国人民大学出版社,2019.

[35] YANG X K, ZHANG C F. organizational system and governance system of national public crisis safety management system[J]. Design engineering, 2021(1):289-308.

后　记

　　城市危机管理问题是各级党委、政府部门和学术界关注的热点与焦点问题，目前，关于城市危机管理的教材不多，要撰写一本具有一定特色、具有一定创新性、兼具理论性与操作性的城市危机管理教材，实为一项很艰巨的任务。现惶恐地将本书呈现于此，敬请使用本书的学生和学界同仁批评指正，以便我们再版时修改。危机管理作为一个不断更新的领域，每天都可能有新的内容，希望这本书能引导读者与我们一起去思考危机管理与公共治理的诸多问题。

　　全书案例选择和分析具有以下特点：一是选择新近发生的、具有一定代表性的典型案例；二是紧扣每章的主题，选取具有一定特色的案例；三是在案例分析和介绍后，对案例进行评述、提示，或总结经验教训，或提示思考，以启发读者反思；四是回应时代需求，专门进行了课程思政开发设计。每一章都设计了课程思政目标、课程思政案例、课程思政思考题。教师可以搜集相关资料，在课堂进行讨论，启发学生思考，以树立正确的价值观。也可以据此设计课堂教学，进行课堂翻转。

　　新冠疫情还在全球范围肆虐，希望本书能为我们做好危机管理、抗击疫情有所帮助。掩卷合书之际，心中有一丝激动，但随即就陷入了沉思，心中感念颇多。

　　新冠疫情已经拉长了我们和家人的距离。在此，感谢家人和亲友！二十多年来，工作，学习，再工作，再学习，再工作，是他们一直在默默地牵挂、鼓励和支持我，他们期待的目光始终是前行的动力。特别感谢母亲，是她养育我们兄妹三人，竭尽所能地支持我们的学业，是她教育我做一个忠厚老实、热心帮助他人的人。而今母亲已年过六旬，而我尚未能多尽事孝道，每念及此，不禁潸然。特别感谢哥哥、重庆市开州区西街中学高级教师杨兴周与嫂子、重庆市开州区汉丰五校教师廖芳，他们的理解与支持使我能潜心研究。感谢女儿杨清文带来了无尽的欢乐，她的天真、淘气、纯洁、开朗让我更加坚信：人类应该做好公共危机管理，化解各种危机和风险，以使社会更加健康良性运行，更加和谐，否则人性最美丽的一面将泯灭在混乱的社会和时代，这是人类社会发展反复证明了的命题。

在此，感谢我的博士导师——我国著名行政学家张成福教授，感谢他引导我在公共管理的研究领域里前行。感谢师母——中央民族大学党秀云教授，感谢她一直在关心我生活学习问题。感谢我的硕士导师——重庆大学周庆行教授，感谢他一直关心我的生活和成长！感谢我的师兄——中国人民大学唐钧教授，感谢他在学术科研方面的帮助与合作。在此，感谢我教授过的学生，是你们提供我工作和研究的动力。

在此，特别感谢本书的策划编辑阳金洲女士、责任编辑张静女士和特约编辑李婷女士，为本书的出版给予了极大的支持，付出了大量的心血和辛勤的劳动，没有其辛勤劳作本书难以面世。感谢关心、帮助过我的同事、同学和朋友！感谢我生命中的每一个人！好人都一生平安！本书在写作过程中参考和引用了部分国内外有关研究成果和文献资料，在此一并表示诚挚的谢意！

由于知识有限与时间仓促，本书错误和疏漏之处，在所难免，我真诚希望各方不吝赐教。

杨兴坤

yxk200888@163.com

2021 年 8 月于北京

图书在版编目（CIP）数据

城市危机管理 / 杨兴坤编著 . -- 北京：中国传媒大学出版社，2022.1（2023.9重印）
ISBN 978-7-5657-3146-4

Ⅰ.①城… Ⅱ.①杨… Ⅲ.①城市—紧急事件—公共管理—高等学校—教材
Ⅳ.① D035.34

中国版本图书馆 CIP 数据核字 (2021) 第 275342 号

城市危机管理
CHENGSHI WEIJI GUANLI

编　　著	杨兴坤
策划编辑	阳金洲
责任编辑	张　静
特约编辑	李　婷
责任印制	李志鹏
封面设计	拓美设计
出版发行	中国传媒大学出版社
社　　址	北京市朝阳区定福庄东街 1 号　　邮　编　100024
电　　话	86-10-65450528　65450532　　传　真　65779405
网　　址	http://cucp.cuc.edu.cn
经　　销	全国新华书店
印　　刷	唐山玺诚印务有限公司
开　　本	787mm×1092mm　1/16
印　　张	14.5
字　　数	267 千字
版　　次	2022 年 1 月第 1 版
印　　次	2023 年 9 月第 2 次印刷
书　　号	ISBN 978-7-5657-3146-4/D・3146　　定　价　59.80元

本社法律顾问：北京嘉润律师事务所　郭建平